핵심만 쏙쏙 예제는 빵빵

한글 2016

해람북스기획팀 지음

초판 발행일 | 2020년 08월 20일

저자 | 해람북스 기획팀

펴낸이 | 박재영

총편집인 | 이준우

기획진행 | 유효섭, 김미경

㈜해람북스 **주소** | 서울시 마포구 양화로 125, 8층(서교동, 경남관광빌딩)

문의전화 | 02-6337-5419 **팩스** 02-6337-5429

홈페이지 | http://www.hrbooks.co.kr

발행처 | (주)에듀파트너 **출판등록번호** | 제2016-000047호

ISBN 979-11-6571-110-0

정보기술자격(ITQ) 시험 안내

■ 정보기술자격(ITQ) 시험이란?

정보화 시대의 기업, 기관, 단체 구성원들에 대한 정보기술능력 또는 정보기술 활용능력을 객관적으로 평가하는 시험입니다. 정보기술 관리 및 실무능력 수준을 지수화, 등급화하여 객관성을 높였으며, 과학기술정보통신부에서 공식 인증하는 국가공인자격 시험입니다. 또한, 산업인력의 정보 경쟁력 강화를 통한 국가 정보화 촉진을 목적으로 시행하고 있으며, 초등학생부터 대학생, 직장인, 노년층에 이르기까지 다양한 계층에서 IT 실력을 검증받고 있습니다.

■ 응시 자격 및 시험 과목

- 정보기술자격(ITQ) 시험은 대한민국 국민 누구나 응시가 가능합니다.
- 동일 회차에 아래한글/MS, 한글엑셀/엑셀, 한글액세스, 한글파워포인트/한쇼, 인터넷의 5개 과목 중 최대 3과목까지 응시가 가능합니다. 단, 한글엑셀/한셀, 한글파워포인트/한쇼, 아래한글/MS 워드는 동일 과목군으로 동일 회차에 응시가 불가능합니다(자격증에는 "한글엑셀(한셀)", "한글파워포인드(한쇼)"로 표기되며, 최상위 등급이 기재됨).

자격 종목(과목)		프로그램 및 버전		등급	시험 방식	시험 시간
		S/W	공식 버전			
정보기술자격 ITQ	아래한글	한컴오피스	NEO(2016)	A등급 B등급 C등급	PBT	60분
	한셀					
	한쇼					
	MS 워드	MS 오피스	2016			
	한글엑셀					
	한글액세스					
	한글파워포인트					
	인터넷	내장 브라우저 IE8.0 이상				

■ 합격 결정 기준

500점 만점을 기준으로 A등급부터 C등급까지 등급별 자격을 부여하며, 낮은 등급을 받은 응시자가 차기 시험에 다시 응시하여 높은 등급을 받으면 등급을 업그레이드 해주는 방법으로 평가를 합니다.

등급	점수	수준
A등급	400점 ~ 500점	주어진 과제의 80%~100%를 정확히 해결할 수 있는 능력
B등급	300점 ~ 399점	주어진 과제의 60%~79%를 정확히 해결할 수 있는 능력
C등급	200점 ~ 299점	주어진 과제의 40%~59%를 정확히 해결할 수 있는 능력
500점 만점이며 200점 미만은 불합격입니다.		

■ 시험 배점 및 시험 시간

시험 배점	문항 및 시험 방법	시험 시간
과목당 500점	5~10문항 실무 작업형 실기 시험	과목당 60분

■ 시험 출제 기준(아래한글/MS워드)

문항	배점	출제 기준
스타일	50점	한글/영문 텍스트 작성 능력과 스타일 기능의 사용 능력을 평가 • 한글/영문 텍스트 작성 • 스타일 이름/문단 모양/글자 모양
표와 차트	100점	표를 작성하고 이를 이용하여 간단한 차트를 작성할 수 있는 능력을 평가 • 표 내용 작성/정렬/셀 배경색 • 표 계산 기능/캡션 기능/차트 기능
수식 편집기	40점	수식 편집기 사용 능력을 평가 • 수식 편집기를 이용한 수식 작성
그림/그리기	110점	다양한 기능을 통합한 문제로 도형, 그림, 글맵시, 하이퍼링크 등 문서 작성 시의 응용 능력을 평가 • 도형 삽입 및 편집, 하이퍼링크 • 그림/글맵시(워드아트) 삽입 및 편집, 개채 배치 • 도형에 문자열 입력하기
문서작성능력	200점	다문서 작성을 위한 다양한 능력을 평가 • 문서 작성 입력 및 편집(글자 모양/문단 모양), 한자 변환, 들여쓰기 • 책갈피, 덧말, 문단 첫 글자 장식, 문자표, 머리말, 쪽 번호, 각주 • 표 작성 및 편집, 그림 삽입 및 편집(자르기 등)

■ 기관별 ITQ 시험 활용 분야

구분	활용 분야
기업	입사 시 우대, 사원교육제도, 승진가점, 경진대회 등
대학	학점인정, 교양필수, 개설과목적용, 졸업인증제, 정보화능력배양, 신입생특별전형 등
정부부처	공무원 채용가점, 공무원 승진가점, 경진대회, 이벤트, 주민정보화교육 등

ITQ 답안 작성 요령

■ 시험 절차

수험자 시험 시작 20분전 입실

▼

답안 파일 작성 교육

▼

수험자 등록(수험번호)

▼

시험 시작(응시 과목 답안 작성)

▼

답안 파일 저장(수험자 PC에 저장)

▼

답안 파일 전송(감독관 PC로 전송)

▼

시험 종료(수험자 퇴실)

■ 수험자 로그인

① 바탕 화면에서 [KOAS 수험자용] 아이콘을 더블 클릭하여 실행합니다.

② [수험자 등록] 대화 상자가 나타나면 수험번호를 입력하고, [확인] 버튼을 클릭합니다.

③ [수험자 버전 선택] 대화 상자에서 수험자 정보를 확인하고, [확인] 버튼을 클릭합니다(수험자 정보가 다른 경우 [취소] 버튼을 클릭한 후 감독위원에게 문의).

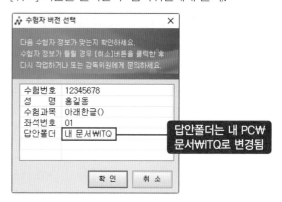

■ 답안 파일 저장(수험자 PC에 저장)

① 한글 2016을 실행한 후 [파일]-[저장하기]를 선택합니다.

② [다른 이름으로 저장하기] 대화 상자에서 저장 위치(내 PC\문서\ITQ)와 파일 이름(12345678-홍길동)을 지정하고, [저장] 버튼을 클릭합니다.

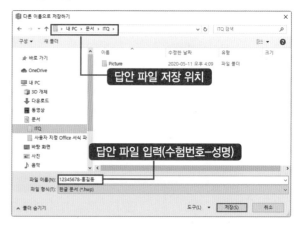

③ 제목 표시줄에서 저장된 파일 이름(수험번호-성명)을 확인합니다.

> 12345678-홍길동.hwp [C:\Users\cvbhn\Documents\ITQ\] - 한글

④ 답안 파일을 작성하는 중간에도 주기적으로 저장(Ctrl +S)합니다.

■ 답안 파일 전송(감독관 PC로 전송)

① 답안 파일을 전송하기 위해 [답안 전송] 버튼을 클릭합니다.

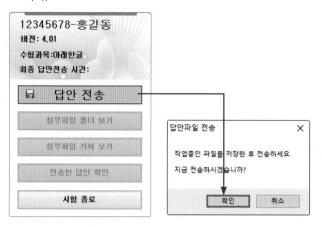

② [고사실 PC로 답안 파일 보내기] 대화 상자에서 답안 파일을 확인하고, [답안전송] 버튼을 클릭합니다(이전 파일 용량과 동일하다는 창이 나타나면 파일을 재저장한 후 [전송] 버튼을 클릭).

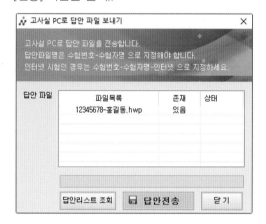

③ 계속해서 답안 파일의 전송 상태(성공)를 확인하고, [닫기] 버튼을 클릭합니다(전송 상태가 '실패'로 표시될 경우 [답안전송] 버튼을 다시 클릭).

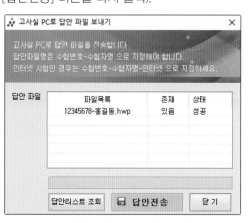

■ 시험 종료 전 주의사항

• 파일명은 본인의 "수험번호-성명"으로 입력하여 답안 폴더(내 PC\문서\ITQ)에 하나의 파일로 저장고, 답안 문서 파일명이 "수험번호-성명"과 일치하지 않거나 답안 파일을 전송하지 않아 미제출로 처리될 경우 실격 처리합니다(예 : 12345678-홍길동.hwp).

• 답안 작성을 마치면 파일을 저장하고, [답안 전송] 버튼을 클릭하여 감독위원 PC로 답안을 전송하되 수험생 정보와 저장한 파일명이 다를 경우는 전송되지 않습니다.

• 답안 작성 중에도 주기적으로 저장하면서 [답안 전송]을 해야 문제 발생을 줄일 수 있으며, 작업한 내용을 저장하지 않고 전송할 경우 이전에 저장된 내용이 전송됩니다.

• 시험을 완료한 수험자는 답안 파일이 전송되었는지를 확인한 후 감독위원의 지시에 따라 문제지를 제출하고 퇴실합니다.

■ 교재의 [ITQ답안폴더] 설치하기

① ITQ 시험에서는 [내 PC\문서\ITQ] 폴더가 자동으로 생성되어 있으므로 별도로 폴더를 작성할 필요가 없습니다.

② 본 교재에서는 부록으로 제공된 'ITQ답안폴더.exe' 파일을 이용하여 폴더를 생성합니다.

③ 해람북스(http://www.hrbooks.co.kr/)의 [자료실]-[IT수험서]에서 'ITQ답안폴더.exe' 파일을 다운로드한 후 파일을 더블 클릭하면 [내 PC\문서\ITQ] 폴더가 자동으로 생성됩니다.

④ 그림 문제의 경우는 반드시 [내 PC\문서\ITQ\Picture] 폴더에서 정확한 파일을 선택하여 삽입합니다.

이 책의 차례

PART 01

Information Technology Qualification

출제 유형 완전 분석

유형분석 01

[기본 서식 설정]

기본 서식 설정에서는 답안 작성 시 미리 공통적으로 지정해야 되는 글꼴 서식과 용지 여백 그리고 페이지 구분 방법에 대하여 알아봅니다.

시험 유형 미리보기

• 예제 파일 : 없음 / • 완성 파일 : 유형 분석 01₩유형 01_완성.hwp

≪조건≫

◎ 글꼴에 대한 기본 설정은 함초롬바탕, 10포인트, 검정, 줄 간격 160%, 양쪽 정렬로 합니다.

◎ 용지 여백은 왼쪽·오른쪽 11mm, 위쪽·아래쪽·머리말·꼬리말 10mm, 제본 0mm로 합니다.

◎ 각 항목은 지정된 페이지에 출력형태와 같이 정확히 작성하시기 바라며, 그렇지 않을 경우에 해당 항목은 0점 처리됩니다.

  ※ 페이지 구분 : 1페이지 – 기능평가 I (문제 번호 표시 : 1. 2.),

    2페이지 – 기능평가 II (문제 번호 표시 : 3. 4.),

    3페이지 – 문서작성 능력평가

≪출력형태≫

1.

2.

글꼴 서식과 편집 용지 설정하기

1 한글 2016 프로그램을 실행한 후 서식 도구 상자에서 글꼴은 '함초롬바탕', 글자 크기는 '10', 글자 색은 '검정', 정렬 방식은 '양쪽 정렬', 줄 간격은 '160'을 확인합니다.

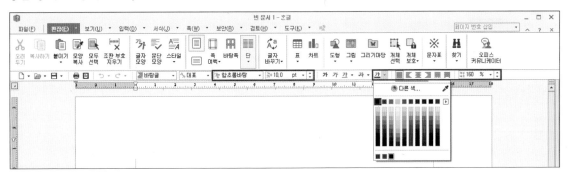

2 용지 여백을 설정하기 위하여 [파일]-[편집 용지]를 선택하거나 **F7**을 누릅니다.

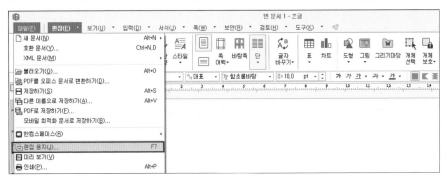

3 [편집 용지] 대화 상자의 용지 여백에서 왼쪽(11), 오른쪽(11), 위쪽(10), 아래쪽(10), 머리말(10), 꼬리말(10), 제본(0)을 각각 지정하고, [설정] 버튼을 클릭합니다.

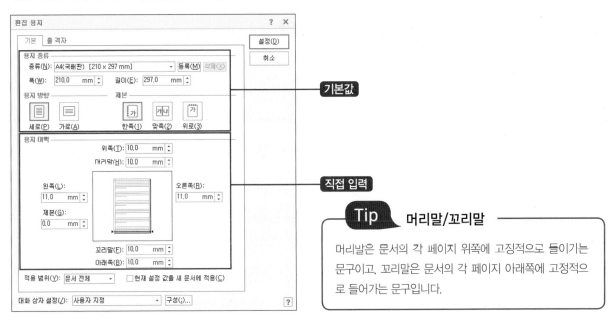

> **Tip** 머리말/꼬리말
>
> 머리말은 문서의 각 페이지 위쪽에 고정적으로 들어가는 문구이고, 꼬리말은 문서의 각 페이지 아래쪽에 고정적으로 들어가는 문구입니다.

1 1페이지 맨 윗줄에서 "1."을 입력하고, Enter를 다섯 번 정도 누릅니다. 이때, '1.' 다음에는 SpaceBar를 누르지 않습니다.

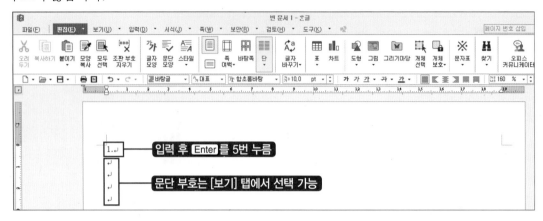

2 계속해서 "2."를 입력하고, Enter를 두 번 누른 후 [쪽] 탭에서 구역 나누기(구역 나누기) 단추를 클릭합니다(= Alt + Shift + Enter).

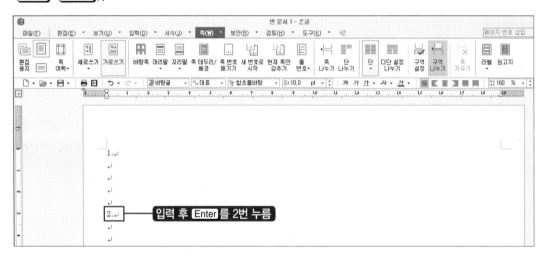

Tip ▸ 구역 나누기

커서 위치부터 구역을 새롭게 나누는 기능으로 구역마다 [편집 용지]를 다르게 설정할 수 있습니다. 시험에서는 [문서작성 능력 평가] 부분에서 해당 페이지에만 쪽 번호를 입력할 수 있습니다.

③ 2페이지로 커서가 이동하면 1페이지와 동일한 방법으로 "3."과 "4."를 각각 입력한 후 [쪽] 탭에서 구역 나누기(구역 나누기) 단추를 클릭합니다.

④ 그 결과 3페이지로 커서가 이동된 것을 확인할 수 있습니다.

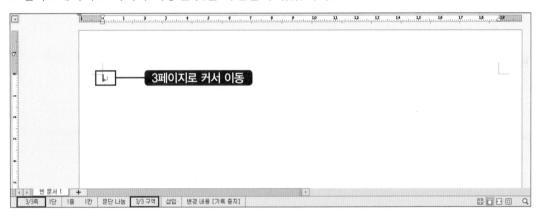

Tip 페이지 구분

페이지 구분에 대한 준비가 완료되면 1페이지는 기능평가 I(문제 번호 표시 : 1. 2.), 2페이지는 기능평가 II(문제 번호 표시 : 3. 4.), 3페이지는 문서작성 능력평가에 맞추어 답안을 작성합니다.

⑤ 모든 작업이 완료되면 서식 도구 상자에서 저장(🖫) 단추를 클릭하여 완성 파일을 저장합니다.

• 예제 파일 : 없음 / • 완성 파일 : 유형 분석 01₩유형 02_완성.hwp

01 문제지의 ≪조건≫을 참조하여 ≪출력형태≫에 맞게 작업하시오.

≪조건≫

◎ 글꼴에 대한 기본 설정은 함초롬바탕, 10포인트, 검정, 줄 간격 160%, 양쪽 정렬로 합니다.

◎ 용지 여백은 왼쪽 · 오른쪽 11㎜, 위쪽 · 아래쪽 · 머리말 · 꼬리말 10㎜, 제본 0㎜로 합니다.

◎ 각 항목은 지정된 페이지에 출력형태와 같이 정확히 작성하시기 바라며, 그렇지 않을 경우에 해당 항목은 0점 처리
됩니다.

　※ 페이지 구분 : 1페이지 – 기능평가 I (문제 번호 표시 : 1. 2.),

　　　　　　　　　2페이지 – 기능평가 II (문제 번호 표시 : 3. 4.),

　　　　　　　　　3페이지 – 문서작성 능력평가

≪출력형태≫

1.

2.

• 예제 파일 : 없음 / • 완성 파일 : 유형 분석 01₩유형 03_완성.hwp

02 **문제지의 ≪조건≫을 참조하여 ≪출력형태≫에 맞게 작업하시오.**

≪조건≫

◎ 글꼴에 대한 기본 설정은 함초롬바탕, 10포인트, 검정, 줄 간격 160%, 양쪽 정렬로 합니다.

◎ 용지 여백은 왼쪽·오른쪽 11㎜, 위쪽·아래쪽·머리말·꼬리말 10㎜, 제본 0㎜로 합니다.

◎ 각 항목은 지정된 페이지에 출력형태와 같이 정확히 작성하시기 바라며, 그렇지 않을 경우에 해당 항목은 0점 처리 됩니다.

　　※ 페이지 구분 : 1페이지 – 기능평가Ⅰ(문제 번호 표시 : 1. 2.),

　　　　　　　　　 2페이지 – 기능평가Ⅱ(문제 번호 표시 : 3. 4.),

　　　　　　　　　 3페이지 – 문서작성 능력평가

≪출력형태≫

1.

2.

• 예제 파일 : 없음 / • 완성 파일 : 유형 01₩유형 04_완성.hwp

03 문제지의 ≪조건≫을 참조하여 ≪출력형태≫에 맞게 작업하시오.

《조건》

◎ 글꼴에 대한 기본 설정은 함초롬바탕, 10포인트, 검정, 줄 간격 160%, 양쪽 정렬로 합니다.

◎ 용지 여백은 왼쪽 · 오른쪽 11㎜, 위쪽 · 아래쪽 · 머리말 · 꼬리말 10㎜, 제본 0㎜로 합니다.

◎ 각 항목은 지정된 페이지에 출력형태와 같이 정확히 작성하시기 바라며, 그렇지 않을 경우에 해당 항목은 0점 처리됩니다.

　　※ 페이지 구분 : 1페이지 - 기능평가 I (문제 번호 표시 : 1. 2.),

　　　　　　　　　 2페이지 - 기능평가 II (문제 번호 표시 : 3. 4.),

　　　　　　　　　 3페이지 - 문서작성 능력평가

《출력형태》

```
1.




  2.
```

출제 유형 문제

• 예제 파일 : 없음 / • 완성 파일 : 유형 분석 01₩유형 05_완성.hwp

04 문제지의 ≪조건≫을 참조하여 ≪출력형태≫에 맞게 작업하시오.

≪조건≫

◎ 글꼴에 대한 기본 설정은 함초롬바탕, 10포인트, 검정, 줄 간격 160%, 양쪽 정렬로 합니다.

◎ 용지 여백은 왼쪽 · 오른쪽 11㎜, 위쪽 · 아래쪽 · 머리말 · 꼬리말 10㎜, 제본 0㎜로 합니다.

◎ 각 항목은 지정된 페이지에 출력형태와 같이 정확히 작성하시기 바라며, 그렇지 않을 경우에 해당 항목은 0점 처리
됩니다.

　※ 페이지 구분 : 1페이지 - 기능평가 I (문제 번호 표시 : 1. 2.),

　　　　　　　　 2페이지 - 기능평가 II (문제 번호 표시 : 3. 4.),

　　　　　　　　 3페이지 - 문서작성 능력평가

≪출력형태≫

```
1.




2.
```

[기능평가 Ⅰ – 스타일 지정]

스타일 지정에서는 문제지의 내용을 입력한 후 스타일 이름과 문단 모양 및 글자 모양을 각각 설정하여 스타일을 추가하고, 해당 스타일을 적용하는 방법에 대하여 알아봅니다.

시험 유형 미리보기

• 예제 파일 : 유형 분석 02₩유형 01_문제.hwp / • 완성 파일 : 유형 분석 02₩유형 01_완성.hwp

1. 다음의 ≪조건≫에 따라 스타일 기능을 적용하여 ≪출력형태≫와 같이 작성하시오.　　50점

≪조건≫

⑴ 스타일 이름 – unification

⑵ 문단 모양 – 왼쪽 여백 : 15pt, 문단 아래 간격 : 10pt

⑶ 글자 모양 – 글꼴 : 한글(돋움)/영문(굴림), 크기 : 10pt, 장평 : 95%, 자간 : 5%

≪출력형태≫

1.

In 1960, public discussions on unification issues sprang up in various sectors in South Korean society and government felt the need to listen to the public and set up a consistent unification policy.

1960년대 통일 문제에 대한 대중의 논의는 한국 사회의 여러 분야에서 시작되었고, 정부는 국민들의 말에 귀를 기울이고 일관된 통일 정책을 수립할 필요성을 느꼈다.

2.

① [파일]-[불러오기]를 선택한 후 [불러오기] 대화 상자에서 '유형 분석 02₩유형 01_문제.hwp'를 불러오기 합니다.

② 1페이지에서 '1.' 아래를 클릭하여 커서를 위치시킵니다.

③ 문제지의 ≪출력형태≫를 보고 주어진 내용을 입력합니다. 이때, 내용을 모두 입력한 후 맨 마지막에서 Enter를 누르지 않습니다.

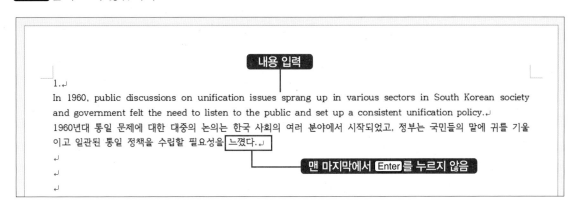

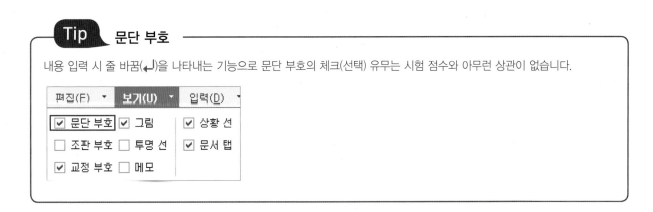

Tip 문단 부호

내용 입력 시 줄 바꿈(↵)을 나타내는 기능으로 문단 부호의 체크(선택) 유무는 시험 점수와 아무런 상관이 없습니다.

1 스타일을 지정하기 위하여 입력한 내용을 블록 지정한 후 [서식] 탭에서 스타일 추가하기(가) 단추를 클릭합니다.

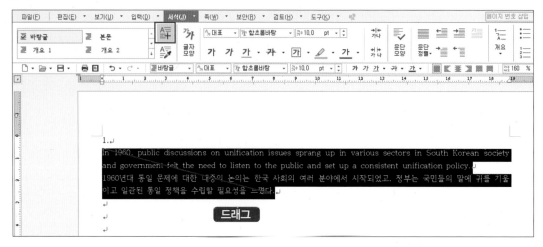

2 [스타일 추가하기] 대화 상자에서 스타일 이름에 "unification"을 입력하고, [문단 모양] 버튼을 클릭합니다.

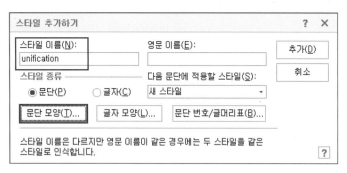

3 [문단 모양] 대화 상자의 [기본] 탭에서 여백의 왼쪽은 '15', 간격의 문단 아래는 '10'을 각각 지정하고, [설정] 버튼을 클릭합니다.

4 다시 [스타일 추가하기] 대화 상자가 나타나면 [글자 모양] 버튼을 클릭합니다.

5 [글자 모양] 대화 상자의 [기본] 탭에서 기준 크기는 '10', 언어는 '한글', 글꼴은 '돋움', 장평은 '95', 자간은 '5'를 각각 지정하고, [설정] 버튼을 클릭합니다.

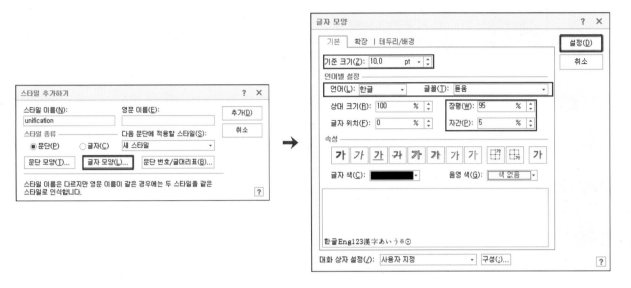

6 다시 [스타일 추가하기] 대화 상자가 나타나면 [글자 모양] 버튼을 클릭합니다.

7 [글자 모양] 대화 상자의 [기본] 탭에서 기준 크기, 장평, 자간을 확인한 후 언어는 '영문', 글꼴은 '굴림'을 각각 지정하고, [설정] 버튼을 클릭합니다.

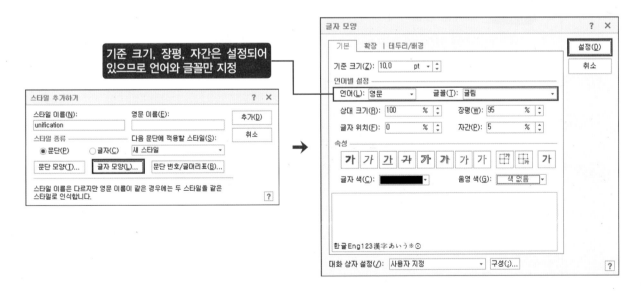

⑧ 다시 [스타일 추가하기] 대화 상자가 나타나면 [추가] 버튼을 클릭합니다.

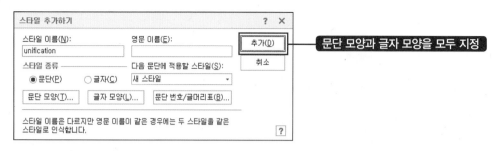

⑨ [서식] 탭에서 스타일 목록에 추가된 'unification'을 클릭하면 블록으로 지정된 내용에 해당 스타일이 적용됩니다.

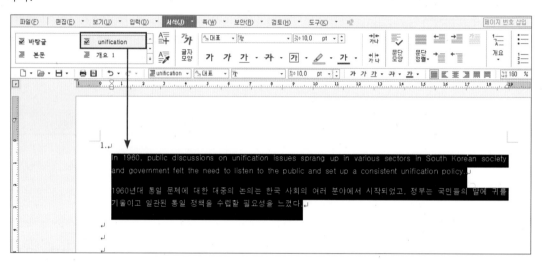

Tip 스타일 편집하기

① [서식] 탭에서 자세히(▾) 단추를 클릭하고, [스타일]을 선택하거나 F6을 누릅니다.

② [스타일] 대화 상자의 스타일 목록에서 지정한 스타일을 선택하고, 스타일 편집하기(✏) 버튼을 클릭하면 스타일 이름, 문단 모양, 글자 모양 등을 수정할 수 있습니다.

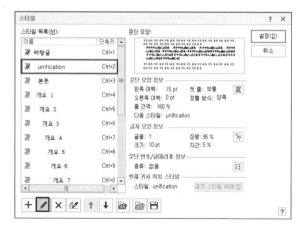

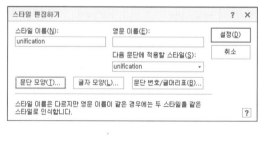

10 블록을 해제하기 위하여 [ESC]를 누른 후 ≪출력형태≫와 비교하여 틀린 부분이 없는지 확인합니다.

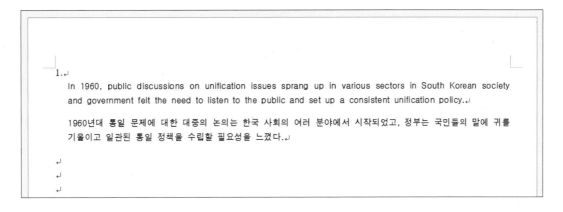

11 모든 작업이 완료되면 서식 도구 상자에서 저장(🖫) 단추를 클릭하여 완성 파일을 저장합니다.

출제 유형 문제

• **예제 파일** : 유형 분석 02₩유형 02_문제.hwp / • **완성 파일** : 유형 분석 02₩유형 02_완성.hwp

01 다음의 ≪조건≫에 따라 스타일 기능을 적용하여 ≪출력형태≫와 같이 작성하시오.

≪조건≫

(1) 스타일 이름 – learning

(2) 문단 모양 – 왼쪽 여백 : 15pt, 문단 아래 간격 : 10pt

(3) 글자 모양 – 글꼴 : 한글(굴림)/영문(돋움), 크기 : 10pt, 장평 : 95%, 자간 : 5%

≪출력형태≫

> 1.
>
> Lifelong learning is the "ongoing, voluntary, and self-motivated" pursuit of knowledge for either personal or professional reasons.
>
> 평생학습은 학교교육뿐만 아니라 가정, 사회교육 등을 망라하여 연령에 한정을 두지 않고 전 생애에 걸친 교육으로 조직화되어야 한다는 교육관에 기초를 두고 있다.
>
> 2.

Hint

- [문단 모양] 대화 상자의 [기본] 탭에서 여백의 왼쪽은 '15', 간격의 문단 아래는 '10'을 각각 지정합니다.
- [글자 모양] 대화 상자의 [기본] 탭에서 기준 크기는 '10', 언어는 '한글', 글꼴은 '굴림', 장평은 '95', 자간은 '5'를 각각 지정합니다.
- [글자 모양] 대화 상자의 [기본] 탭에서 기준 크기, 장평, 자간을 확인한 후 언어는 '영문', 글꼴은 '돋움'을 각각 지정합니다.

• **예제 파일** : 유형 분석 02₩유형 03_문제.hwp / • **완성 파일** : 유형 분석 02₩유형 03_완성.hwp

02 다음의 ≪조건≫에 따라 스타일 기능을 적용하여 ≪출력형태≫와 같이 작성하시오.

≪조건≫

(1) 스타일 이름 – happiness

(2) 문단 모양 – 왼쪽 여백 : 15pt, 문단 아래 간격 : 10pt

(3) 글자 모양 – 글꼴 : 한글(돋움)/영문(굴림), 크기 : 10pt, 장평 : 95%, 자간 : 5%

≪출력형태≫

1.

The assessment of gross national happiness was designed in an attempt to define an indicator that measures quality of life or social progress in more holistic.

행복지수란 경제적 가치 뿐 아니라 개인의 가치관, 개인적 목표의 성취, 자부심, 희망, 사랑 등 인간의 행복과 삶의 질을 포괄적으로 고려해서 측정하는 지표이나 현실적인 제약 및 한계가 존재한다.

2.

Hint

- [문단 모양] 대화 상자의 [기본] 탭에서 여백의 왼쪽은 '15', 간격의 문단 아래는 '10'을 각각 지정합니다.
- [글자 모양] 대화 상자의 [기본] 탭에서 기준 크기는 '10', 언어는 '한글', 글꼴은 '돋움', 장평은 '95', 자간은 '5'를 각각 지정합니다.
- [글자 모양] 대화 상자의 [기본] 탭에서 기준 크기, 장평, 자간을 확인한 후 언어는 '영문', 글꼴은 '굴림'을 각각 지정합니다.

• **예제 파일** : 유형 분석 02₩유형 04_문제.hwp / • **완성 파일** : 유형 분석 02₩유형 04_완성.hwp

03 다음의 ≪조건≫에 따라 스타일 기능을 적용하여 ≪출력형태≫와 같이 작성하시오.

≪조건≫

(1) 스타일 이름 – history

(2) 문단 모양 – 첫 줄 들여쓰기 : 15pt, 문단 아래 간격 : 10pt

(3) 글자 모양 – 글꼴 : 한글(돋움)/영문(굴림), 크기 : 10pt, 장평 : 105%, 자간 : –5%

≪출력형태≫

```
  ⌐
   1.
        History does nothing, possesses no enormous wealth, fights no battles. It is rather man, the real, living
   man, who does everything, possesses, fights.

        백제의 왕도, 충청남도 공주시와 부여군에서 개최되는 백제문화제는 진취석인 기상으로 찬란한 문화를 꽃피웠던
   백제의 역사와 예술혼을 만날 수 있는 역사문화축제이다.



   2.
```

Hint

- [문단 모양] 대화 상자의 [기본] 탭에서 첫 줄의 들여쓰기는 '15', 간격의 문단 아래는 '10'을 각각 지정합니다.
- [글자 모양] 대화 상자의 [기본] 탭에서 기준 크기는 '10', 언어는 '한글', 글꼴은 '돋움', 장평은 '105', 자간은 '-5'를 각각 지정합니다.
- [글자 모양] 대화 상자의 [기본] 탭에서 기준 크기, 장평, 자간을 확인한 후 언어는 '영문', 글꼴은 '굴림'을 각각 지정합니다.

• **예제 파일** : 유형 분석 02₩유형 05_문제.hwp / • **완성 파일** : 유형 분석 02₩유형 05_완성.hwp

04 다음의 ≪조건≫에 따라 스타일 기능을 적용하여 ≪출력형태≫와 같이 작성하시오.

≪조건≫

(1) 스타일 이름 – parking
(2) 문단 모양 – 왼쪽 여백 : 15pt, 문단 아래 간격 : 10pt
(3) 글자 모양 – 글꼴 : 한글(돋움)/영문(굴림), 크기 : 10pt, 장평 : 97%, 자간 : 5%

≪출력형태≫

1.

It may be desirable for the car to pass close to the entrance before parking, after which its passengers approach the same entrance a second time on foot.

주택가 주차난이 심각한 것으로 조사되어 공공용지의 지하를 활용하거나 근린시설 및 대형 건물의 주차장 야간 개방, 그린파킹 사업 시행 등 다양한 해소 방안이 추진되고 있다.

2.

Hint

- [문단 모양] 대화 상자의 [기본] 탭에서 여백의 왼쪽은 '15', 간격의 문단 아래는 '10'을 각각 지정합니다.
- [글자 모양] 대화 상자의 [기본] 탭에서 기준 크기는 '10', 언어는 '한글', 글꼴은 '돋움', 장평은 '97', 자간은 '5'를 각각 지정합니다.
- [글자 모양] 대화 상자의 [기본] 탭에서 기준 크기, 장평, 자간을 확인한 후 언어는 '영문', 글꼴은 '굴림'을 각각 지정합니다.

• **예제 파일** : 유형 분석 02₩유형 06_문제.hwp / • **완성 파일** : 유형 분석 02₩유형 06_완성.hwp

05 다음의 ≪조건≫에 따라 스타일 기능을 적용하여 ≪출력형태≫와 같이 작성하시오.

≪조건≫

(1) 스타일 이름 – ransomware

(2) 문단 모양 – 왼쪽 여백 : 15pt, 문단 아래 간격 : 10pt

(3) 글자 모양 – 글꼴 : 한글(궁서)/영문(굴림), 크기 : 10pt, 장평 : 95%, 자간 : 5%

≪출력형태≫

1.

Ransomware is malicious program that locks the system or encrypts data in combination with ransom and software, and requires money to be paid hostage.

랜섬웨어는 몸값과 소프트웨어의 합성어로 시스템을 잠그거나 데이터를 암호화해 사용할 수 없도록 하고 이를 인질로 금전을 요구하는 악성 프로그램을 말한다.

2.

Hint

• [문단 모양] 대화 상자의 [기본] 탭에서 여백의 왼쪽은 '15', 간격의 문단 아래는 '10'을 각각 지정합니다.
• [글자 모양] 대화 상자의 [기본] 탭에서 기준 크기는 '10', 언어는 '한글', 글꼴은 '궁서', 장평은 '95', 자간은 '5'를 각각 지정합니다.
• [글자 모양] 대화 상자의 [기본] 탭에서 기준 크기, 장평, 자간을 확인한 후 언어는 '영문', 글꼴은 '굴림'을 각각 지정합니다.

• 예제 파일 : 유형 분석 02\유형 07_문제.hwp / • 완성 파일 : 유형 분석 02\유형 07_완성.hwp

06 다음의 ≪조건≫에 따라 스타일 기능을 적용하여 ≪출력형태≫와 같이 작성하시오.

《조건》

(1) 스타일 이름 - architects

(2) 문단 모양 - 왼쪽 여백 : 15pt, 문단 아래 간격 : 10pt

(3) 글자 모양 - 글꼴 : 한글(굴림)/영문(돋움), 크기 : 10pt, 장평 : 95%, 자간 : 5%

《출력형태》

1.

The Korean Institute of architects hopes to actively contribute to the promotion of architecture by inspiring the architects creativity and advance the status of architects.

건축은 인간의 여러 가지 생활을 담기 위한 기술과 구조 및 기능을 수단으로 하여 이루어지는 공간 예술로 몇 세기에 걸쳐 유지될 수 있는 역사적 대상이며 사회적 존재이다.

2.

Hint

• [문단 모양] 대화 상자의 [기본] 탭에서 여백의 왼쪽은 '15', 간격의 문단 아래는 '10'을 각각 지정합니다.

• [글자 모양] 대화 상자의 [기본] 탭에서 기준 크기는 '10', 언어는 '한글', 글꼴은 '굴림', 장평은 '95', 자간은 '5'를 각각 지정합니다.

• [글자 모양] 대화 상자의 [기본] 탭에서 기준 크기, 장평, 자간을 확인한 후 언어는 '영문', 글꼴은 '돋움'을 각각 지정합니다.

[기능평가 Ⅰ – 표 작성]

표 작성에서는 표 내용의 정렬과 셀 배경색 및 테두리를 지정한 후 표의 블록 계산과 캡션 기능을 적용하는 방법에 대하여 알아봅니다.

시험 유형 미리보기

• 예제 파일 : 유형 분석 03₩유형 01_문제.hwp / • 완성 파일 : 유형 분석 03₩유형 01_완성.hwp

2. 다음의 《조건》에 따라 《출력형태》와 같이 표와 차트를 작성하시오. `100점`

《표 조건》

(1) 표 전체(표, 캡션) – 돋움, 10pt
(2) 정렬 – 문자 : 가운데 정렬, 숫자 : 오른쪽 정렬
(3) 셀 배경(면색) : 노랑
(4) 한글의 계산 기능을 이용하여 빈칸에 합계를 구하고, 캡션 기능 사용할 것
(5) 선 모양은 《출력형태》와 동일하게 처리할 것

《출력형태》

1.

In 1960, public discussions on unification issues sprang up in various sectors in South Korean society and government felt the need to listen to the public and set up a consistent unification policy.

1960년대 통일 문제에 대한 대중의 논의는 한국 사회의 여러 분야에서 시작되었고, 정부는 국민들의 말에 귀를 기울이고 일관된 통일 정책을 수립할 필요성을 느꼈다.

2.

남북 주요도시 인구현황(단위 : 만 명)

지역	서울	부산	평양	청진	합계
1970년	568	204	98	30	
2000년	1,007	373	277	59	
2020년	963	339	308	64	
2035년	926	320	347	71	

1 [파일]-[불러오기]를 선택한 후 [불러오기] 대화 상자에서 '유형 분석 03₩유형 01_문제.hwp'를 불러오기 합니다.

2 1페이지에서 '2.' 아래를 클릭하여 커서를 위치시킨 후 [입력] 탭에서 표(⊞) 단추를 클릭합니다(=Ctrl+N, T).

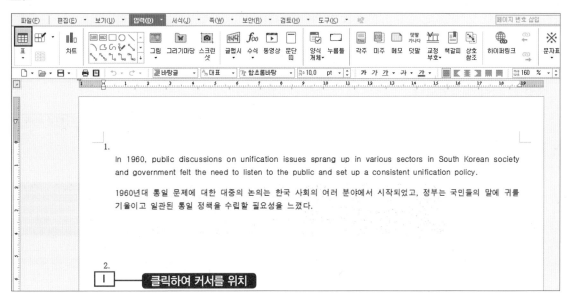

3 [표 만들기] 대화 상자에서 줄 수는 '5', 칸 수는 '6'을 지정한 후 '글자처럼 취급'을 선택하고, [만들기] 버튼을 클릭합니다.

> **Tip** **글자처럼 취급**
>
> 표를 보통 글자와 동일하게 취급하는 기능으로 글을 입력하거나 삭제하는 대로 표의 위치가 변경되며, 표를 정렬시킬 수 있습니다.

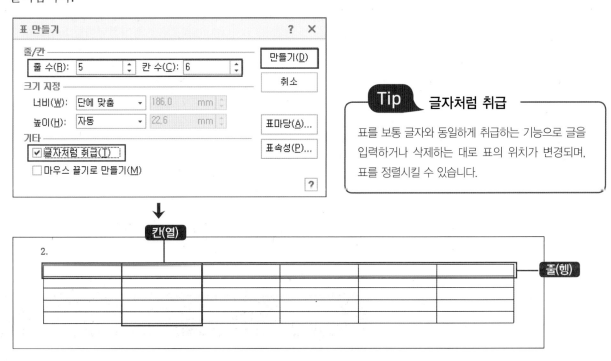

표 내용 입력과 정렬하기

1 표가 만들어지면 ≪출력형태≫를 참고하여 주어진 내용을 입력합니다.

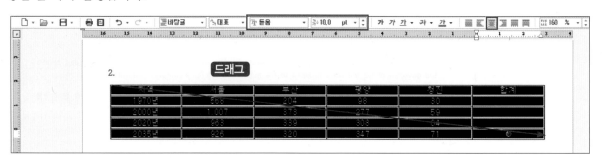

2.

지역	서울	부산	평양	청진	합계
1970년	568	204	98	30	
2000년	1,007	373	277	59	
2020년	963	339	308	64	
2035년	926	320	347	71	

표에서 커서 이동은 Tab 이나 방향키를 이용

2 표 전체를 드래그하여 블록 지정한 후 서식 도구 상자에서 글꼴은 '돋움', 글자 크기는 '10', 정렬은 '가운데 정렬'을 각각 설정합니다.

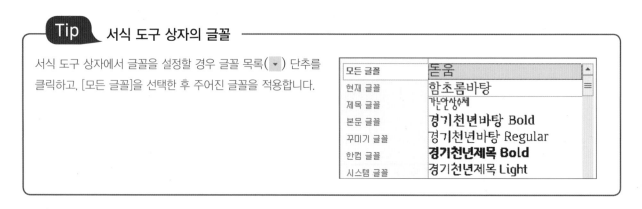

드래그

Tip 서식 도구 상자의 글꼴

서식 도구 상자에서 글꼴을 설정할 경우 글꼴 목록(▼) 단추를 클릭하고, [모든 글꼴]을 선택한 후 주어진 글꼴을 적용합니다.

모든 글꼴	돋움
현재 글꼴	함초롬바탕
제목 글꼴	가는안상체
본문 글꼴	경기천년바탕 Bold
꾸미기 글꼴	경기천년바탕 Regular
한컴 글꼴	경기천년제목 Bold
시스템 글꼴	경기천년제목 Light

---

3 표에서 숫자(수치) 부분만을 드래그하여 블록 지정한 후 서식 도구 상자에서 오른쪽 정렬(▤) 단추를 클릭합니다. 이때, 합계 열(칸)은 블록 계산식을 이용하여 숫자가 입력되므로 미리 오른쪽 정렬을 적용합니다.

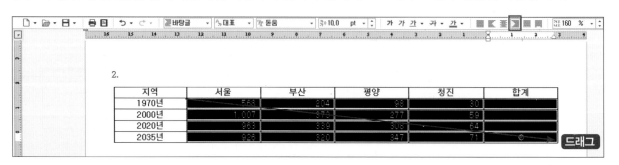

2.

지역	서울	부산	평양	청진	합계
1970년	568	204	98	30	
2000년	1,007	373	277	59	
2020년	963	339	308	64	
2035년	926	320	347	71	

드래그

표의 셀 배경색과 테두리 지정하기

1 셀 배경색을 지정하기 위하여 해당 부분을 드래그하여 블록 지정합니다.

지역	서울	부산	평양	청진	합계
1970년	566	204	98	30	
2000년	1,007	373	277	59	
2020년	963	339	308	64	
2035년	926	320	347	71	

2 [표] 탭에서 셀 배경 색의 목록(🖊 ▾) 단추를 클릭하고, [색상 테마(▶)]-[오피스]를 선택합니다.

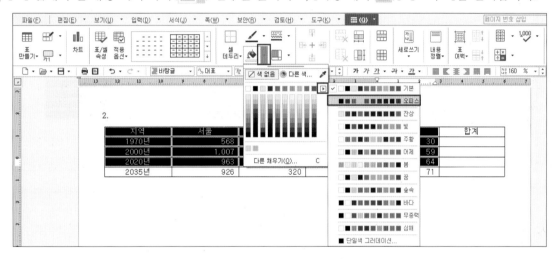

3 계속해서 오피스 색상 중 '노랑'을 선택한 후 ESC 를 눌러 블록을 해제합니다.

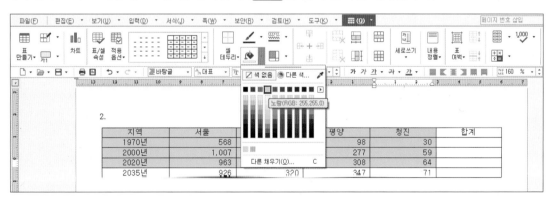

Tip 색상 테마

시험에서 출제되는 색상은 흰색을 제외하고, 모두 오피스 색상이므로 색상 테마를 반드시 [오피스]로 변경한 후 작업합니다.

4 셀 테두리를 지정하기 위하여 표 전체를 드래그하여 블록 지정합니다.

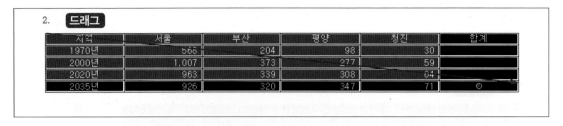

5 [표] 탭에서 목록(▼) 단추를 클릭하고, [셀 테두리/배경]-[각 셀마다 적용]을 선택하거나 Ⓛ을 누릅니다.

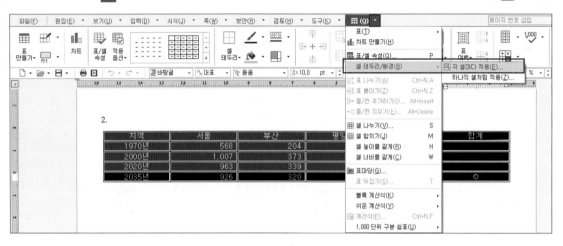

6 [셀 테두리/배경] 대화 상자의 [테두리] 탭에서 종류는 '이중 실선'과 '바깥쪽'을 선택하고, [설정] 버튼을 클릭합니다.

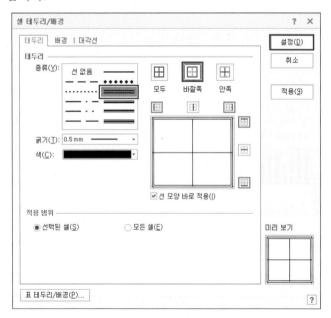

7 첫 번째 행(줄)을 블록 지정한 후 [셀 테두리/배경] 대화 상자의 [테두리] 탭에서 종류는 '이중 실선'과 '아래 (▥)'를 선택하고, [설정] 버튼을 클릭합니다.

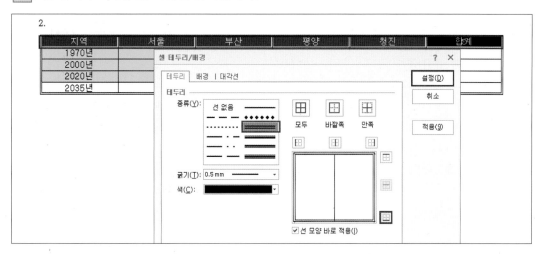

8 첫 번째 열(칸)을 블록 지정한 후 [셀 테두리/배경] 대화 상자의 [테두리] 탭에서 종류는 '이중 실선'과 '오른쪽 (▦)'을 선택하고, [설정] 버튼을 클릭합니다.

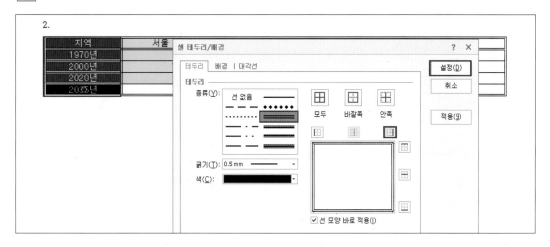

9 셀에 대각선을 지정하기 위하여 마지막 셀에서 **F5**를 누른 후 [표] 탭에서 목록(▼) 단추를 클릭하고, [셀 테두리/배경]–[각 셀마다 적용]을 선택합니다.

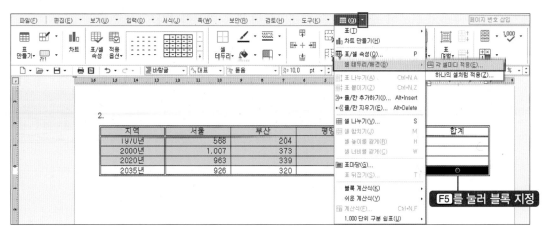

10 [셀 테두리/배경] 대화 상자의 [대각선] 탭에서 종류는 '실선'과 대각선은 ' , '을 각각 선택하고, [설정] 버튼을 클릭합니다.

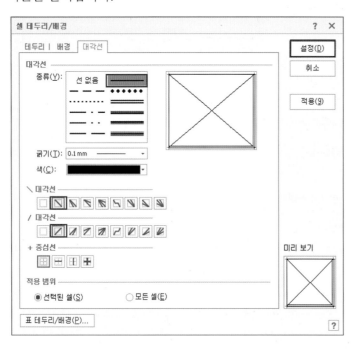

유형잡기 04 표의 블록 계산과 캡션 입력하기

1 표에서 합계를 구하기 위하여 해당 부분을 드래그하여 블록 지정합니다.

2.

지역	서울	부산	평양	청진	합계
1970년	568	204	98	30	
2000년	1,007	373	277	59	
2020년	963	339	308	64	
2035년	926	320	347	71	

드래그

2 [표] 탭에서 계산식(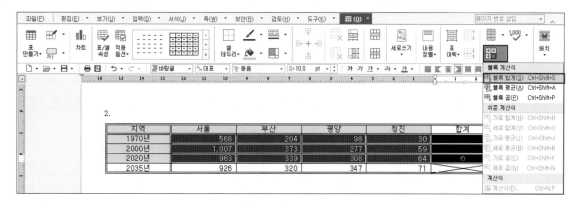 ▾) 단추를 클릭하고, [블록 합계]를 선택합니다.

> **Tip** 블록 계산
>
> • 블록 계산식은 표에서 하나의 셀 또는 비연속적인 셀을 블록으로 지정한 경우에는 사용할 수 없습니다.
> • 《출력형태》에서는 합계 열이 빈칸이지만 《조건》에 따라 계산 기능을 이용하여 합계를 구합니다.

3 합계가 구해지면 [ESC]를 눌러 블록 지정을 해제합니다.

2.

지역	서울	부산	평양	청진	합계
1970년	568	204	98	30	900
2000년	1,007	373	277	59	1,716
2020년	963	339	308	64	1,674
2035년	926	320	347	71	

> **Tip** 평균(소수점 자릿수)
>
> • 《표 조건》에서 한글의 계산 기능을 이용하여 빈칸에 평균(소수점 두 자리)을 구하는 문제가 출제되면 소수점 자릿수를 지정해야 하는데 현재 시험에서는 블록 평균 형식이 기본 자릿수(소수점 두 자리)로 출제되고 있습니다.
> • 하지만 소수점 자릿수를 다르게 지정할 경우는 평균으로 계산된 임의의 숫자에서 마우스 오른쪽 버튼을 클릭하고, [계산식 고치기]를 선택합니다. [계산식] 대화 상자에서 형식의 목록(▾) 단추를 클릭하고, 주어진 자릿수를 선택한 후 [확인] 버튼을 클릭합니다.

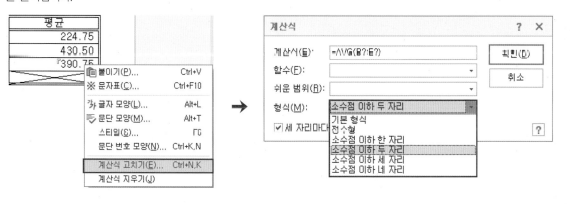

4 표에 캡션을 지정하기 위하여 표를 선택한 후 [표] 탭에서 캡션의 목록(📇·) 단추를 클릭하고, [위]를 선택합니다.

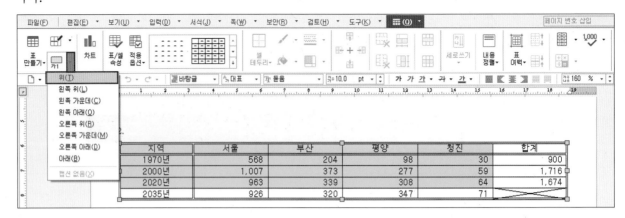

5 표 왼쪽 상단에 '표 1'을 블록 지정한 후 주어진 내용(남북 주요도시 인구현황(단위 : 만 명))을 입력합니다.

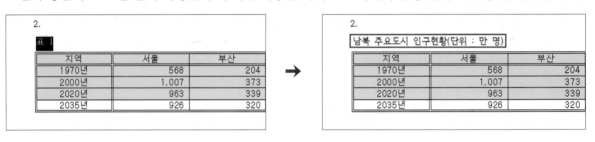

6 다시 캡션 내용을 블록 지정한 후 서식 도구 상자에서 글꼴은 '돋움', 글자 크기는 '10'을 지정한 후 오른쪽 정렬(🗏) 단추를 클릭합니다.

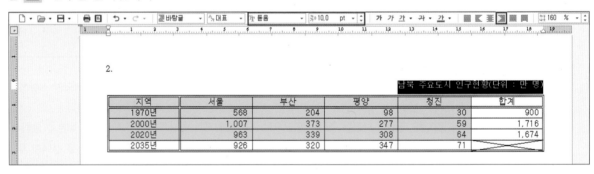

7 표 전체를 블록 지정한 후 Ctrl+↓을 한 번만 눌러 표의 행(줄) 높이를 조절합니다.

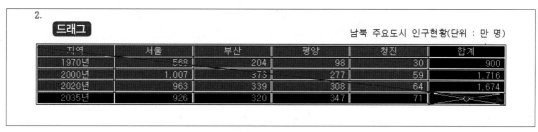

지역	서울	부산	평양	청진	합계
1970년	568	204	98	30	900
2000년	1,007	373	277	59	1,716
2020년	963	339	308	64	1,674
2035년	926	320	347	71	

Tip 표 크기 조절

표의 크기를 조절할 때 Ctrl 은 표의 전체 크기를 조절하고, Alt 는 선택된 셀의 행(줄)이나 열(칸)만을 조절합니다.

8 모든 작업이 완료되면 서식 도구 상자에서 저장(💾) 단추를 클릭하여 완성 파일을 저장합니다.

• **예제 파일** : 유형 분석 03₩유형 02_문제.hwp / • **완성 파일** : 유형 분석 03₩유형 02_완성.hwp

01 다음의 ≪조건≫에 따라 ≪출력형태≫와 같이 표와 차트를 작성하시오.

≪표 조건≫

(1) 표 전체(표, 캡션) - 굴림, 10pt

(2) 정렬 - 문자 : 가운데 정렬, 숫자 : 오른쪽 정렬

(3) 셀 배경(면색) : 노랑

(4) 한글의 계산 기능을 이용하여 빈칸에 평균(소수점 두 자리)을 구하고, 캡션 기능 사용할 것

(5) 선 모양은 ≪출력형태≫와 동일하게 처리할 것

≪출력형태≫

1.

Lifelong learning is the "ongoing, voluntary, and self-motivated" pursuit of knowledge for either personal or professional reasons.

평생학습은 학교교육뿐만 아니라 가정, 사회교육 등을 망라하여 연령에 한정을 두지 않고 전 생애에 걸친 교육으로 조직화되어야 한다는 교육관에 기초를 두고 있다.

2.

연령대별 평생학습 장애요인(단위 : %)

요인	20대	30대	40대	50대	평균
시간문제	55.1	56.3	58.9	43.9	
동기부족	8.5	10.2	12.4	17.9	
학습비용	13.9	13.4	11.0	12.1	
기타	22.5	20.1	17.7	26.1	

Hint

• [표] 탭에서 셀 배경 색의 [목록] 단추를 클릭하고, 오피스 색상 중 '노랑'을 선택합니다.

• [셀 테두리/배경] 대화 상자의 [테두리] 탭에서 종류는 '이중 실선'과 '바깥쪽'을 선택합니다.

• 첫 번째 행(줄)/열(칸)을 블록 지정한 후 [셀 테두리/배경] 대화 상자의 [테두리] 탭에서 종류는 '이중 실선'과 '아래'/'오른쪽'을 각각 선택합니다.

• 마지막 셀은 [셀 테두리/배경] 대화 상자의 [대각선] 탭에서 종류는 '실선'과 '대각선'을 각각 선택합니다.

• 평균의 해당 부분을 블록 지정한 후 [표] 탭에서 [계산식] 단추를 클릭하고, [블록 평균]을 선택합니다.

• 표를 선택한 후 [표] 탭에서 캡션의 [목록] 단추를 클릭하고, [위]를 선택합니다.

• 표 왼쪽 상단에 '표 1'을 블록 지정한 후 주어진 내용을 입력하고, 서식 도구 상자에서 글꼴은 '굴림', 글자 크기는 '10'을 지정한 다음 [오른쪽 정렬] 단추를 클릭합니다.

• 예제 파일 : 유형 분석 03₩유형 03_문제.hwp / • 완성 파일 : 유형 분석 03₩유형 03_완성.hwp

02 다음의 《조건》에 따라 《출력형태》와 같이 표와 차트를 작성하시오.

《표 조건》

(1) 표 전체(표, 캡션) – 돋움, 10pt

(2) 정렬 – 문자 : 가운데 정렬, 숫자 : 오른쪽 정렬

(3) 셀 배경(면색) : 노랑

(4) 한글의 계산 기능을 이용하여 빈칸에 합계를 구하고, 캡션 기능 사용할 것

(5) 선 모양은 《출력형태》와 동일하게 처리할 것

《출력형태》

1.

The assessment of gross national happiness was designed in an attempt to define an indicator that measures quality of life or social progress in more holistic.

행복지수란 경제적 가치 뿐 아니라 개인의 가치관, 개인적 목표의 성취, 자부심, 희망, 사랑 등 인간의 행복과 삶의 질을 포괄적으로 고려해서 측정하는 지표이나 현실적인 제약 및 한계가 존재한다.

2.

경제행복도지수의 부문별점수(단위 : 점)

구분	2015년	2016년	2017년	2018년	합계
소비	0.65	0.87	0.92	0.98	
소득	0.63	0.78	0.99	0.82	
분배	0.20	0.27	0.18	0.18	
안정	0.40	0.38	0.29	0.01	✕

 Hint

- [표] 탭에서 셀 배경 색의 [목록] 단추를 클릭하고, 오피스 색상 중 '노랑'을 선택합니다.
- [셀 테두리/배경] 대화 상자의 [테두리] 탭에서 종류는 '이중 실선'과 '바깥쪽'을 선택합니다.
- 첫 번째 행(줄)/열(칸)을 블록 지정한 후 [셀 테두리/배경] 대화 상자의 [테두리] 탭에서 종류는 '이중 실선'과 '아래'/'오른쪽'을 각각 선택합니다.
- 마지막 셀은 [셀 테두리/배경] 대화 상자의 [대각선] 탭에서 종류는 '실선'과 '대각선'을 각각 선택합니다.
- 합계의 해당 부분을 블록 지정한 후 [표] 탭에서 [계산식] 단추를 클릭하고, [블록 합계]를 선택합니다.
- 표를 선택한 후 [표] 탭에서 캡션의 [목록] 단추를 클릭하고, [위]를 선택합니다.
- 표 왼쪽 상단에 '표 1'을 블록 지정한 후 주어진 내용을 입력하고, 서식 도구 상자에서 글꼴은 '돋움', 글자 크기는 '10'을 지정한 다음 [오른쪽 정렬] 단추를 클릭합니다.

• **예제 파일** : 유형 분석 03₩유형 04_문제.hwp / • **완성 파일** : 유형 분석 03₩유형 04_완성.hwp

03 다음의 ≪조건≫에 따라 ≪출력형태≫와 같이 표와 차트를 작성하시오.

≪표 조건≫

(1) 표 전체(표, 캡션) – 궁서, 10pt

(2) 정렬 – 문자 : 가운데 정렬, 숫자 : 오른쪽 정렬

(3) 셀 배경(면색) : 노랑

(4) 한글의 계산 기능을 이용하여 빈칸에 평균(소수점 두 자리)을 구하고, 캡션 기능 사용할 것

(5) 선 모양은 ≪출력형태≫와 동일하게 처리할 것

≪출력형태≫

1.

    History does nothing, possesses no enormous wealth, fights no battles. It is rather man, the real, living man, who does everything, possesses, fights.

    백제의 왕도, 충청남도 공주시와 부여군에서 개최되는 백제문화제는 진취적인 기상으로 찬란한 문화를 꽃피웠던 백제의 역사와 예술혼을 만날 수 있는 역사문화축제이다.

2.

백제문화제 관람객 현황(단위 : 백 명)

구분	2015년	2016년	2017년	2018년	평균
초중고교생	3,980	3,860	3,250	4,370	
대학생	4,260	5,200	4,480	5,030	
성인	8,150	7,450	8,320	7,180	
외국인	1,650	1,370	1,610	1,510	

Hint

• [표] 탭에서 셀 배경 색의 [목록] 단추를 클릭하고, 오피스 색상 중 '노랑'을 선택합니다.

• [셀 테두리/배경] 대화 상자의 [테두리] 탭에서 종류는 '이중 실선'과 '바깥쪽'을 선택합니다.

• 첫 번째 행(줄)/열(칸)을 블록 지정한 후 [셀 테두리/배경] 대화 상자의 [테두리] 탭에서 종류는 '이중 실선'과 '아래'/'오른쪽'을 각각 선택합니다.

• 마지막 셀은 [셀 테두리/배경] 대화 상자의 [대각선] 탭에서 종류는 '실선'과 '대각선'을 각각 선택합니다.

• 평균의 해당 부분을 블록 지정한 후 [표] 탭에서 [계산식] 단추를 클릭하고, [블록 평균]을 선택합니다.

• 표를 선택한 후 [표] 탭에서 캡션의 [목록] 단추를 클릭하고, [위]를 선택합니다.

• 표 왼쪽 상단에 '표 1'을 블록 지정한 후 주어진 내용을 입력하고, 서식 도구 상자에서 글꼴은 '궁서', 글자 크기는 '10'을 지정한 다음 [오른쪽 정렬] 단추를 클릭합니다.

• 예제 파일 : 유형 분석 03₩유형 05_문제.hwp / • 완성 파일 : 유형 분석 03₩유형 05_완성.hwp

04 다음의 ≪조건≫에 따라 ≪출력형태≫와 같이 표와 차트를 작성하시오.

《표 조건》

(1) 표 전체(표, 캡션) - 굴림, 10pt

(2) 정렬 - 문자 : 가운데 정렬, 숫자 : 오른쪽 정렬

(3) 셀 배경(면색) : 노랑

(4) 한글의 계산 기능을 이용하여 빈칸에 합계를 구하고, 캡션 기능 사용할 것

(5) 선 모양은 ≪출력형태≫와 동일하게 처리할 것

《출력형태》

1.

It may be desirable for the car to pass close to the entrance before parking, after which its passengers approach the same entrance a second time on foot.

주택가 주차난이 심각한 것으로 조사되어 공공용지의 지하를 활용하거나 근린시설 및 대형 건물의 주차장 야간 개방, 그린파킹 사업 시행 등 다양한 해소 방안이 추진되고 있다.

2.

지역별 주차장 현황(단위 : 개소)

구분	노상 유료	노상 무료	노외 공영	노외 민영	합계
충북	2,290	12,300	27,170	13,800	
강원	4,370	18,300	42,170	14,700	
대전	4,070	15,700	9,500	13,900	
대구	6,790	71,400	14,320	15,400	

Hint

• [표] 탭에서 셀 배경 색의 [목록] 단추를 클릭하고, 오피스 색상 중 '노랑'을 선택합니다.

• [셀 테두리/배경] 대화 상자의 [테두리] 탭에서 종류는 '이중 실선'과 '바깥쪽'을 선택합니다.

• 첫 번째 행(줄)/열(칸)을 블록 지정한 후 [셀 테두리/배경] 대화 상자의 [테두리] 탭에서 종류는 '이중 실선'과 '아래'/'오른쪽'을 각각 선택합니다.

• 마지막 셀은 [셀 테두리/배경] 대화 상자의 [대각선] 탭에서 종류는 '실선'과 '대각선'을 각각 선택합니다.

• 합계의 해당 부분을 블록 지정한 후 [표] 탭에서 [계산식] 단추를 클릭하고, [블록 합계]를 선택합니다.

• 표를 선택한 후 [표] 탭에서 캡션의 [목록] 단추를 클릭하고, [위]를 선택합니다.

• 표 왼쪽 상단에 '표 1'을 블록 지정한 후 주어진 내용을 입력하고, 서식 도구 상자에서 글꼴은 '굴림', 글자 크기는 '10'을 지정한 다음 [오른쪽 정렬] 단추를 클릭합니다.

• 예제 파일 : 유형 분석 03₩유형 06_문제.hwp / • 완성 파일 : 유형 분석 03₩유형 06_완성.hwp

05 다음의 ≪조건≫에 따라 ≪출력형태≫와 같이 표와 차트를 작성하시오.

《표 조건》

(1) 표 전체(표, 캡션) – 굴림, 10pt
(2) 정렬 – 문자 : 가운데 정렬, 숫자 : 오른쪽 정렬
(3) 셀 배경(면색) : 노랑
(4) 한글의 계산 기능을 이용하여 빈칸에 평균(소수점 두 자리)을 구하고, 캡션 기능 사용할 것
(5) 선 모양은 ≪출력형태≫와 동일하게 처리할 것

《출력형태》

1.

Ransomware is malicious program that locks the system or encrypts data in combination with ransom and software, and requires money to be paid hostage.

랜섬웨어는 몸값과 소프트웨어의 합성어로 시스템을 잠그거나 데이터를 암호화해 사용할 수 없도록 하고 이를 인질로 금전을 요구하는 악성 프로그램을 말한다.

2.

분기별 악성코드 통계 현황(단위 : 건)

종류	1분기	2분기	3분기	4분기	평균
랜섬웨어	275	255	347	463	
정보탈취	80	130	44	82	
원격제어	224	38	18	25	
기타	42	13	54	73	

Hint

• [표] 탭에서 셀 배경 색의 [목록] 단추를 클릭하고, 오피스 색상 중 '노랑'을 선택합니다.

• [셀 테두리/배경] 대화 상자의 [테두리] 탭에서 종류는 '이중 실선'과 '바깥쪽'을 선택합니다.

• 첫 번째 행(줄)/열(칸)을 블록 지정한 후 [셀 테두리/배경] 대화 상자의 [테두리] 탭에서 종류는 '이중 실선'과 '아래'/'오른쪽'을 각각 선택합니다.

• 마지막 셀은 [셀 테두리/배경] 대화 상자의 [대각선] 탭에서 종류는 '실선'과 '대각선'을 각각 선택합니다.

• 평균의 해당 부분을 블록 지정한 후 [표] 탭에서 [계산식] 단추를 클릭하고, [블록 평균]을 선택합니다.

• 표를 선택한 후 [표] 탭에서 캡션의 [목록] 단추를 클릭하고, [위]를 선택합니다.

• 표 왼쪽 상단에 '표 1'을 블록 지정한 후 주어진 내용을 입력하고, 서식 도구 상자에서 글꼴은 '굴림', 글자 크기는 '10'을 지정한 다음 [오른쪽 정렬] 단추를 클릭합니다.

• **예제 파일** : 유형 분석 03₩유형 07_문제.hwp / • **완성 파일** : 유형 분석 03₩유형 07_완성.hwp

06 다음의 ≪조건≫에 따라 ≪출력형태≫와 같이 표와 차트를 작성하시오.

≪표 조건≫

(1) 표 전체(표, 캡션) - 궁서, 10pt

(2) 정렬 - 문자 : 가운데 정렬, 숫자 : 오른쪽 정렬

(3) 셀 배경(면색) : 노랑

(4) 한글의 계산 기능을 이용하여 빈칸에 평균(소수점 두 자리)을 구하고, 캡션 기능 사용할 것

(5) 선 모양은 ≪출력형태≫와 동일하게 처리할 것

≪출력형태≫

1.

The Korean Institute of architects hopes to actively contribute to the promotion of architecture by inspiring the architects creativity and advance the status of architects.

건축은 인간의 여러 가지 생활을 담기 위한 기술과 구조 및 기능을 수단으로 하여 이루어지는 공간 예술로 몇 세기에 걸쳐 유지될 수 있는 역사적 대상이며 사회적 존재이다.

2.

건축대전 응시 현황(단위 : 작품)

구분	2015년	2016년	2017년	2018년	평균
대학생	537	860	749	956	
대학원생	678	593	886	1,032	
직장인	321	453	406	763	
기타	426	533	612	497	

Hint

- [표] 탭에서 셀 배경 색의 [목록] 단추를 클릭하고, 오피스 색상 중 '노랑'을 선택합니다.
- [셀 테두리/배경] 대화 상자의 [테두리] 탭에서 종류는 '이중 실선'과 '바깥쪽'을 선택합니다.
- 첫 번째 행(줄)/열(칸)을 블록 지정한 후 [셀 테두리/배경] 대화 상자의 [테두리] 탭에서 종류는 '이중 실선'과 '아래'/'오른쪽'을 각각 선택합니다.
- 마지막 셀은 [셀 테두리/배경] 대화 상자의 [내각선] 탭에서 종류는 '실선'과 '내각선'을 각각 선택합니다.
- 평균의 해당 부분을 블록 지정한 후 [표] 탭에서 [계산식] 단추를 클릭하고, [블록 평균]을 선택합니다.
- 표를 선택한 후 [표] 탭에서 캡션의 [목록] 단추를 클릭하고, [위]를 선택합니다.
- 표 왼쪽 상단에 '표 1'을 블록 지정한 후 주어진 내용을 입력하고, 서식 도구 상자에서 글꼴은 '궁서', 글자 크기는 '10'을 지정한 다음 [오른쪽 정렬] 단추를 클릭합니다.

[기능평가 Ⅰ - 차트 작성]

차트 작성에서는 주어진 데이터를 이용하여 차트를 작성한 후 차트 마법사의 적용과 함께 차트 제목, 축 제목, 범례 서식, 축 서식 등을 설정하는 방법에 대하여 알아봅니다.

시험 유형 미리보기

• 예제 파일 : 유형 분석 04₩유형 01_문제.hwp / • 완성 파일 : 유형 분석 04₩유형 01_완성.hwp

2. 다음의 ≪조건≫에 따라 ≪출력형태≫와 같이 표와 차트를 작성하시오.   100점

≪차트 조건≫

⑴ 차트 데이터는 표 내용에서 지역별 1970년, 2000년, 2020년의 값만 이용할 것
⑵ 종류 – 〈묶은 가로 막대형〉으로 작업할 것
⑶ 제목 – 굴림, 진하게, 12pt, 배경 – 선 모양(한 줄로), 그림자(2pt)
⑷ 제목 이외의 전체 글꼴 – 굴림, 보통, 10pt
⑸ 축 제목과 범례는 ≪출력형태≫와 동일하게 처리할 것

≪출력형태≫

2.

남북 주요도시 인구현황(단위 : 만 명)

지역	서울	부산	평양	청진	합계
1970년	568	204	98	30	900
2000년	1,007	373	277	59	1,716
2020년	963	339	308	64	1,674
2035년	926	320	347	71	

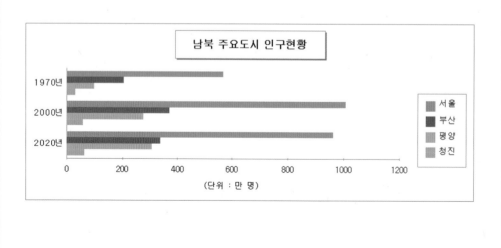

1 [파일]-[불러오기]를 선택한 후 [불러오기] 대화 상자에서 '유형 분석 04₩유형 01_문제.hwp'를 불러오기
합니다.

2 표에서 차트로 작성할 내용을 블록 지정한 후 [표] 탭에서 차트( ) 단추를 클릭합니다.

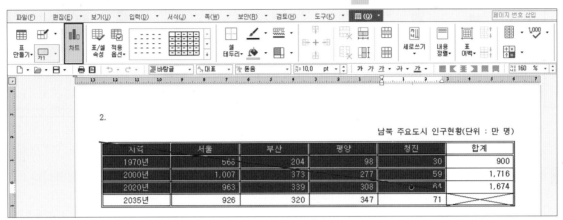

3 차트가 삽입되면 해당 차트를 선택한 후 [차트] 탭에서 '글자처럼 취급'을 체크(선택)합니다.

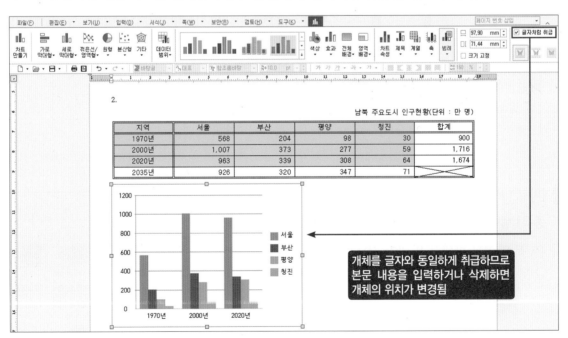

개체를 글자와 동일하게 취급하므로
본문 내용을 입력하거나 삭제하면
개체의 위치가 변경됨

차트를 클릭한 상태에서의 바로 가기 메뉴와 차트를 더블 클릭한 상태에서의 바로 가기 메뉴는 서로 다릅니다. 차트 마법사를 사용하기 위해서는 반드시 차트를 더블 클릭해야 합니다.

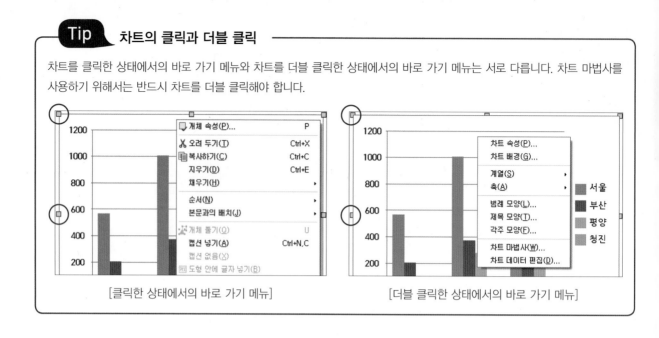

[클릭한 상태에서의 바로 가기 메뉴]　　　　　　[더블 클릭한 상태에서의 바로 가기 메뉴]

4 차트를 더블 클릭하여 선택한 후 마우스 오른쪽 버튼을 클릭하고, [차트 마법사]를 선택합니다.

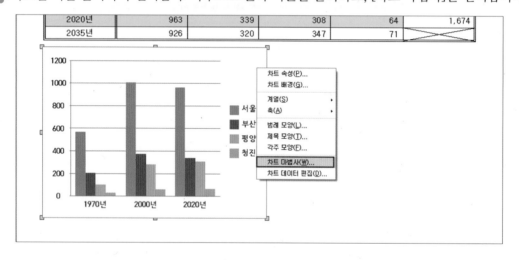

5 [차트 마법사 – 3단계 중 1단계] 대화 상자의 [표준 종류] 탭에서 차트 종류는 '가로 막대형', 차트 모양은 '묶은 가로 막대형'을 각각 선택한 후 [다음] 버튼을 클릭합니다.

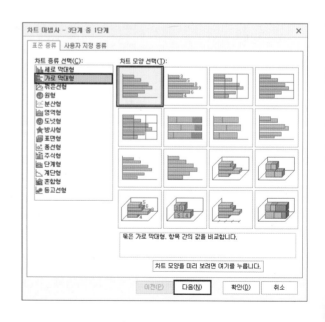

6 [차트 마법사 – 3단계 중 2단계] 대화 상자의 [방향 설정] 탭에서 방향을 '열'로 선택하고, [다음] 버튼을 클릭합니다.

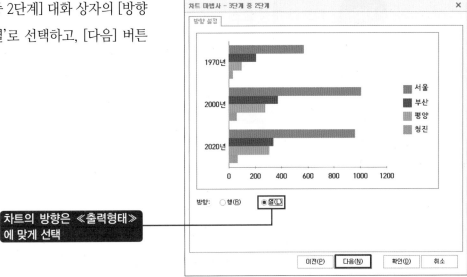

차트의 방향은 《출력형태》에 맞게 선택

7 [차트 마법사 – 마지막 단계] 대화 상자의 [제목] 탭에서 '차트 제목'과 'Y(값) 축'의 입력란에 주어진 내용을 각각 입력한 후 [확인] 버튼을 클릭합니다.

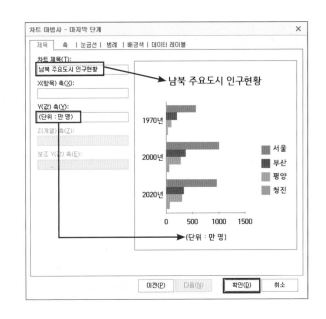

8 차트를 선택한 후 크기 조절점(☐)을 오른쪽으로 드래그하여 차트의 가로 크기를 조절합니다.

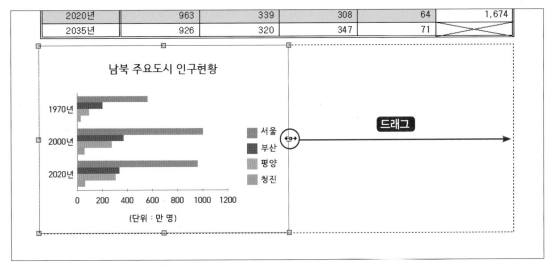

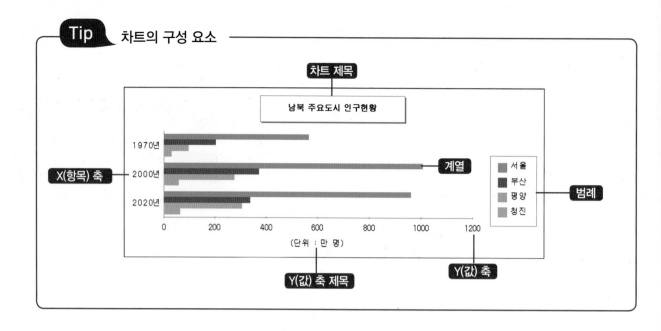

유형잡기 02 차트 편집하기

1 차트를 더블 클릭하여 편집 상태가 되면 다시 한 번 차트 제목을 더블 클릭합니다.

2020년	963	339	308	64	1,674
2035년	926	320	347	71	

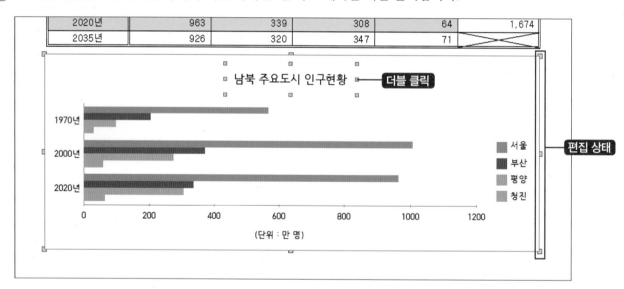

2 [제목 모양] 대화 상자의 [배경] 탭에서 선 모양의 종류는 '한 줄로', 그림자의 위치는 '2'를 각각 지정합니다.

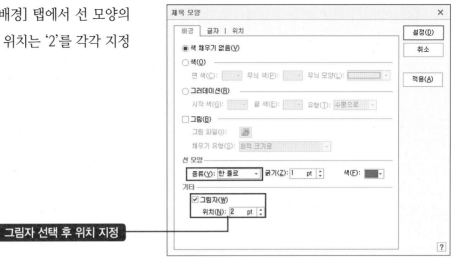

그림자 선택 후 위치 지정

3 계속해서 [글자] 탭에서 글꼴은 '굴림', 크기는 '12', 속성은 '진하게'를 각각 지정하고, [설정] 버튼을 클릭합니다.

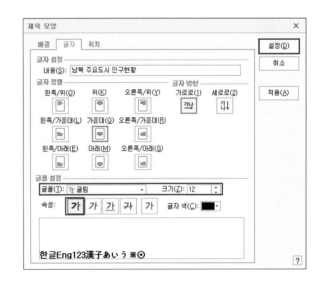

4 《출력형태》처럼 차트 제목의 가로 크기를 조절하기 위하여 차트의 편집 상태에서 차트 제목을 클릭한 후 크기 조절점(□)을 좌우로 드래그하여 가로 크기를 조절합니다.

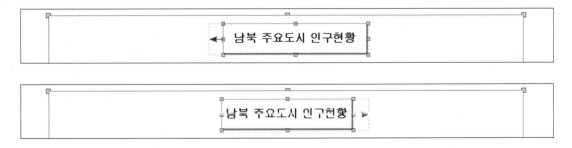

> **Tip** 차트 제목 크기
>
> 차트 제목이 《출력형태》와 비교하여 크기가 다른 경우에는 차트의 편집 상태에서 차트 제목을 더블 클릭한 후 크기 조절점을 이용하여 크기를 조절할 수 있습니다. 이때, 세로 크기는 차트의 구성 요소가 변경될 수 있으므로 반드시 주의해야 합니다.

5 이번에는 차트의 편집 상태에서 범례를 더블 클릭합니다.

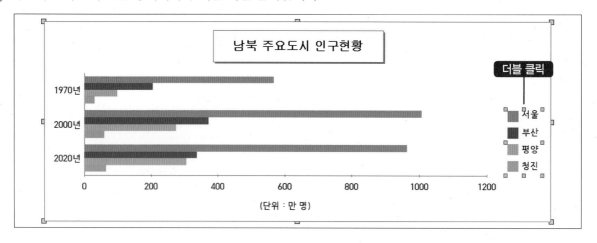

6 [범례 모양] 대화 상자의 [배경] 탭에서 선 모양의 종류는 '한 줄로'를 선택한 후 [글자] 탭에서 글꼴은 '굴림', 크기는 '10', 속성은 '보통 모양'을 각각 지정하고, [설정] 버튼을 클릭합니다.

 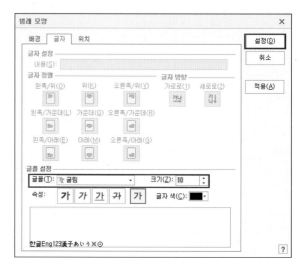

7 차트의 편집 상태에서 Y(값) 축 제목을 더블 클릭합니다.

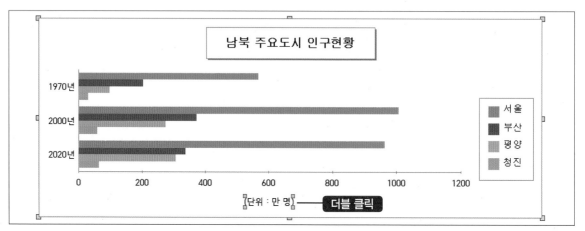

8 [축 제목 모양] 대화 상자의 [글자] 탭에서 글꼴은 '굴림', 크기는 '10', 속성은 '보통 모양'을 각각 지정하고, [설정] 버튼을 클릭합니다.

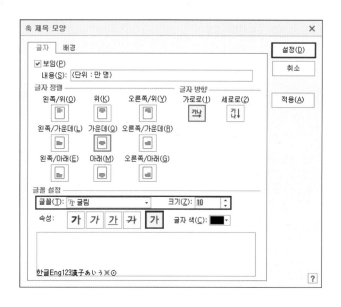

9 차트의 편집 상태에서 X(항목) 축을 더블 클릭한 후 [축 이름표 모양] 대화 상자의 [글자] 탭에서 글꼴은 '굴림', 크기는 '10', 속성은 '보통 모양'을 각각 지정하고, [설정] 버튼을 클릭합니다.

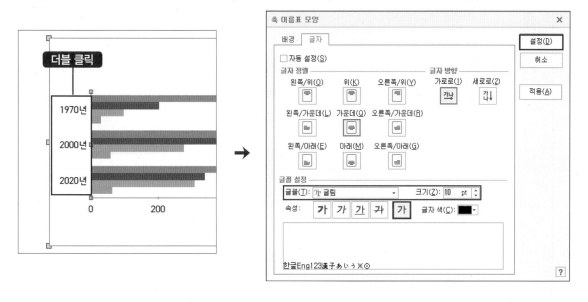

10 차트의 편집 상태에서 Y(값) 축을 더블 클릭한 후 [축 이름표 모양] 대화 상자의 [글자] 탭에서 글꼴은 '굴림', 크기는 '10', 속성은 '보통 모양'을 각각 지정하고, [설정] 버튼을 클릭합니다.

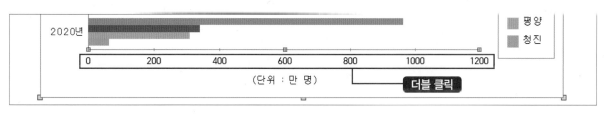

Tip ─── 축의 눈금값 변경 ─────────────

차트에서 축의 눈금값은 대부분 기본값으로 출제되지만 《출력형태》와 비교하여 축의 눈금값이 다른 경우에는 동일하게 맞춰야 합니다.

❶ 축의 눈금값을 변경하기 위하여 차트의 편집 상태에서 Y(값) 축 눈금을 더블 클릭합니다.

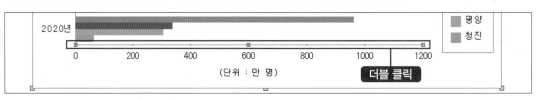

❷ [축 모양] 대화 상자의 [비례] 탭에서 '자동으로 꾸밈'을 해제한 후 최솟값은 '0', 최댓값은 '1000', 큰 눈금선은 '10'을 각각 지정하고, [설정] 버튼을 클릭합니다.

❸ 그 결과 축의 눈금값이 변경된 것을 확인할 수 있습니다.

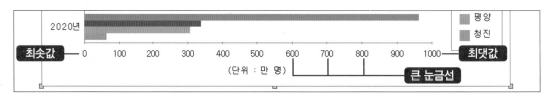

11 차트 작업이 완료되면 표의 오른쪽 끝에서 [Enter]를 두 번 누른 후 ≪출력형태≫와 비교하여 틀린 부분이 없는지 확인합니다.

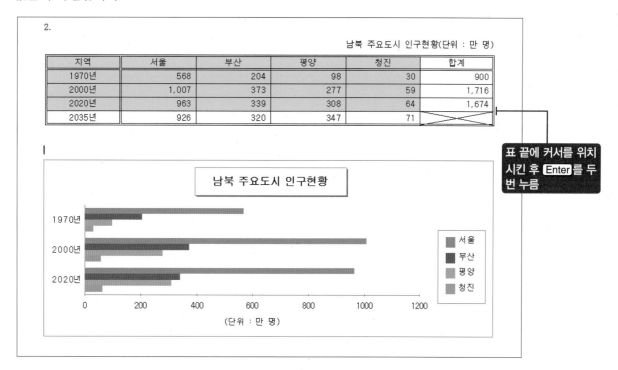

12 모든 작업이 완료되면 서식 도구 상자에서 저장(🖫) 단추를 클릭하여 완성 파일을 저장합니다.

■ 출제 유형 문제

• 예제 파일 : 유형 분석 04₩유형 02_문제.hwp / • 완성 파일 : 유형 분석 04₩유형 02_완성.hwp

01 다음의 ≪조건≫에 따라 ≪출력형태≫와 같이 표와 차트를 작성하시오.

≪차트 조건≫

(1) 차트 데이터는 표 내용에서 연령대별 시간문제, 동기부족, 학습비용의 값만 이용할 것
(2) 종류 - 〈묶은 세로 막대형〉으로 작업할 것
(3) 제목 - 돋움, 진하게, 12pt, 배경 - 선 모양(한 줄로), 그림자(2pt)
(4) 제목 이외의 전체 글꼴 - 돋움, 보통, 10pt
(5) 축 제목과 범례는 ≪출력형태≫와 동일하게 처리할 것

≪출력형태≫

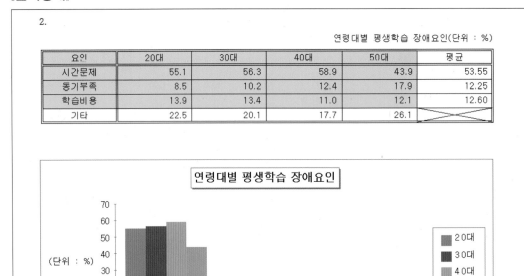

요인	20대	30대	40대	50대	평균
시간문제	55.1	56.3	58.9	43.9	53.55
동기부족	8.5	10.2	12.4	17.9	12.25
학습비용	13.9	13.4	11.0	12.1	12.60
기타	22.5	20.1	17.7	26.1	

연령대별 평생학습 장애요인(단위 : %)

Hint

• [차트 마법사 - 3단계 중 1단계] 대화 상자의 [표준 종류] 탭에서 차트 종류는 '세로 막대형', 차트 모양은 '묶은 세로 막대형', [2단계] 대화 상자의 [방향 설정] 탭에서 방향은 '열', [마지막 단계] 대화 상자의 [제목] 탭에서 '차트 제목'과 'Y(값) 축'에 주어진 내용을 각각 입력합니다.
• 차트 제목을 더블 클릭한 후 [제목 모양] 대화 상자의 [배경] 탭에서 선 모양의 종류는 '한 줄로', 그림자의 위치는 '2', [글자] 탭에서 글꼴은 '돋움', 크기는 '12', 속성은 '진하게'를 각각 지정합니다.
• 차트의 편집 상태에서 차트 제목을 클릭한 후 크기 조절점을 위로 드래그하여 세로 크기를 조절합니다.
• 범례를 더블 클릭한 후 [범례 모양] 대화 상자의 [배경] 탭에서 선 모양의 종류는 '한 줄로', [글자] 탭에서 글꼴은 '돋움', 크기는 '10', 속성은 '보통 모양'을 각각 지정합니다.
• Y(값) 축 제목을 더블 클릭한 후 [축 제목 모양] 대화 상자의 [글자] 탭에서 글자 방향은 '가로로', 글꼴은 '돋움', 크기는 '10', 속성은 '보통 모양'을 각각 지정합니다.
• X(항목) 축/Y(값) 축을 더블 클릭한 후 [축 이름표 모양] 대화 상자의 [글자] 탭에서 글꼴은 '돋움', 크기는 '10', 속성은 '보통 모양'을 각각 지정합니다.

• **예제 파일** : 유형 분석 04₩유형 03_문제.hwp / • **완성 파일** : 유형 분석 04₩유형 03_완성.hwp

02 다음의 ≪조건≫에 따라 ≪출력형태≫와 같이 표와 차트를 작성하시오.

≪차트 조건≫

(1) 차트 데이터는 표 내용에서 연도별 소비, 소득, 분배의 값만 이용할 것

(2) 종류 – 〈묶은 가로 막대형〉으로 작업할 것

(3) 제목 – 굴림, 진하게, 12pt, 배경 – 선 모양(한 줄로), 그림자(2pt)

(4) 제목 이외의 전체 글꼴 – 굴림, 보통, 10pt

(5) 축 제목과 범례는 ≪출력형태≫와 동일하게 처리할 것

≪출력형태≫

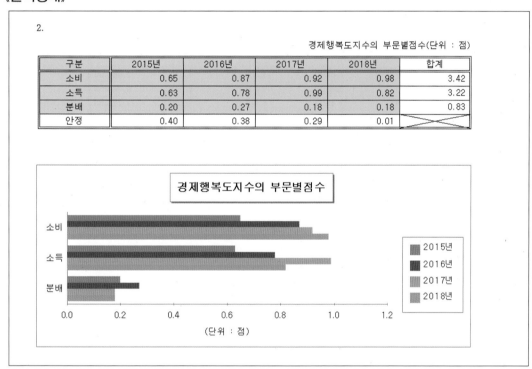

2.

경제행복도지수의 부문별점수(단위 : 점)

구분	2015년	2016년	2017년	2018년	합계
소비	0.65	0.87	0.92	0.98	3.42
소득	0.63	0.78	0.99	0.82	3.22
분배	0.20	0.27	0.18	0.18	0.83
안정	0.40	0.38	0.29	0.01	

Hint

• [차트 마법사 - 3단계 중 1단계] 대화 상자의 [표준 종류] 탭에서 차트 종류는 '가로 막대형', 차트 모양은 '묶은 가로 막대형', [2단계] 대화 상자의 [방향 설정] 탭에서 방향은 '열', [마지막 단계] 대화 상자의 [제목] 탭에서 '차트 제목'과 'Y(값) 축'에 주어진 내용을 각각 입력합니다.

• 차트 제목을 더블 클릭한 후 [제목 모양] 대화 상자의 [배경] 탭에서 선 모양의 종류는 '한 줄로', 그림자의 위치는 '2', [글자] 탭에서 글꼴은 '굴림', 크기는 '12', 속성은 '진하게'를 각각 지정합니다.

• 범례를 더블 클릭한 후 [범례 모양] 대화 상자의 [배경] 탭에서 선 모양의 종류는 '한 줄로', [글자] 탭에서 글꼴은 '굴림', 크기는 '10', 속성은 '보통 모양'을 각각 지정합니다.

• Y(값) 축 제목을 더블 클릭한 후 [축 제목 모양] 대화 상자의 [글자] 탭에서 글꼴은 '굴림', 크기는 '10', 속성은 '보통 모양'을 각각 지정합니다.

• X(항목) 축/Y(값) 축을 더블 클릭한 후 [축 이름표 모양] 대화 상자의 [글자] 탭에서 글꼴은 '굴림', 크기는 '10', 속성은 '보통 모양'을 각각 지정합니다.

• **예제 파일** : 유형 분석 04₩유형 04_문제.hwp / • **완성 파일** : 유형 분석 04₩유형 04_완성.hwp

03 다음의 ≪조건≫에 따라 ≪출력형태≫와 같이 표와 차트를 작성하시오.

≪차트 조건≫

(1) 차트 데이터는 표 내용에서 연도별 초중고교생, 대학생, 성인의 값만 이용할 것
(2) 종류 – 〈꺾은선형〉으로 작업할 것
(3) 제목 – 굴림, 진하게, 12pt, 배경 – 선 모양(한 줄로), 그림자(2pt)
(4) 제목 이외의 전체 글꼴 – 굴림, 보통, 10pt
(5) 축 제목과 범례는 ≪출력형태≫와 동일하게 처리할 것

≪출력형태≫

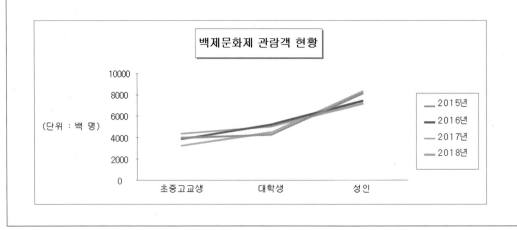

2.

백제문화제 관람객 현황(단위 : 백 명)

구분	2015년	2016년	2017년	2018년	평균
초중고교생	3,980	3,860	3,250	4,370	3,865.00
대학생	4,260	5,200	4,480	5,030	4,742.50
성인	8,150	7,450	8,320	7,180	7,775.00
외국인	1,650	1,370	1,610	1,510	✕

Hint

• [차트 마법사 - 3단계 중 1단계] 대화 상자의 [표준 종류] 탭에서 차트 종류는 '꺾은선형', 차트 모양은 '꺾은선형', [2단계] 대화 상자의 [방향 설정] 탭에서 방향은 '열', [마지막 단계] 대화 상자의 [제목] 탭에서 '차트 제목'과 'Y(값) 축'에 주어진 내용을 각각 입력합니다.

• 차트 제목을 더블 클릭한 후 [제목 모양] 대화 상자의 [배경] 탭에서 선 모양의 종류는 '한 줄로', 그림자의 위치는 '2', [글자] 탭에서 글꼴은 '굴림', 크기는 '12', 속성은 '진하게'를 각각 지정합니다.

• 범례를 더블 클릭한 후 [범례 모양] 대화 상자의 [배경] 탭에서 선 모양의 종류는 '한 줄로', [글자] 탭에서 글꼴은 '굴림', 크기는 '10', 속성은 '보통 모양'을 각각 지정합니다.

• Y(값) 축 제목을 더블 클릭한 후 [축 제목 모양] 대화 상자의 [글자] 탭에서 글자 방향은 '가로로', 글꼴은 '굴림', 크기는 '10', 속성은 '보통 모양'을 각각 지정합니다.

• Y(값) 축 눈금을 더블 클릭한 후 [축 모양] 대화 상자의 [비례] 탭에서 '자동으로 꾸밈'을 해제한 후 최솟값은 '0', 최댓값은 '10000', 큰 눈금선은 '5'를 각각 지정합니다.

• X(항목) 축/Y(값) 축을 더블 클릭한 후 [축 이름표 모양] 대화 상자의 [글자] 탭에서 글꼴은 '굴림', 크기는 '10', 속성은 '보통 모양'을 각각 지정합니다.

• 예제 파일 : 유형 분석 04₩유형 05_문제.hwp / • 완성 파일 : 유형 분석 04₩유형 05_완성.hwp

04 다음의 ≪조건≫에 따라 ≪출력형태≫와 같이 표와 차트를 작성하시오.

≪차트 조건≫

(1) 차트 데이터는 표 내용에서 구분별 충북, 강원, 대전의 값만 이용할 것

(2) 종류 – 〈묶은 세로 막대형〉으로 작업할 것

(3) 제목 – 궁서, 진하게, 12pt, 배경 – 선 모양(한 줄로), 그림자(2pt)

(4) 제목 이외의 전체 글꼴 – 궁서, 보통, 10pt

(5) 축 제목과 범례는 ≪출력형태≫와 동일하게 처리할 것

≪출력형태≫

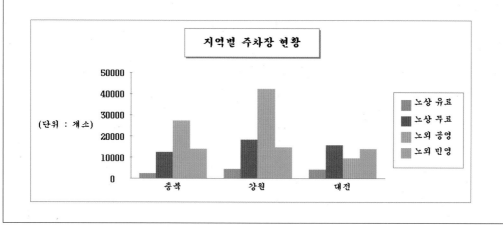

2.

지역별 주차장 현황(단위 : 개소)

구분	노상 유료	노상 무료	노외 공영	노외 민영	합계
충북	2,290	12,300	27,170	13,800	55,560
강원	4,370	18,300	42,170	14,700	79,540
대전	4,070	15,700	9,500	13,900	43,170
대구	6,790	71,400	14,320	15,400	✕

Hint

- [차트 마법사 - 3단계 중 1단계] 대화 상자의 [표준 종류] 탭에서 차트 종류는 '세로 막대형', 차트 모양은 '묶은 세로 막대형', [2단계] 대화 상자의 [방향 설정] 탭에서 방향은 '열', [마지막 단계] 대화 상자의 [제목] 탭에서 '차트 제목'과 'Y(값) 축'에 주어진 내용을 각각 입력합니다.
- 차트 제목을 더블 클릭한 후 [제목 모양] 대화 상자의 [배경] 탭에서 선 모양의 종류는 '한 줄로', 그림자의 위치는 '2', [글자] 탭에서 글꼴은 '궁서', 크기는 '12', 속성은 '진하게'를 가가 지정합니다.
- 범례를 더블 클릭한 후 [범례 모양] 대화 상자의 [배경] 탭에서 선 모양의 종류는 '한 줄로', [글자] 탭에서 글꼴은 '궁서', 크기는 '10', 속성은 '보통 모양'을 각각 지정합니다.
- Y(값) 축 제목을 더블 클릭한 후 [축 제목 모양] 대화 상자의 [글자] 탭에서 글자 방향은 '가로로', 글꼴은 '궁서', 크기는 '10', 속성은 '보통 모양'을 각각 지정합니다.
- Y(값) 축 눈금을 더블 클릭한 후 [축 모양] 대화 상자의 [비례] 탭에서 '자동으로 꾸밈'을 해제한 후 최솟값은 '0', 최댓값은 '50000', 큰 눈금선은 '5'를 각각 지정합니다.
- X(항목) 축/Y(값) 축을 더블 클릭한 후 [축 이름표 모양] 대화 상자의 [글자] 탭에서 글꼴은 '궁서', 크기는 '10', 속성은 '보통 모양'을 각각 지정합니다.

• 예제 파일 : 유형 분석 04₩유형 06_문제.hwp / • 완성 파일 : 유형 분석 04₩유형 06_완성.hwp

05 다음의 ≪조건≫에 따라 ≪출력형태≫와 같이 표와 차트를 작성하시오.

≪차트 조건≫

(1) 차트 데이터는 표 내용에서 분기별 랜섬웨어, 정보탈취, 원격제어의 값만 이용할 것

(2) 종류 – 〈묶은 세로 막대형〉으로 작업할 것

(3) 제목 – 궁서, 진하게, 12pt, 배경 – 선 모양(한 줄로), 그림자(2pt)

(4) 제목 이외의 전체 글꼴 – 궁서, 보통, 10pt

(5) 축 제목과 범례는 ≪출력형태≫와 동일하게 처리할 것

≪출력형태≫

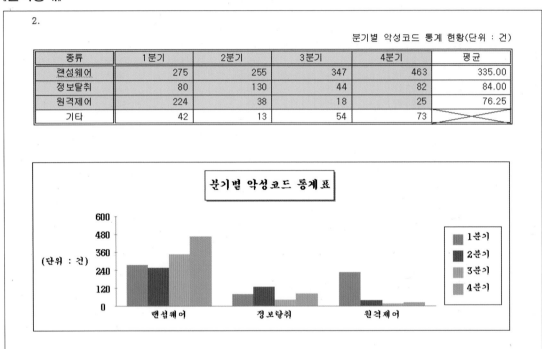

2.

분기별 악성코드 통계 현황(단위 : 건)

종류	1분기	2분기	3분기	4분기	평균
랜섬웨어	275	255	347	463	335.00
정보탈취	80	130	44	82	84.00
원격제어	224	38	18	25	76.25
기타	42	13	54	73	✕

Hint

• [차트 마법사 - 3단계 중 1단계] 대화 상자의 [표준 종류] 탭에서 차트 종류는 '세로 막대형', 차트 모양은 '묶은 세로 막대형', [2단계] 대화 상자의 [방향 설정] 탭에서 방향은 '열', [마지막 단계] 대화 상자의 [제목] 탭에서 '차트 제목'과 'Y(값) 축'에 주어진 내용을 각각 입력합니다.

• 차트 제목을 더블 클릭한 후 [제목 모양] 대화 상자의 [배경] 탭에서 선 모양의 종류는 '한 줄로', 그림자의 위치는 '2', [글자] 탭에서 글꼴은 '궁서', 크기는 '12', 속성은 '진하게'를 각각 지정합니다.

• 차트의 편집 상태에서 차트 제목을 클릭한 후 크기 조절점을 위로 드래그하여 세로 크기를 조절합니다.

• 범례를 더블 클릭한 후 [범례 모양] 대화 상자의 [배경] 탭에서 선 모양의 종류는 '한 줄로', [글자] 탭에서 글꼴은 '궁서', 크기는 '10', 속성은 '보통 모양'을 각각 지정합니다.

• Y(값) 축 제목을 더블 클릭한 후 [축 제목 모양] 대화 상자의 [글자] 탭에서 글자 방향은 '가로로', 글꼴은 '궁서', 크기는 '10', 속성은 '보통 모양'을 각각 지정합니다.

• Y(값) 축 눈금을 더블 클릭한 후 [축 모양] 대화 상자의 [비례] 탭에서 '자동으로 꾸밈'을 해제한 후 최솟값은 '0', 최댓값은 '600', 큰 눈금선은 '5'를 각각 지정합니다.

• X(항목) 축/Y(값) 축을 더블 클릭한 후 [축 이름표 모양] 대화 상자의 [글자] 탭에서 글꼴은 '궁서', 크기는 '10', 속성은 '보통 모양'을 각각 지정합니다.

• 예제 파일 : 유형 분석 04₩유형 07_문제.hwp / • 완성 파일 : 유형 분석 04₩유형 07_완성.hwp

06 다음의 ≪조건≫에 따라 ≪출력형태≫와 같이 표와 차트를 작성하시오.

≪차트 조건≫

(1) 차트 데이터는 표 내용에서 연도별 대학생, 대학원생, 직장인의 값만 이용할 것
(2) 종류 – 〈묶은 세로 막대형〉으로 작업할 것
(3) 제목 – 굴림, 진하게, 12pt, 배경 – 선 모양(한 줄로), 그림자(2pt)
(4) 제목 이외의 전체 글꼴 – 굴림, 보통, 10pt
(5) 축 제목과 범례는 ≪출력형태≫와 동일하게 처리할 것

≪출력형태≫

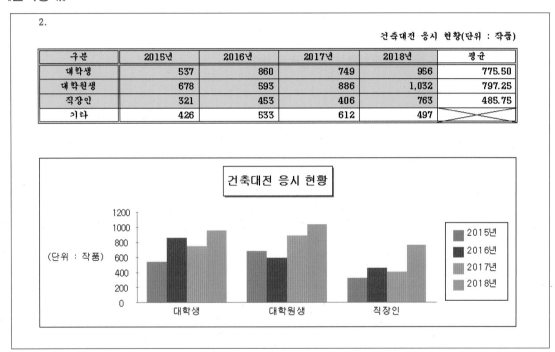

2.

건축대전 응시 현황(단위 : 작품)

구분	2015년	2016년	2017년	2018년	평균
대학생	537	860	749	956	775.50
대학원생	678	593	886	1,032	797.25
직장인	321	453	406	763	485.75
기타	426	533	612	497	

Hint

• [차트 마법사 - 3단계 중 1단계] 대화 상자의 [표준 종류] 탭에서 차트 종류는 '세로 막대형', 차트 모양은 '묶은 세로 막대형', [2단계] 대화 상자의 [방향 설정] 탭에서 방향은 '열', [마지막 단계] 대화 상자의 [제목] 탭에서 '차트 제목'과 'Y(값) 축'에 주어진 내용을 각각 입력합니다.

• 차트 제목을 더블 클릭한 후 [제목 모양] 대화 상자의 [배경] 탭에서 선 모양의 종류는 '한 줄로', 그림자의 위치는 '2', [글자] 탭에서 글꼴은 '굴림', 크기는 '12', 속성은 '진하게'를 각각 지정합니다.

• 차트의 편집 상태에서 차트 제목을 클릭한 후 크기 조절점을 위로 드래그하여 세로 크기를 조절합니다.

• 범례를 더블 클릭한 후 [범례 모양] 대화 상자의 [배경] 탭에서 선 모양의 종류는 '한 줄로', [글자] 탭에서 글꼴은 '굴림', 크기는 '10', 속성은 '보통 모양'을 각각 지정합니다.

• Y(값) 축 제목을 더블 클릭한 후 [축 제목 모양] 대화 상자의 [글자] 탭에서 글자 방향은 '가로로', 글꼴은 '굴림', 크기는 '10', 속성은 '보통 모양'을 각각 지정합니다.

• X(항목) 축/Y(값) 축을 더블 클릭한 후 [축 이름표 모양] 대화 상자의 [글자] 탭에서 글꼴은 '굴림', 크기는 '10', 속성은 '보통 모양'을 각각 지정합니다.

유형분석 **05**

[기능평가 Ⅱ – 수식 작성]

수식 작성에서는 수식 편집기 창에서 다양한 수식을 작성하는 방법과 함께 수식의 항목 이동 및 수정 방법 등에 대하여 알아봅니다.

시험 유형 미리보기

• 예제 파일 : 유형 분석 05₩유형 01_문제.hwp / • 완성 파일 : 유형 분석 05₩유형 01_완성.hwp

3. 다음 (1), (2)의 수식을 수식 편집기로 각각 입력하시오.　　　　40점

≪출력형태≫

3.

(1) $G = 2 \int_{\frac{a}{2}}^{a} \frac{b\sqrt{a^2 - x^2}}{a} dx$ 　　　　　　　(2) $H_n = \frac{a(r^n - 1)}{r - 1} = \frac{a(1 + r^n)}{1 - r}(r \neq 1)$

4.

1 [파일]-[불러오기]를 선택한 후 [불러오기] 대화 상자에서 '유형 분석 05₩유형 01_문제.hwp'를 불러오기 합니다.

2 2페이지에서 '3.' 아래를 클릭하여 커서를 위치시킨 후 "(1)"을 입력합니다.

3 (1) 다음에 한 칸을 삽입한 후 [입력] 탭에서 수식(f_∞) 단추를 클릭합니다.

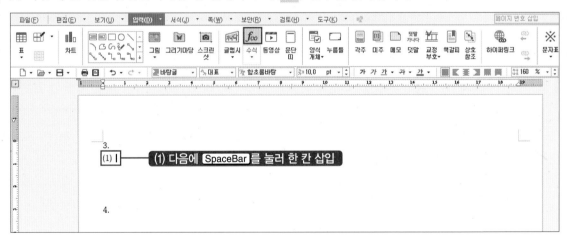

4 수식 편집기 창에서 주어진 내용을 입력한 후 적분(∫□ ▾) 단추를 클릭하고, '∫'을 선택합니다.

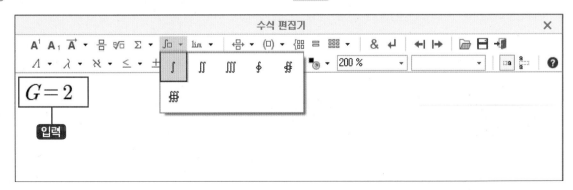

5 '∫' 기호가 나타나면 분수(믐) 단추를 클릭한 후 분자에 "a"를 입력하고, Tab 을 누릅니다.

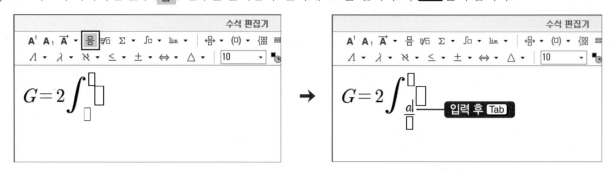

6 분모에 "2"를 입력하고, Tab 을 두 번 누른 후 "a"를 입력하고, 다시 Tab 을 누른 다음 분수(믐) 단추를 클릭합니다.

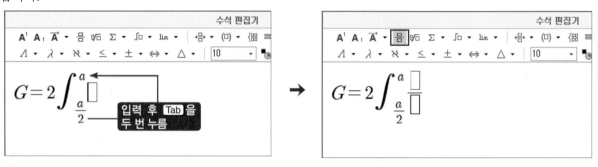

7 분자에 "b"를 입력하고, 근호(ⁿ√) 단추를 클릭한 후 "a"를 입력하고, 위첨자(A¹) 단추를 클릭합니다.

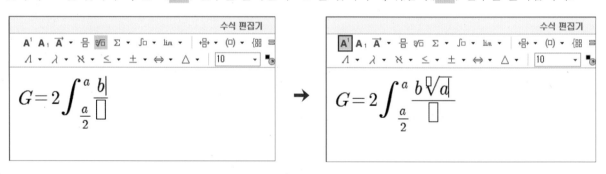

8 제곱근 "2"를 입력하고, Tab 을 누른 후 "-x"를 입력하고, 위첨자(A¹) 단추를 클릭합니다.

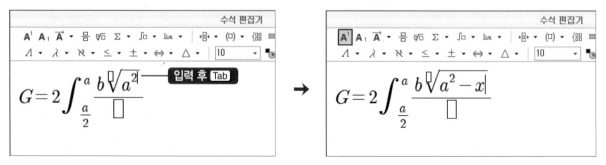

9 제곱근 "2"를 입력하고, Tab 을 세 번 누른 후 분자 "a"를 입력하고, 다시 Tab 을 누릅니다.

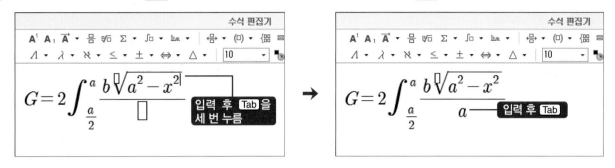

10 마지막으로 "dx"를 입력하고, 넣기( ) 단추를 클릭합니다.

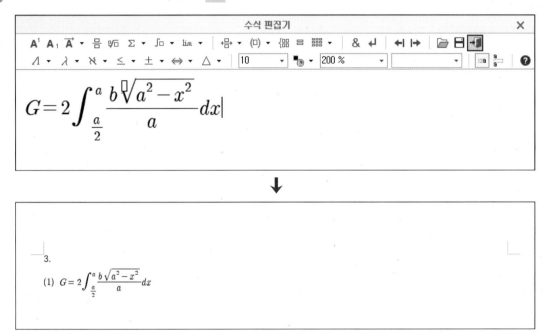

$$G = 2 \int_{\frac{a}{2}}^{a} \frac{b\sqrt{a^2 - x^2}}{a} dx$$

↓

3.

(1) $G = 2 \int_{\frac{a}{2}}^{a} \frac{b\sqrt{a^2-x^2}}{a} dx$

Tip 수식의 항목 이동과 수정

• 수식 편집기 창에서 항목을 이동하려면 도구 상자에서 이전 항목( )이나 다음 항목( ) 단추를 클릭하거나 방향키를 이용합니다(원하는 위치의 항목으로 바로 이동하려면 마우스로 해당 부분을 클릭).

• 수식 편집기 창에서 수식을 수정하려면 해당 수식 뒤에 커서를 위치시킨 후 BackSpace 를 누릅니다.

1 (1) 수식 뒤에 커서를 위치시킨 후 `Tab`을 세 번 누르고, "(2)"를 입력합니다.

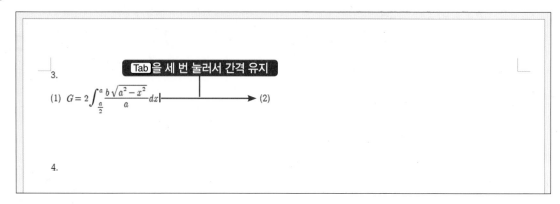

2 (2) 다음에 한 칸을 삽입한 후 [입력] 탭에서 수식($f\infty$) 단추를 클릭합니다.

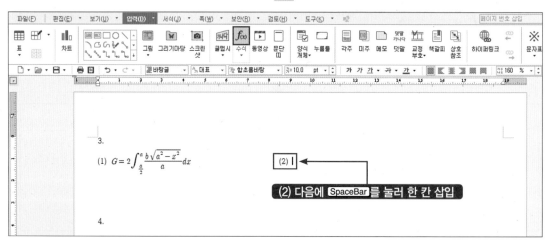

3 수식 편집기 창에서 주어진 내용을 입력한 후 아래첨자(A_1) 단추를 클릭하고, "n"을 입력한 다음 `Tab`을 누릅니다.

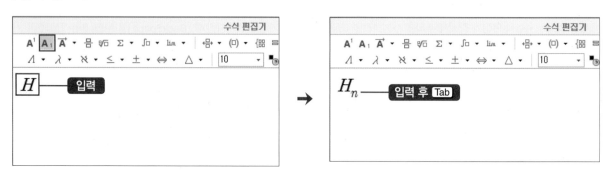

4 등호 "="를 입력하고, 분수($\frac{\Box}{\Box}$) 단추를 클릭한 후 분자에 "a(r"을 입력하고, 위첨자(A^1) 단추를 클릭합니다.

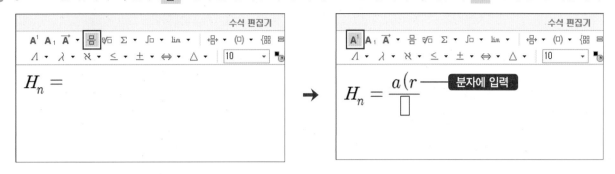

5 위첨자에 "n"을 입력하고, Tab을 누른 후 "-1)"을 입력하고, 다시 Tab을 누릅니다.

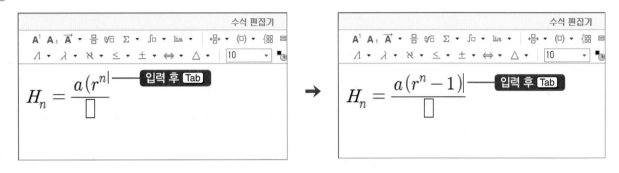

6 분모에 "r-1"을 입력하고, Tab을 누른 후 "="를 입력하고, 분수($\frac{\Box}{\Box}$) 단추를 클릭합니다.

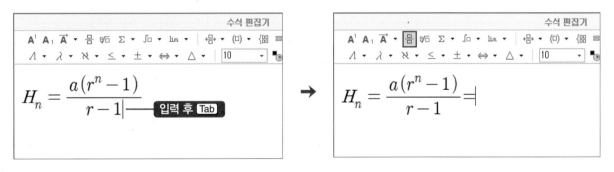

7 분자에 "a(1+r"을 입력하고, 위첨자(A^1) 단추를 클릭한 후 위첨자에 "n"을 입력하고, Tab을 누릅니다.

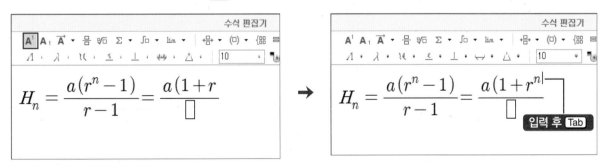

8 분자 끝에 "$)$"를 입력하고, Tab을 누른 후 분모에 "1-r"을 입력하고, 다시 Tab을 누릅니다.

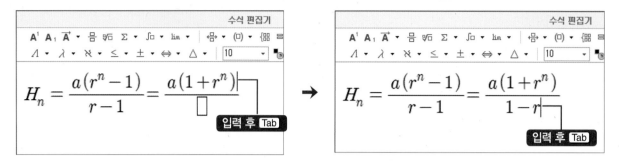

9 "$(r$"을 입력한 후 연산, 논리 기호(± ▼) 단추를 클릭하고, '≠' 기호를 선택합니다.

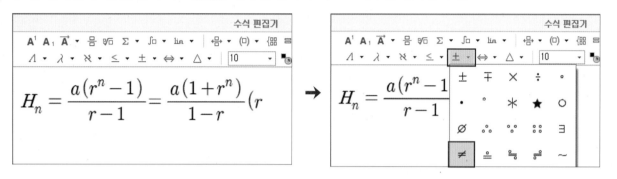

10 마지막으로 "1$)$"를 입력하고, 넣기(⬲) 단추를 클릭합니다.

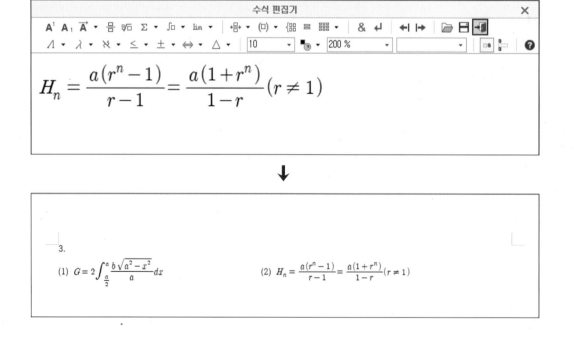

11 모든 작업이 완료되면 서식 도구 상자에서 저장(💾) 단추를 클릭하여 완성 파일을 저장합니다.

Tip 수식 도구 상자

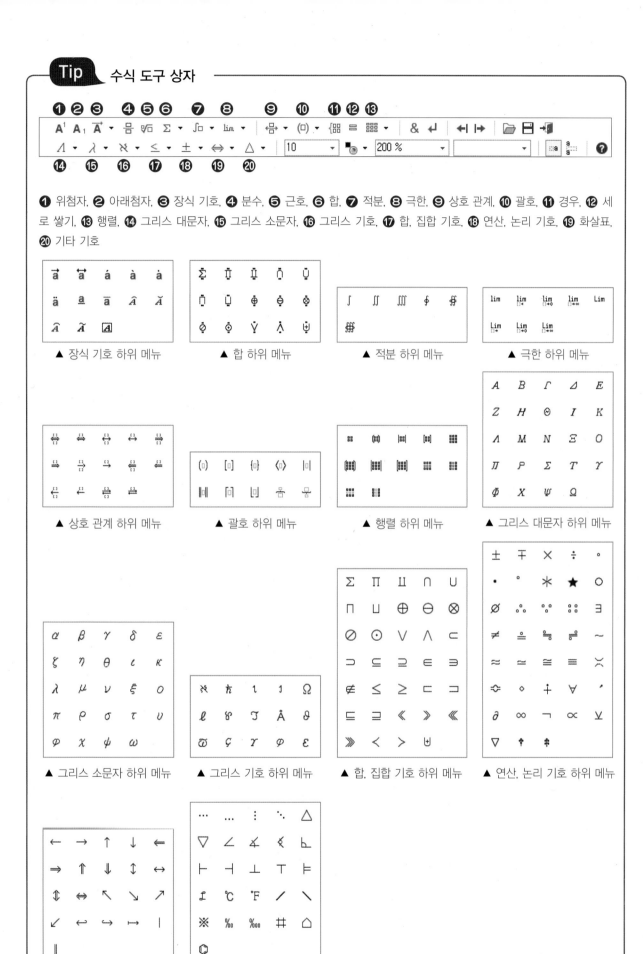

❶ 위첨자, ❷ 아래첨자, ❸ 장식 기호, ❹ 분수, ❺ 근호, ❻ 합, ❼ 적분, ❽ 극한, ❾ 상호 관계, ❿ 괄호, ⓫ 경우, ⓬ 세로 쌓기, ⓭ 행렬, ⓮ 그리스 대문자, ⓯ 그리스 소문자, ⓰ 그리스 기호, ⓱ 합, 집합 기호, ⓲ 연산, 논리 기호, ⓳ 화살표, ⓴ 기타 기호

▲ 장식 기호 하위 메뉴

▲ 합 하위 메뉴

▲ 적분 하위 메뉴

▲ 극한 하위 메뉴

▲ 상호 관계 하위 메뉴

▲ 괄호 하위 메뉴

▲ 행렬 하위 메뉴

▲ 그리스 대문자 하위 메뉴

▲ 그리스 소문자 하위 메뉴

▲ 그리스 기호 하위 메뉴

▲ 합, 집합 기호 하위 메뉴

▲ 연산, 논리 기호 하위 메뉴

▲ 화살표 하위 메뉴

▲ 기타 기호 하위 메뉴

출제 유형 문제

• **예제 파일** : 유형 분석 05₩유형 02_문제.hwp / • **완성 파일** : 유형 분석 05₩유형 02_완성.hwp

01 다음 (1), (2)의 수식을 수식 편집기로 각각 입력하시오.

《출력형태》

3.

(1) $\int_0^1 (\sin x + \frac{x}{2})dx = \int_0^1 \frac{1 + \sin x}{2}dx$

(2) $U_a - U_b = \frac{GmM}{a} - \frac{GmM}{b} = \frac{GmM}{2R}$

4.

> **Hint**
>
> • [입력] 탭에서 [수식] 단추를 클릭한 후 수식 편집기 창에서 수식을 순서대로 작성합니다.
> • (1) 수식에서는 [적분] 단추와 [분수] 단추를 이용하고, (2) 수식에서는 [아래첨자] 단추와 [분수] 단추를 이용합니다.

• **예제 파일** : 유형 분석 05₩유형 03_문제.hwp / • **완성 파일** : 유형 분석 05₩유형 03_완성.hwp

02 다음 (1), (2)의 수식을 수식 편집기로 각각 입력하시오.

《출력형태》

3.

(1) $V = \frac{1}{R}\int_0^q qdq = \frac{1}{2}\frac{q^2}{R}$

(2) $L = \frac{m+M}{m}V = \frac{m+M}{m}\sqrt{2gh}$

4.

> **Hint**
>
> • [입력] 탭에서 [수식] 단추를 클릭한 후 수식 편집기 창에서 수식을 순서대로 작성합니다.
> • (1) 수식에서는 [분수] 단추, [적분] 단추, [위첨자] 단추를 이용하고, (2) 수식에서는 [분수] 단추와 [근호] 단추를 이용합니다.

• 예제 파일 : 유형 분석 05₩유형 04_문제.hwp / • 완성 파일 : 유형 분석 05₩유형 04_완성.hwp

03 다음 (1), (2)의 수식을 수식 편집기로 각각 입력하시오.

《출력형태》

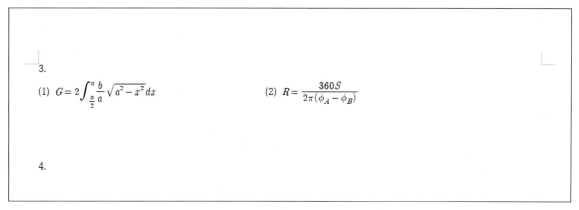

3.

(1) $G = 2 \int_{\frac{a}{2}}^{a} \frac{b}{a} \sqrt{a^2 - x^2}\, dx$

(2) $R = \dfrac{360S}{2\pi(\phi_A - \phi_B)}$

4.

Hint

• [입력] 탭에서 [수식] 단추를 클릭한 후 수식 편집기 창에서 수식을 순서대로 작성합니다.
• (1) 수식에서는 [적분] 단추, [분수] 단추, [근호] 단추, [위첨자] 단추를 이용하고, (2) 수식에서는 [분수] 단추, [그리스 소문자] 단추, [아래첨자] 단추를 이용합니다.

• 예제 파일 : 유형 분석 05₩유형 05_문제.hwp / • 완성 파일 : 유형 분석 05₩유형 05_완성.hwp

04 다음 (1), (2)의 수식을 수식 편집기로 각각 입력하시오.

《출력형태》

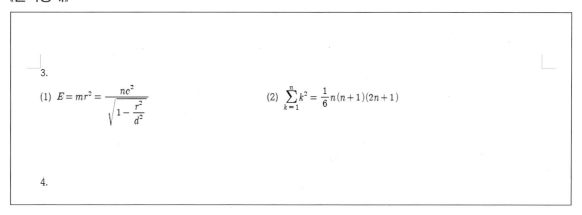

3.

(1) $E = mr^2 = \dfrac{nc^2}{\sqrt{1 - \dfrac{r^2}{d^2}}}$

(2) $\displaystyle\sum_{k=1}^{n} k^2 = \frac{1}{6} n(n+1)(2n+1)$

4.

Hint

• [입력] 탭에서 [수식] 단추를 클릭한 후 수식 편집기 창에서 수식을 순서대로 작성합니다.
• (1) 수식에서는 [위첨자] 단추, [분수] 단추, [근호] 단추를 이용하고, (2) 수식에서는 [합] 단추, [위첨자] 단추, [분수] 단추를 이용합니다.

• **예제 파일** : 유형 분석 05₩유형 06_문제.hwp / • **완성 파일** : 유형 분석 05₩유형 06_완성.hwp

05 다음 (1), (2)의 수식을 수식 편집기로 각각 입력하시오.

《출력형태》

3.

$$(1) \int_0^3 \frac{\sqrt{6t^2 - 18t + 12}}{5} dt = 11 \qquad (2) \frac{b}{\sqrt{a^2 + b^2}} = \frac{2\tan\theta}{1 + \tan^2\theta}$$

4.

Hint

• [입력] 탭에서 [수식] 단추를 클릭한 후 수식 편집기 창에서 수식을 순서대로 작성합니다.

• (1) 수식에서는 [적분] 단추, [분수] 단추, [근호] 단추, [위첨자] 단추를 이용하고, (2) 수식에서는 [분수] 단추, [근호] 단추, [위첨자] 단추, [그리스 소문자] 단추를 이용합니다.

• **예제 파일** : 유형 분석 05₩유형 07_문제.hwp / • **완성 파일** : 유형 분석 05₩유형 07_완성.hwp

06 다음 (1), (2)의 수식을 수식 편집기로 각각 입력하시오.

《출력형태》

3.

$$(1) \ G = 2 \int_{\frac{a}{2}}^{a} \frac{b\sqrt{a^2 - x^2}}{a} dx \qquad (2) \frac{k_x}{2h} \times (-2mk_x) = -\frac{mk^2}{h}$$

4.

Hint

• [입력] 탭에서 [수식] 단추를 클릭한 후 수식 편집기 창에서 수식을 순서대로 작성합니다.

• (1) 수식에서는 [적분] 단추, [분수] 단추, [근호] 단추, [위첨자] 단추를 이용하고, (2) 수식에서는 [분수] 단추, [아래첨자] 단추, [위첨자] 단추를 이용합니다.

• **예제 파일** : 유형 분석 05₩유형 08_문제.hwp / • **완성 파일** : 유형 분석 05₩유형 08_완성.hwp

07 다음 (1), (2)의 수식을 수식 편집기로 각각 입력하시오.

《출력형태》

3.

(1) $\dfrac{h_1}{h_2} = (\sqrt{a})^{M_2 - M_1} \fallingdotseq 2.5^{M_2 - M_1}$

(2) $R_H = \dfrac{1}{hc} \times \dfrac{2\pi^2 K^2 m e^4}{h^2}$

4.

Hint

• [입력] 탭에서 [수식] 단추를 클릭한 후 수식 편집기 창에서 수식을 순서대로 작성합니다.
• (1) 수식에서는 [분수] 단추, [아래첨자] 단추, [근호] 단추, [위첨자] 단추, [연산, 논리기호] 단추를 이용하고, (2) 수식에서는 [아래첨자] 단추, [분수] 단추, [그리스 소문자] 단추, [위첨자] 단추를 이용합니다.

• **예제 파일** : 유형 분석 05₩유형 09_문제.hwp / • **완성 파일** : 유형 분석 05₩유형 09_완성.hwp

08 다음 (1), (2)의 수식을 수식 편집기로 각각 입력하시오.

《출력형태》

3.

(1) $Q = \dfrac{F}{h^2} = \dfrac{1}{3} \dfrac{N}{h^3} m \overline{g^2}$

(2) $W = \dfrac{m^2 + M}{m} TR = \dfrac{m_2 + M}{m\frac{1}{3}} \sqrt{4sh}$

4.

Hint

• [입력] 탭에서 [수식] 단추를 클릭한 후 수식 편집기 창에서 수식을 순서대로 작성합니다.
• (1) 수식에서는 [분수] 단추, [위첨자] 단추. [장식 기호] 단추를 이용하고, (2) 수식에서는 [분수] 단추, [위첨자] 단추, [아래첨자] 단추, [근호] 단추를 이용합니다.

[기능평가 Ⅱ – 도형 작성]

도형 작성에서는 다양한 도형의 작성 및 편집 방법에 대하여 살펴본 후 글상자, 그림, 글맵시를 주어진 위치에 삽입하여 지시사항대로 개체 속성을 지정하는 방법에 대하여 알아봅니다.

시험 유형 미리보기

• 예제 파일 : 유형 분석 06₩유형 01_문제.hwp / • 완성 파일 : 유형 분석 06₩유형 01_완성.hwp

4. 다음의 《조건》에 따라 《출력형태》와 같이 문서를 작성하시오.　　`110점`

《조건》

(1) 그리기 도구를 이용하여 작성하고, 모든 도형(글맵시, 지정된 그림 포함)을 《출력형태》와 같이 작성하시오.

(2) 도형의 면색은 지시사항이 없으면 색 없음을 제외하고 서로 다르게 임의로 지정하시오.

《출력형태》

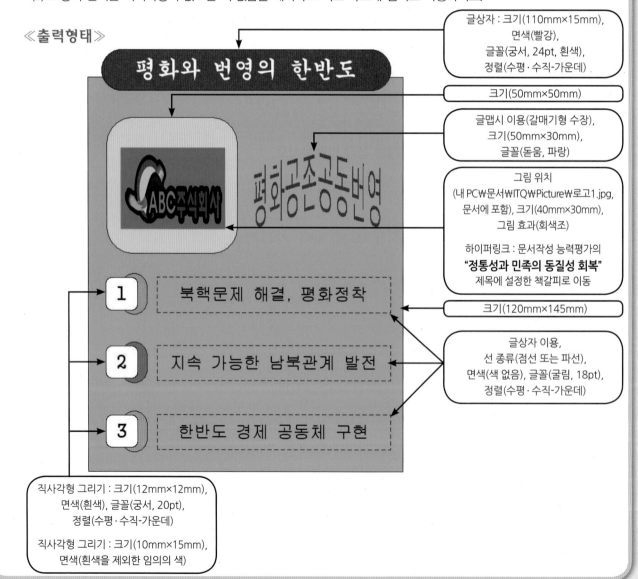

글상자 : 크기(110mm×15mm),
　　　　 면색(빨강),
　　　　 글꼴(궁서, 24pt, 흰색),
　　　　 정렬(수평·수직-가운데)

크기(50mm×50mm)

글맵시 이용(갈매기형 수장),
크기(50mm×30mm),
글꼴(돋움, 파랑)

그림 위치
(내 PC₩문서₩ITQ₩Picture₩로고1.jpg,
문서에 포함), 크기(40mm×30mm),
그림 효과(회색조)

하이퍼링크 : 문서작성 능력평가의
"정통성과 민족의 동질성 회복"
제목에 설정한 책갈피로 이동

크기(120mm×145mm)

글상자 이용,
선 종류(점선 또는 파선),
면색(색 없음), 글꼴(굴림, 18pt),
정렬(수평·수직-가운데)

직사각형 그리기 : 크기(12mm×12mm),
　　　　면색(흰색), 글꼴(궁서, 20pt),
　　　　정렬(수평·수직-가운데)

직사각형 그리기 : 크기(10mm×15mm),
　　　　면색(흰색을 제외한 임의의 색)

1 [파일]–[불러오기]를 선택한 후 [불러오기] 대화 상자에서 '유형 분석 06₩유형 01_문제.hwp'를 불러오기 합니다.

2 2페이지에서 '4.' 아래를 클릭하여 커서를 위치시킨 후 [입력] 탭에서 직사각형(□) 단추를 클릭합니다.

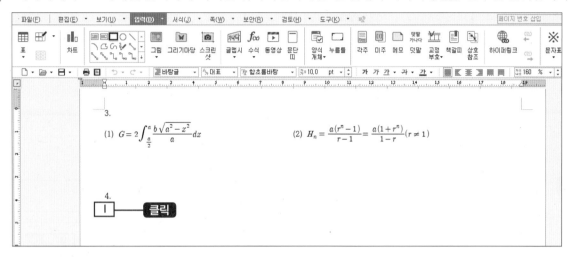

3 마우스 포인터가 '+' 모양으로 변경되면 다음과 같이 마우스를 드래그하여 배경 도형을 적당히 그립니다.

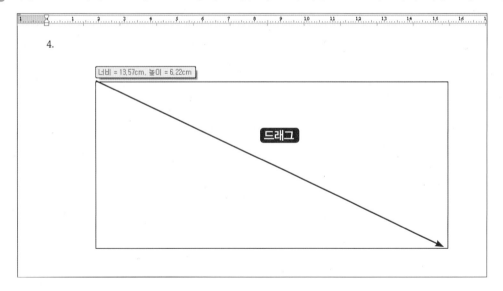

4 임의의 직사각형 위에서 마우스 오른쪽 버튼을 클릭하고, [개체 속성]을 선택합니다(직사각형 위에서 더블 클릭을 해도 됨).

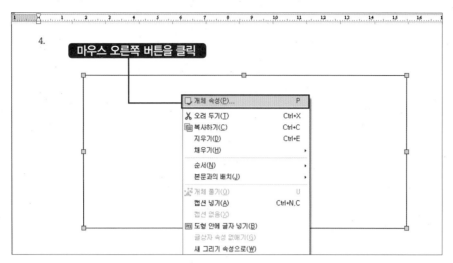

5 [개체 속성] 대화 상자의 [기본] 탭에서 너비는 '120', 높이는 '145'를 지정하고, '크기 고정'을 선택(체크)합니다.

6 계속해서 [채우기] 탭에서 면 색의 목록(▼) 단추를 클릭하고, 임의의 색상을 선택한 후 [설정] 버튼을 클릭합니다.

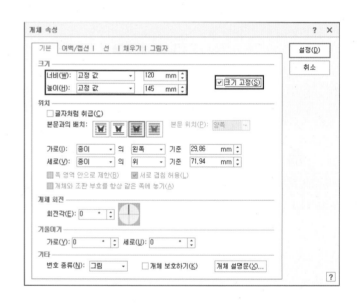

Tip 도형의 면 색

도형의 면 색은 문제에서 지시사항이 따로 없으면 색 없음을 제외하고, 서로 다르게 임의의 색으로 지정하면 됩니다.

제목 글상자 작성하기

1 제목 글상자를 작성하기 위하여 [입력] 탭에서 가로 글상자(▤) 단추를 클릭합니다.

2 마우스 포인터가 '+' 모양으로 변경되면 배경 도형 상단에 적당한 크기로 드래그하여 삽입합니다.

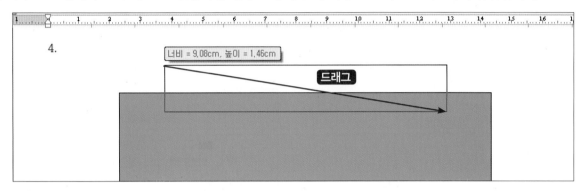

3 글상자를 편집하기 위하여 해당 개체(글상자)의 테두리를 더블 클릭합니다.

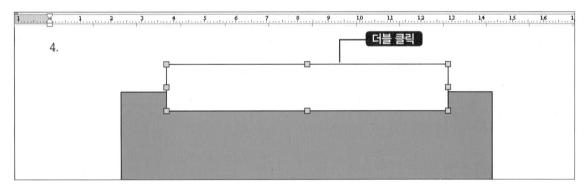

4 [개체 속성] 대화 상자의 [기본] 탭에서 너비는 '110', 높이는 '15'를 지정하고, '크기 고정'을 선택(체크)합니다.

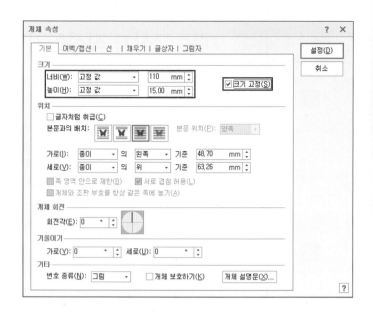

5 계속해서 [선] 탭에서 사각형 모서리 곡률을 '반원'으로 선택합니다.

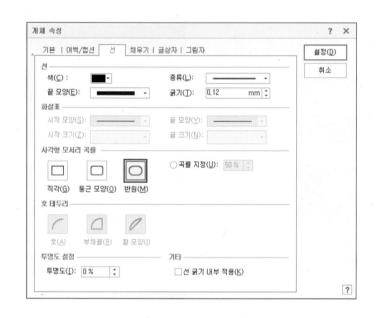

6 계속해서 [채우기] 탭에서 면 색의 목록 (▾) 단추를 클릭하고, '빨강'을 선택한 후 [설정] 버튼을 클릭합니다.

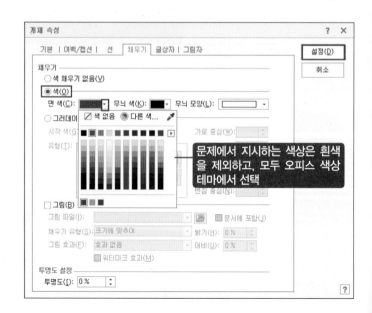

문제에서 지시하는 색상은 흰색을 제외하고, 모두 오피스 색상 테마에서 선택

7 글상자 안쪽을 클릭하여 커서를 위치시킨 후 주어진 제목 내용을 입력합니다.

8 글상자를 선택한 후 서식 도구 상자에서 글꼴은 '궁서', 글자 크기는 '24', 글자 색은 '하양', 정렬 방식은 '가운데 정렬'을 각각 지정합니다.

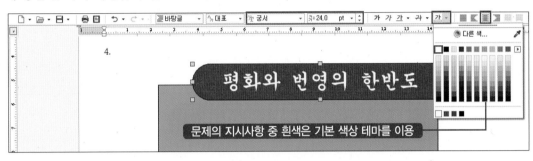

9 글상자가 선택된 상태에서 방향키를 이용하여 배경 도형 중앙으로 이동합니다(글상자 선택을 해제하려면 (ESC)를 누름).

유형
잡기 03 상단 도형 작성하기

1 상단 도형을 작성하기 위하여 [입력] 탭에서 직사각형(□) 단추를 클릭합니다.

2 마우스 포인터가 '+' 모양으로 변경되면 배경 도형의 해당 위치에 적당한 크기로 드래그하여 삽입합니다.

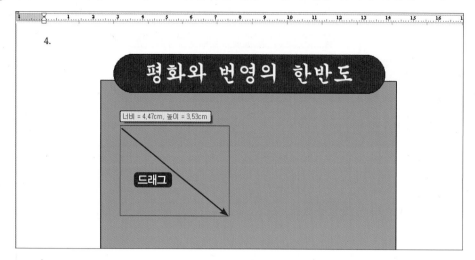

3 직사각형을 편집하기 위하여 해당 개체(도형) 위에서 마우스를 더블 클릭합니다.

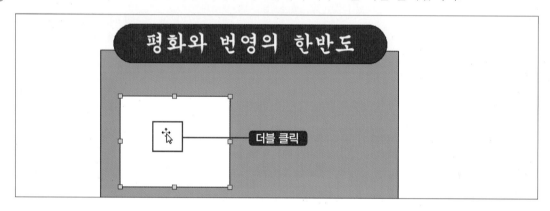

4 [개체 속성] 대화 상자의 [기본] 탭에서 너비는 '50', 높이는 '50'을 지정하고, '크기 고정'을 선택(체크)합니다.

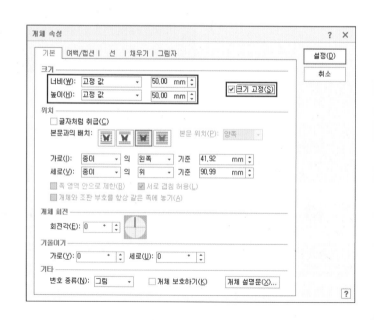

5 계속해서 [선] 탭에서 사각형 모서리 곡률
을 '둥근 모양'으로 선택합니다.

6 계속해서 [채우기] 탭에서 면 색의 목록
(▾) 단추를 클릭하고, 임의의 색상을 선
택한 후 [설정] 버튼을 클릭합니다.

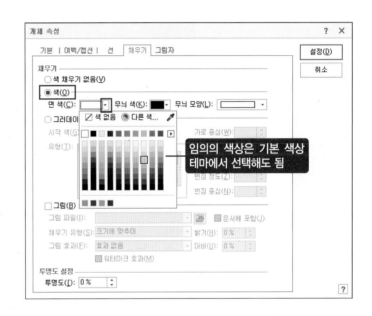

임의의 색상은 기본 색상
테마에서 선택해도 됨

7 도형이 선택된 상태에서 방향키를 이용하여 배경 도형의 적당한 위치로 이동합니다.

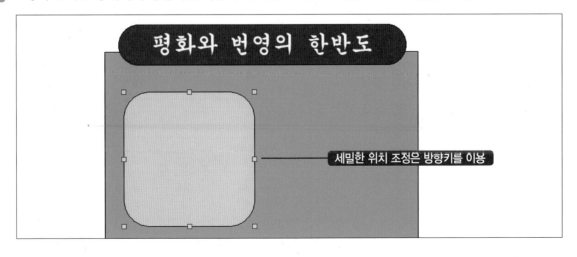

평화와 번영의 한반도

세밀한 위치 조정은 방향키를 이봉

1 목차의 왼쪽 도형을 작성하기 위하여 [입력] 탭에서 직사각형(□) 단추를 클릭합니다.

2 마우스 포인터가 '+' 모양으로 변경되면 배경 도형의 해당 위치에 적당한 크기로 드래그하여 삽입합니다.

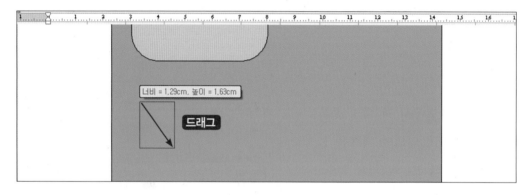

3 직사각형을 편집하기 위하여 해당 개체(도형) 위에서 마우스를 더블 클릭합니다.

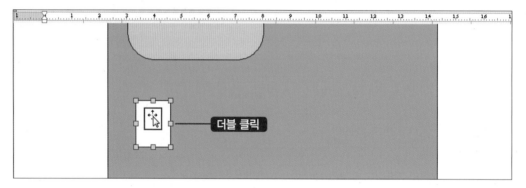

4 [개체 속성] 대화 상자의 [기본] 탭에서 너비는 '10', 높이는 '15'를 지정하고, '크기 고정'을 선택(체크)합니다.

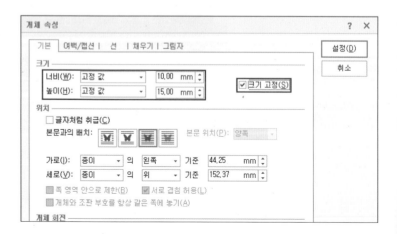

5 계속해서 [선] 탭에서 사각형 모서리
곡률을 '반원'으로 선택합니다.

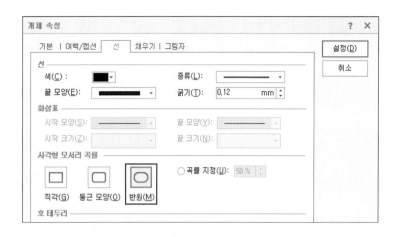

6 계속해서 [채우기] 탭에서 면 색의 목
록(▼) 단추를 클릭하고, 임의의 색상
을 선택한 후 [설정] 버튼을 클릭합
니다.

7 도형이 선택된 상태에서 방향키를 이용하여 배경 도형의 적당한 위치로 이동합니다.

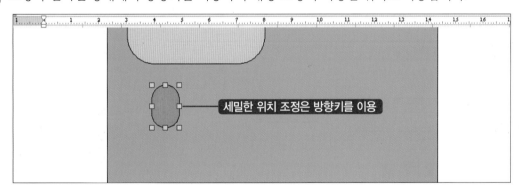

세밀한 위치 조정은 방향키를 이용

8 [입력] 탭에서 직사각형(□) 단추를 클릭한 후 마우스 포인터가 '+' 모양으로 변경되면 배경 도형의 해당 위치에 적당한 크기로 드래그하여 삽입합니다.

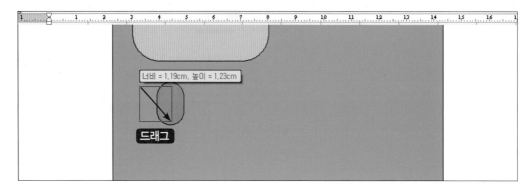

9 직사각형을 편집하기 위하여 해당 개체(도형) 위에서 마우스를 더블 클릭합니다.

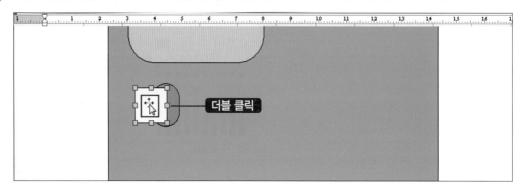

10 [개체 속성] 대화 상자의 [기본] 탭에서 너비는 '12', 높이는 '12'를 지정하고, '크기 고정'을 선택(체크)합니다.

11 계속해서 [선] 탭에서 사각형 모서리 곡률을 '둥근 모양'으로 선택합니다.

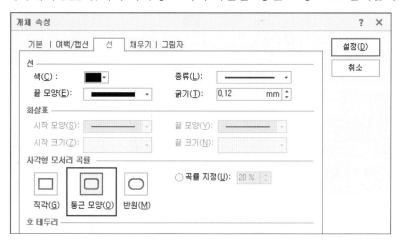

12 계속해서 [채우기] 탭에서 면 색의 목록(▼) 단추를 클릭하고, '하양'을 선택한 후 [설정] 버튼을 클릭합니다.

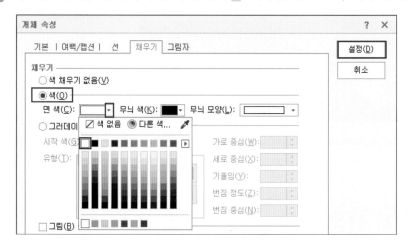

13 도형이 선택된 상태에서 ≪출력형태≫와 같이 두 개의 도형이 겹쳐지도록 방향키를 이용하여 세밀하게 조정합니다.

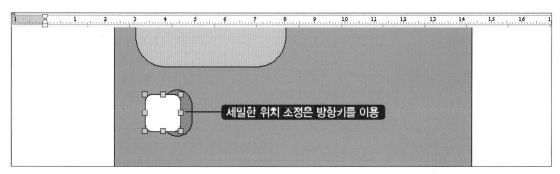

14 도형에 글자를 입력하기 위하여 [도형] 탭에서 글자 넣기(갸 글자넣기) 단추를 클릭합니다.

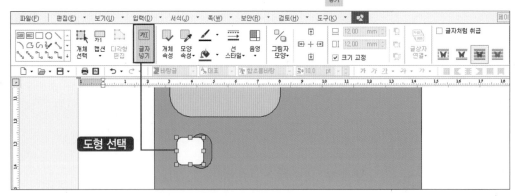

15 도형 안쪽에 커서가 나타나면 "1"을 입력한 후 서식 도구 상자에서 글꼴은 '궁서', 글자 크기는 '20', 정렬 방식
은 '가운데 정렬'을 각각 지정합니다.

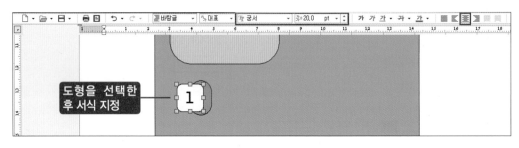

유형 잡기 05 목차 글상자 작성하기

1 목차 글상자를 작성하기 위하여 [입력] 탭에서 가로 글상자(▤) 단추를 클릭합니다.

2 마우스 포인터가 '+' 모양으로 변경되면 배경 도형의 해당 위치에 적당한 크기로 드래그하여 삽입합니다.

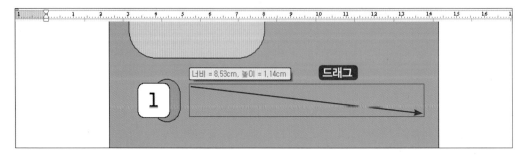

3 글상자를 편집하기 위하여 해당 개체(글상자)의 테두리를 더블 클릭합니다.

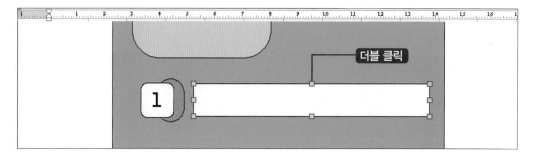

4 [개체 속성] 대화 상자의 [선] 탭에서 선의 종류는 '파선'을 선택합니다.

Tip 선 종류

글상자의 선 종류는 문제의 지시사항에 따라 '점선' 또는 '파선' 중 선택하면 되는데 이는 ≪출력형태≫를 참고하여 동일한 선으로 선택합니다.

5 계속해서 [채우기] 탭에서 '색 채우기 없음'을 선택하고, [설정] 버튼을 클릭합니다. .

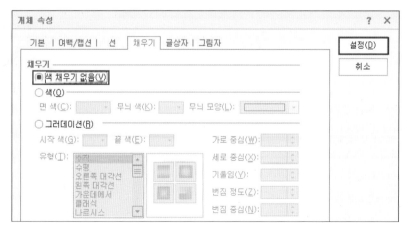

6 글상자 안쪽을 클릭하여 커서를 위치시킨 후 주어진 목차 내용을 입력합니다.

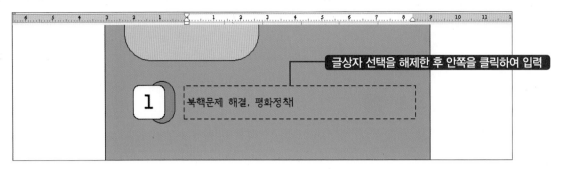

7 글상자를 선택한 후 서식 도구 상자에서 글꼴은 '굴림', 글자 크기는 '18', 정렬 방식은 '가운데 정렬'을 각각 지정합니다.

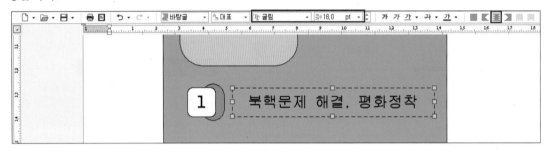

8 글상자가 선택된 상태에서 크기 조절 핸들을 이용하여 크기를 적당히 조절한 후 방향키로 위치를 조정합니다.

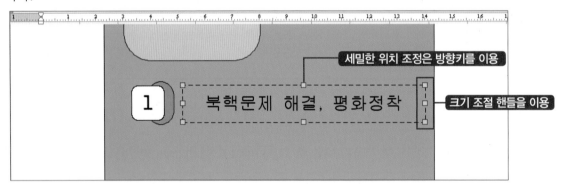

Tip 글상자의 크기

글상자의 크기는 지시사항이 따로 없으므로 ≪출력형태≫를 보고 적당히 조절하되 글상자의 내용에 따라 작성 후에 일부 변경할 수 있습니다.

1 [편집] 탭에서 개체 선택( ) 단추를 클릭한 후 목차 도형과 글상자가 모두 포함되도록 드래그하여 선택합니다.

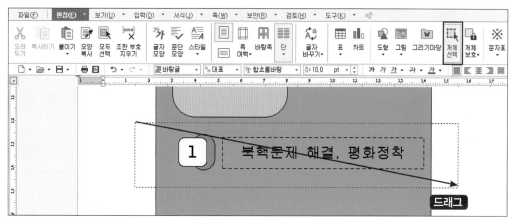

2 목차 도형과 글상자가 모두 선택되면 방향키를 이용하여 가로/세로 위치를 세밀히 조절합니다.

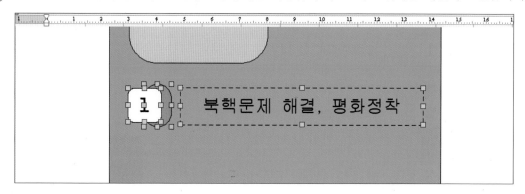

3 목차 도형과 글상자가 선택된 상태에서 Ctrl + Shift 를 누른 채 아래쪽으로 드래그하여 복사합니다.

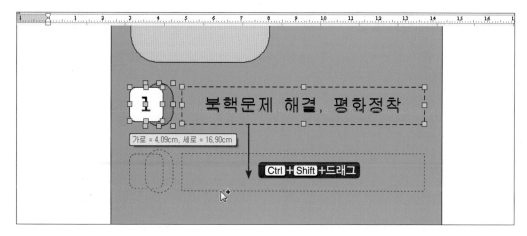

4 동일한 방법으로 Ctrl + Shift 를 누른 상태에서 아래쪽으로 한 번 더 복사합니다.

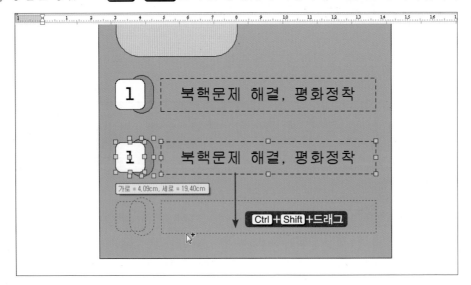

5 《출력형태》를 보고 목차 도형과 글상자에 주어진 내용을 수정하여 가가 입력합니다.

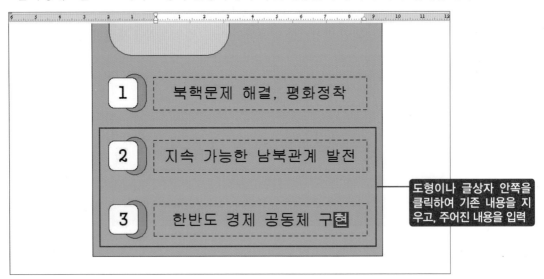

도형이나 글상자 안쪽을 클릭하여 기존 내용을 지우고, 주어진 내용을 입력

Tip 글상자의 크기 조절

글상자 내용이 두 줄로 입력되는 경우는 크기 조절 핸들들을 이용하여 가로/세로 크기를 조절한 후 나머지 글상자도 변경된 글상자의 크기에 맞게 조절합니다.

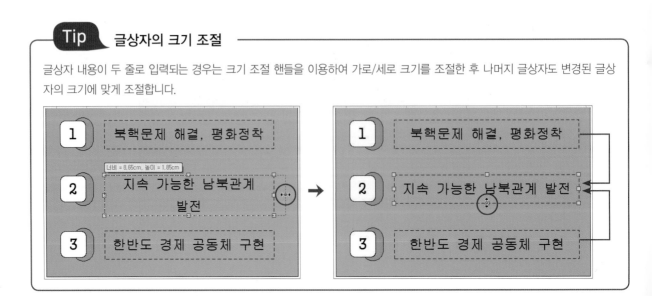

6 목차 도형에서 반원의 면 색을 변경하기 위하여 해당 반원을 더블 클릭한 후 [개체 속성] 대화 상자의
[채우기] 탭에서 임의의 색상을 지정하고, [설정] 버튼을 클릭합니다.

7 동일한 방법으로 세 번째 반원의 면 색도 임의의 색상으로 변경합니다.

유형 잡기 07 그림 삽입하기

1 상단 도형에 그림을 삽입하기 위하여 [입력] 탭에서 그림(🖼) 단추를 클릭합니다.

2 [그림 넣기] 대화 상자에서 찾는 위치(내 PC₩문서₩ITQ₩Picture)와 파일 이름(로고1.jpg)을 지정한 후 '문서에 포함'을 선택하고, [넣기] 버튼을 클릭합니다.

3 그림을 편집하기 위하여 삽입된 그림을 더블 클릭합니다.

4 [개체 속성] 대화 상자의 [기본] 탭에서 너비는 '40', 높이는 '30'을 지정하고, '크기 고정'을 선택(체크)한 후 본문과의 배치는 '글 앞으로'를 선택합니다.

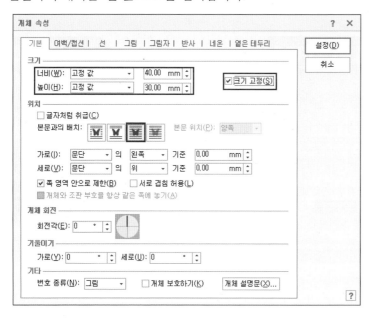

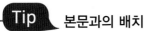 본문과의 배치

❶ ❷ ❸ ❹

- ❶ 어울림 : 개체와 본문이 같은 줄을 나누어 쓰되 서로 자리를 침범하지 않고, 본문이 개체에 어울리도록 배치합니다.
- ❷ 자리 차지 : 개체가 개체의 높이만큼 줄을 차지하고 있기 때문에 개체가 차지하고 있는 영역에는 본문이 오지 못합니다.
- ❸ 글 앞으로 : 개체가 없는 것처럼 본문이 채워지고, 개체는 본문이 덮이도록 본문 위에 배치합니다.
- ❹ 글 뒤로 : 개체가 없는 것처럼 본문이 채워지고, 개체는 본문의 배경처럼 사용됩니다.

5 계속해서 [그림] 탭에서 그림 효과를 '회색조'로 선택하고, [설정] 버튼을 클릭합니다.

6 그림을 도형 안쪽으로 드래그하여 ≪출력형태≫와 같이 배치합니다.

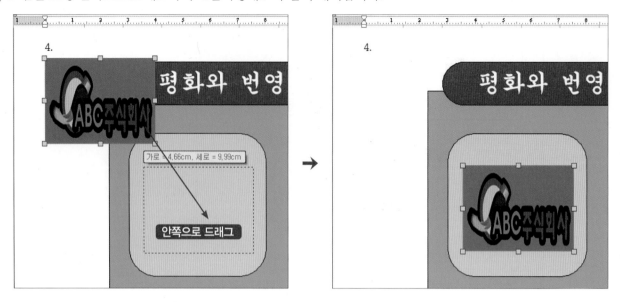

유형 잡기 08 글맵시 삽입하기

1 글맵시를 삽입하기 위하여 [입력] 탭에서 글맵시(캐디) 단추를 클릭합니다.

2 [글맵시 만들기] 대화 상자에서 글맵시 내용(평화공존공동번영)을 입력하고, 글꼴은 '돋움'으로 지정합니다.

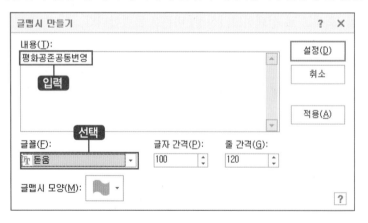

3 계속해서 글맵시 모양( ) 단추를 클릭하고, '갈매기형 수장'을 선택한 후 [설정] 버튼을 클릭합니다.

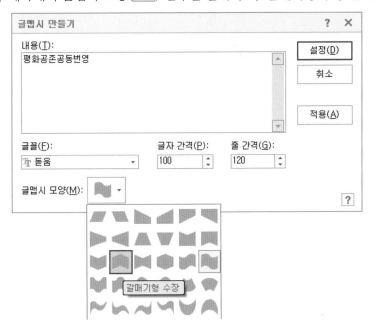

4 글맵시를 편집하기 위하여 삽입된 글맵시를 더블 클릭합니다.

5 [개체 속성] 대화 상자의 [기본] 탭에서 너비는 '50', 높이는 '30'을 지정하고, '크기 고정'을 선택(체크)한 후 본문과의 배치는 '글 앞으로'를 선택합니다.

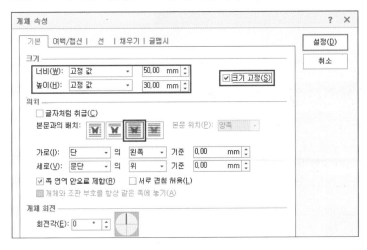

6 계속해서 [채우기] 탭에서 면 색의 목록(▾) 단추를 클릭하고, '파랑'을 선택한 후 [설정] 버튼을 클릭합니다.

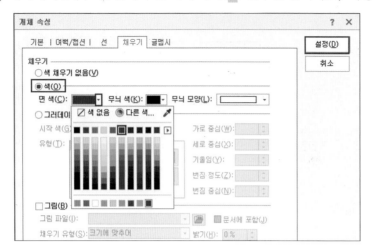

Tip **글맵시 면 색**

글맵시를 삽입하면 면 색은 기본적으로 파란색으로 나타나므로 따로 지정할 필요는 없습니다.

7 글맵시를 배경 도형 안쪽으로 드래그하여 ≪출력형태≫와 같이 배치합니다.

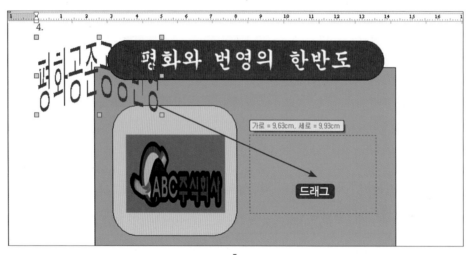

1 3페이지의 첫 번째 줄에 커서를 위치시킨 후 주어진 내용을 입력합니다.

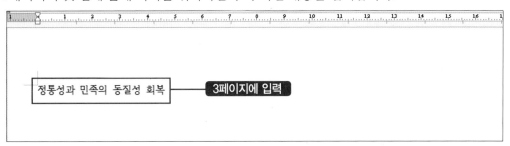

> **Tip** **책갈피 내용**
>
> 책갈피를 지정하기 위하여 3페이지의 [문서작성 능력평가]에서 제목을 미리 입력합니다.

2 제목 맨 앞에 커서를 위치시킨 후 [입력] 탭에서 책갈피( ) 단추를 클릭합니다.

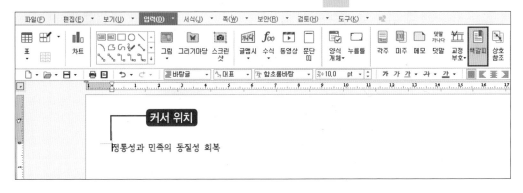

3 [책갈피] 대화 상자에서 책갈피 이름에 "통일"을 입력하고, [넣기] 버튼을 클릭합니다.

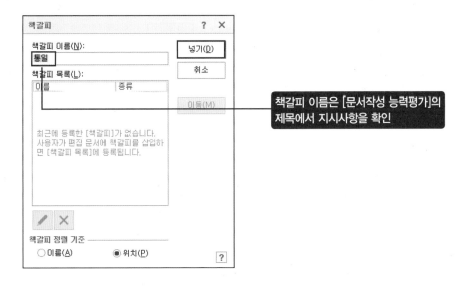

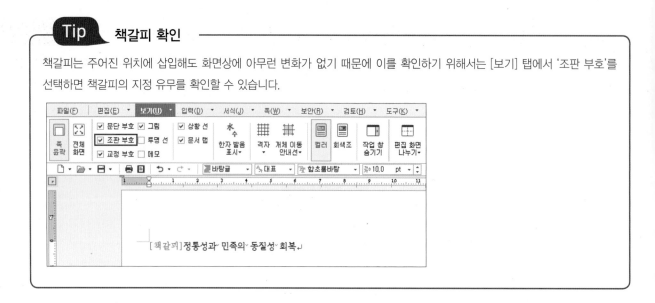

4 하이퍼링크를 지정하기 위하여 2페이지의 상단 도형에 있는 그림을 선택한 후 [입력] 탭에서 하이퍼링크
(하이퍼링크) 단추를 클릭합니다.

5 [하이퍼링크] 대화 상자에서 연결 종류와 연결
대상을 확인한 후 책갈피의 '통일'을 선택하
고, [넣기] 버튼을 클릭합니다.

[문서작성 능력평가]의 제목에 지정한 책갈피 이름

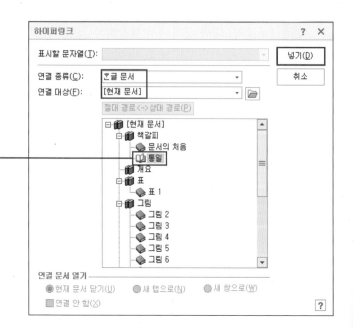

6 하이퍼링크가 설정된 그림을 클릭하면 3페이지의 제목 앞으로 커서가 이동되는 것을 확인할 수 있습니다.

↓

정통성과 민족의 동질성 회복

Tip 하이퍼링크 해제하기

• [Shift]를 누른 상태에서 그림을 선택한 후 [입력] 탭에서 하이퍼링크(하이퍼링크) 단추를 클릭합니다.

• [하이퍼링크 고치기] 대화 상자에서 '연결 안 함'을 선택하고, [고치기] 버튼을 클릭합니다.

7 모든 작업이 완료되면 서식 도구 상자에서 저장(🖫) 단추를 클릭하여 완성 파일을 저장합니다.

• 예제 파일 : 유형 분석 06₩유형 02_문제.hwp / • 완성 파일 : 유형 분석 06₩유형 02_완성.hwp

01 다음의 ≪조건≫에 따라 ≪출력형태≫와 같이 문서를 작성하시오.

≪조건≫

(1) 그리기 도구를 이용하여 작성하고, 모든 도형(글맵시, 지정된 그림 포함)을 ≪출력형태≫와 같이 작성하시오.

(2) 도형의 면색은 지시사항이 없으면 색 없음을 제외하고 서로 다르게 임의로 지정하시오.

≪출력형태≫

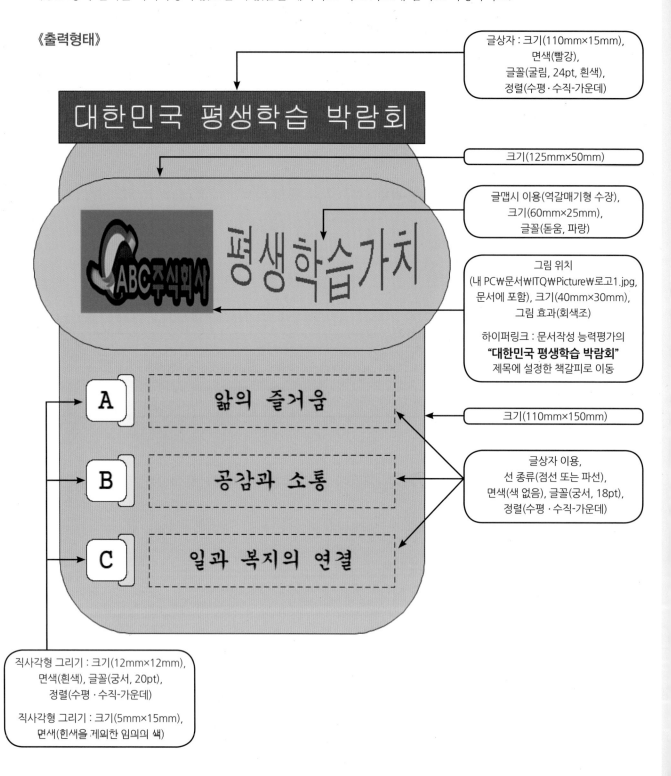

글상자 : 크기(110mm×15mm),
면색(빨강),
글꼴(굴림, 24pt, 흰색),
정렬(수평 · 수직-가운데)

크기(125mm×50mm)

글맵시 이용(역갈매기형 수장),
크기(60mm×25mm),
글꼴(돋움, 파랑)

그림 위치
(내 PC₩문서₩ITQ₩Picture₩로고1.jpg,
문서에 포함), 크기(40mm×30mm),
그림 효과(회색조)

하이퍼링크 : 문서작성 능력평가의
"대한민국 평생학습 박람회"
제목에 설정한 책갈피로 이동

크기(110mm×150mm)

글상자 이용,
선 종류(점선 또는 파선),
면색(색 없음), 글꼴(궁서, 18pt),
정렬(수평 · 수직-가운데)

직사각형 그리기 : 크기(12mm×12mm),
면색(흰색), 글꼴(궁서, 20pt),
정렬(수평 · 수직-가운데)

직사각형 그리기 : 크기(5mm×15mm),
면색(흰색을 제외한 임의의 색)

• **예제 파일** : 유형 분석 06₩유형 03_문제.hwp / • **완성 파일** : 유형 분석 06₩유형 03_완성.hwp

02 다음의 ≪조건≫에 따라 ≪출력형태≫와 같이 문서를 작성하시오.

《조건》

(1) 그리기 도구를 이용하여 작성하고, 모든 도형(글맵시, 지정된 그림 포함)을 ≪출력형태≫와 같이 작성하시오.

(2) 도형의 면색은 지시사항이 없으면 색 없음을 제외하고 서로 다르게 임의로 지정하시오.

《출력형태》

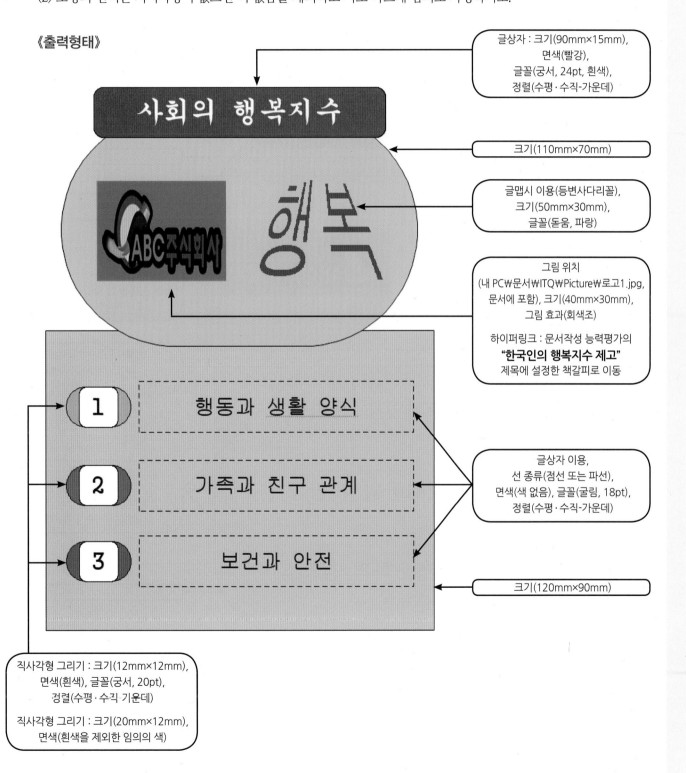

글상자 : 크기(90mm×15mm),
면색(빨강),
글꼴(궁서, 24pt, 흰색),
정렬(수평·수직-가운데)

크기(110mm×70mm)

글맵시 이용(등변사다리꼴),
크기(50mm×30mm),
글꼴(돋움, 파랑)

그림 위치
(내 PC₩문서₩ITQ₩Picture₩로고1.jpg,
문서에 포함), 크기(40mm×30mm),
그림 효과(회색조)

하이퍼링크 : 문서작성 능력평가의
"한국인의 행복지수 제고"
제목에 설정한 책갈피로 이동

글상자 이용,
선 종류(점선 또는 파선),
면색(색 없음), 글꼴(굴림, 18pt),
정렬(수평·수직-가운데)

크기(120mm×90mm)

직사각형 그리기 : 크기(12mm×12mm),
면색(흰색), 글꼴(궁서, 20pt),
정렬(수평·수직 가운데)

직사각형 그리기 : 크기(20mm×12mm),
면색(흰색을 제외한 임의의 색)

• 예제 파일 : 유형 분석 06₩유형 04_문제.hwp / • 완성 파일 : 유형 분석 06₩유형 04_완성.hwp

03 다음의 ≪조건≫에 따라 ≪출력형태≫와 같이 문서를 작성하시오.

《조건》

(1) 그리기 도구를 이용하여 작성하고, 모든 도형(글맵시, 지정된 그림 포함)을 ≪출력형태≫와 같이 작성하시오.

(2) 도형의 면색은 지시사항이 없으면 색 없음을 제외하고 서로 다르게 임의로 지정하시오.

《출력형태》

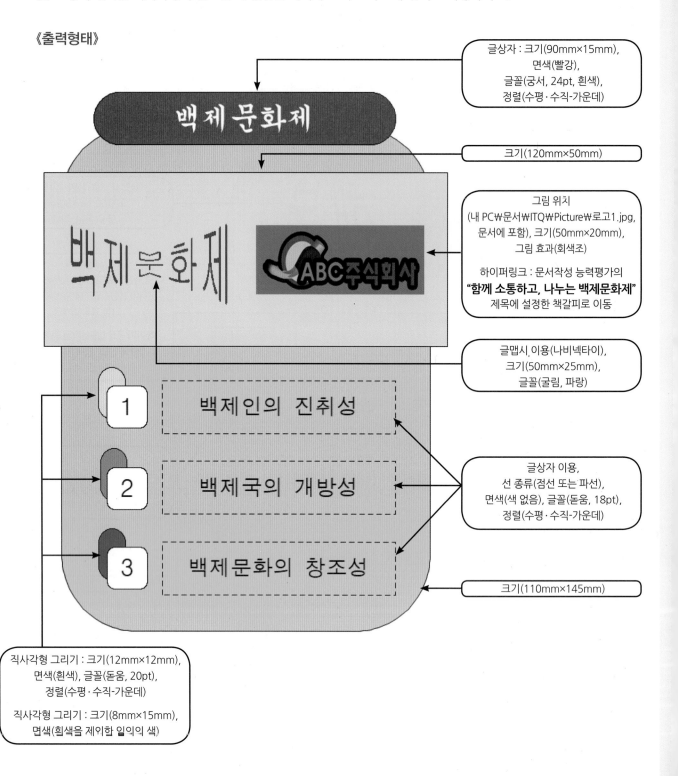

글상자 : 크기(90mm×15mm),
면색(빨강),
글꼴(궁서, 24pt, 흰색),
정렬(수평·수직-가운데)

크기(120mm×50mm)

그림 위치
(내 PC₩문서₩ITQ₩Picture₩로고1.jpg,
문서에 포함), 크기(50mm×20mm),
그림 효과(회색조)

하이퍼링크 : 문서작성 능력평가의
"함께 소통하고, 나누는 백제문화제"
제목에 설정한 책갈피로 이동

글맵시 이용(나비넥타이),
크기(50mm×25mm),
글꼴(굴림, 파랑)

글상자 이용,
선 종류(점선 또는 파선),
면색(색 없음), 글꼴(돋움, 18pt),
정렬(수평·수직-가운데)

크기(110mm×145mm)

직사각형 그리기 : 크기(12mm×12mm),
면색(흰색), 글꼴(돋움, 20pt),
정렬(수평·수직-가운데)

직사각형 그리기 : 크기(8mm×15mm),
면색(흰색을 제외한 임의의 색)

• **예제 파일** : 유형 분석 06₩유형 05_문제.hwp / • **완성 파일** : 유형 분석 06₩유형 05_완성.hwp

04 다음의 ≪조건≫에 따라 ≪출력형태≫와 같이 문서를 작성하시오.

《조건》

(1) 그리기 도구를 이용하여 작성하고, 모든 도형(글맵시, 지정된 그림 포함)을 ≪출력형태≫와 같이 작성하시오.
(2) 도형의 면색은 지시사항이 없으면 색 없음을 제외하고 서로 다르게 임의로 지정하시오.

《출력형태》

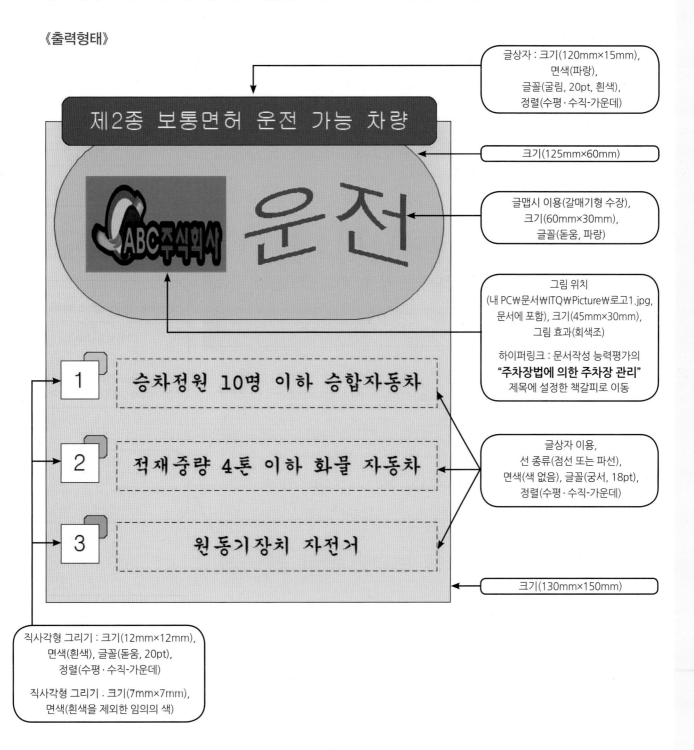

글상자 : 크기(120mm×15mm),
면색(파랑),
글꼴(굴림, 20pt, 흰색),
정렬(수평·수직-가운데)

크기(125mm×60mm)

글맵시 이용(갈매기형 수장),
크기(60mm×30mm),
글꼴(돋움, 파랑)

그림 위치
(내 PC₩문서₩ITQ₩Picture₩로고1.jpg,
문서에 포함), 크기(45mm×30mm),
그림 효과(회색조)

하이퍼링크 : 문서작성 능력평가의
"주차장법에 의한 주차장 관리"
제목에 설정한 책갈피로 이동

글상자 이용,
선 종류(점선 또는 파선),
면색(색 없음), 글꼴(궁서, 18pt),
정렬(수평·수직-가운데)

크기(130mm×150mm)

직사각형 그리기 : 크기(12mm×12mm),
면색(흰색), 글꼴(돋움, 20pt),
정렬(수평·수직-가운데)

직사각형 그리기 : 크기(7mm×7mm),
면색(흰색을 제외한 임의의 색)

• **예제 파일** : 유형 분석 06₩유형 06_문제.hwp / • **완성 파일** : 유형 분석 06₩유형 06_완성.hwp

05 다음의 ≪조건≫에 따라 ≪출력형태≫와 같이 문서를 작성하시오.

≪조건≫

(1) 그리기 도구를 이용하여 작성하고, 모든 도형(글맵시, 지정된 그림 포함)을 ≪출력형태≫와 같이 작성하시오.

(2) 도형의 면색은 지시사항이 없으면 색 없음을 제외하고 서로 다르게 임의로 지정하시오.

≪출력형태≫

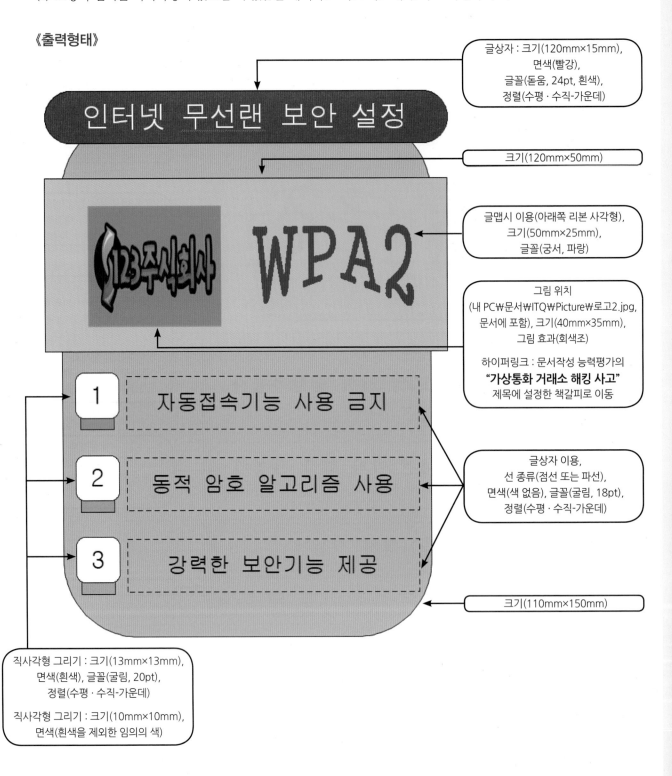

글상자 : 크기(120mm×15mm),
면색(빨강),
글꼴(돋움, 24pt, 흰색),
정렬(수평 · 수직-가운데)

크기(120mm×50mm)

글맵시 이용(아래쪽 리본 사각형),
크기(50mm×25mm),
글꼴(궁서, 파랑)

그림 위치
(내 PC₩문서₩ITQ₩Picture₩로고2.jpg,
문서에 포함), 크기(40mm×35mm),
그림 효과(회색조)

하이퍼링크 : 문서작성 능력평가의
"가상통화 거래소 해킹 사고"
제목에 설정한 책갈피로 이동

글상자 이용,
선 종류(점선 또는 파선),
면색(색 없음), 글꼴(굴림, 18pt),
정렬(수평 · 수직-가운데)

크기(110mm×150mm)

직사각형 그리기 : 크기(13mm×13mm),
면색(흰색), 글꼴(굴림, 20pt),
정렬(수평 · 수직-가운데)
직사각형 그리기 : 크기(10mm×10mm),
면색(흰색을 제외한 임의의 색)

• **예제 파일** : 유형 분석 06₩유형 07_문제.hwp / • **완성 파일** : 유형 분석 06₩유형 07_완성.hwp

06 다음의 ≪조건≫에 따라 ≪출력형태≫와 같이 문서를 작성하시오.

《조건》

(1) 그리기 도구를 이용하여 작성하고, 모든 도형(글맵시, 지정된 그림 포함)을 ≪출력형태≫와 같이 작성하시오.

(2) 도형의 면색은 지시사항이 없으면 색 없음을 제외하고 서로 다르게 임의로 지정하시오.

《출력형태》

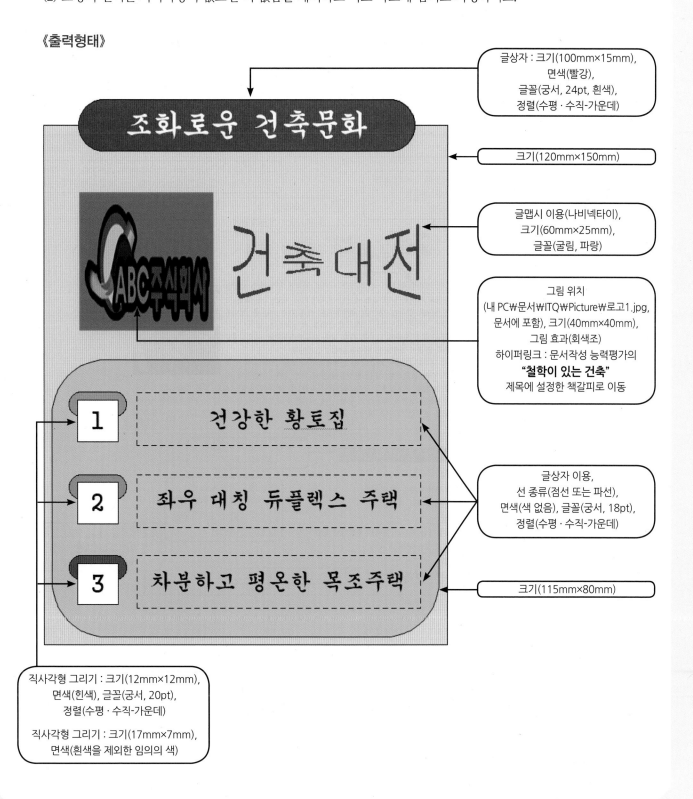

글상자 : 크기(100mm×15mm),
면색(빨강),
글꼴(궁서, 24pt, 흰색),
정렬(수평·수직-가운데)

크기(120mm×150mm)

글맵시 이용(나비넥타이),
크기(60mm×25mm),
글꼴(굴림, 파랑)

그림 위치
(내 PC₩문서₩ITQ₩Picture₩로고1.jpg,
문서에 포함), 크기(40mm×40mm),
그림 효과(회색조)
하이퍼링크 : 문서작성 능력평가의
"철학이 있는 건축"
제목에 설정한 책갈피로 이동

글상자 이용,
선 종류(점선 또는 파선),
면색(색 없음), 글꼴(궁서, 18pt),
정렬(수평·수직-가운데)

크기(115mm×80mm)

직사각형 그리기 : 크기(12mm×12mm),
면색(흰색), 글꼴(궁서, 20pt),
정렬(수평·수직-가운데)

직사각형 그리기 : 크기(17mm×7mm),
면색(흰색을 제외한 임의의 색)

[문서작성 능력평가]

문서작성 능력평가에서는 전체 문서 작성에 필요한 머리말, 덧말, 문단 첫 글자 장식, 한자 변환, 각주, 그림 삽입, 문자표, 문단 번호, 제목 서식, 표 편집, 쪽 번호 입력 등에 대하여 알아봅니다.

시험 유형 미리보기

• 예제 파일 : 유형 분석 07₩유형 01_문제.hwp / • 완성 파일 : 유형 분석 07₩유형 01_완성.hwp

문서작성 능력평가 `200점`

≪출력형태≫

글꼴 : 굴림, 18pt, 진하게, 가운데 정렬
책갈피 이름 : 통일
덧말 넣기

그림 위치(내 PC₩문서₩ITQ₩Picture₩그림4.jpg, 문서에 포함)
자르기 기능 이용, 크기(40mm×40mm), 바깥 여백 왼쪽 : 2mm

머리말 기능
돋움, 10pt, 오른쪽 정렬 ➡ 통일 우리의 미래

문단 첫 글자 장식 기능
글꼴 : 궁서, 면색 : 노랑

통일한국
정통성과 민족의 동질성 회복

각주

통일은 남북한 국민이 한 민족㉠ 하나의 국민이라고 느끼고 남북한 단일체제 수립을 넘어 한 마음이 된 상태를 의미한다. 통일은 분단된 국토가 하나 되는 것은 물론 정치적으로 대립되었던 체제를 하나로 만드는 것이고, 경제적으로 서로 다른 제도를 하나로 거듭나게 하는 것이며, 남북주민 사이에 내면화된 이질적인 문화를 하나로 다시 탄생시키는 것이다. 우리가 추구하는 통일은 인류 보편적 가치로 자리 잡은 자유민주주의와 시장경제를 바탕으로 구성원 모두의 자유와 인권이 보장되는 민족공동체의 건설이다.
통일(統一)은 분단으로 인해 굴절된 역사를 바로잡고, 민족공동체 건설을 통해 우리 민족의 총체적 역량을 극대화하기 위해 필요하다. 또한 통일은 분단에 따른 유형, 무형적인 비용을 소멸시키고 새로운 이득(利得)을 창출함으로 인해 국가와 사회뿐 아니라 개인에게도 삶의 질을 향상시킬 것이다. 개인적 차원에서 통일은 이산가족의 고통을 해소하고 남북 간에 자유롭게 오고 가며 살 수 있는 등의 다양한 선택의 기회를 부여하며 인간적인 삶을 보장할 것이다. 통일은 21세기 한민족의 새로운 비상과 선진일류국가로 도약하기 위한 수단으로서 필요하다.

♣ **학교 통일교육의 실태와 방향**

글꼴 : 궁서, 18pt, 흰색
음영색 : 파랑

가. 학교 통일교육의 실태
  ㉠ 대체로 학생들의 부정적인 통일 의식 심화
  ㉡ 정규 수업에 밀려 통일교육의 비활성화
나. 학교 통일교육의 방향
  ㉠ 학생들의 통일문제에 대한 관심과 올바른 통일의식 함양
  ㉡ 통일 미래의 구체적인 모습과 비전 제시

문단 번호 기능 사용
1수준 : 20pt, 오른쪽 정렬,
2수준 : 30pt, 오른쪽 정렬
줄 간격 : 180%

표 전체 글꼴 : 굴림, 10pt, 가운데 정렬
셀 배경(그러데이션) : 유형(수평),
시작색(흰색), 끝색(노랑)

♣ *지역별 통일관 현황*   글꼴 : 궁서, 18pt, 기울임, 강조점

지역	위치	운영주체	휴관
서울	서울 구로구 궁동 35번지	서서울생활과학고등학교	매주 일/공휴일
오두산	경기 파주시 통일전망대 내	민간위탁	4- 10월/월요일
광주	광주 서구 화정2동	통일교육위원회광주협의회	매주 월, 토
부산	부산 부산진구 자유회관 내	자유총연맹 (부산지구)	연중 무휴
기타 지역 현황	경남, 고성, 대전, 양구, 인천, 제주, 청주, 충남		

글꼴 : 돋움, 24pt, 진하게
장평 105%, 오른쪽 정렬 ➡ **통일교육 운영계획**

각주 구분선 : 5cm

㉠ 언어와 문화상의 공통성에 기초하여 오랜 세월 역사적으로 형성된 사회 집단

쪽 번호 매기기
6으로 시작 ➡ ⑥

1 [파일]-[불러오기]를 선택한 후 [불러오기] 대화 상자에서 '유형 분석 07\유형 01_문제.hwp'를 불러오기
합니다.

2 3페이지의 세 번째 줄을 클릭한 후 문제지에 있는 본문 내용을 입력합니다.

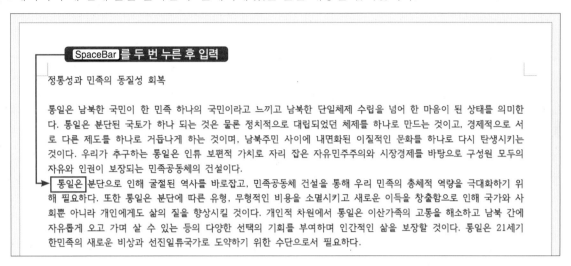

3 제목을 블록 지정한 후 서식 도구 상자에서 글꼴은 '굴림', 글자 크기는 '18', 속성은 '진하게', 정렬 방식은 '가
운데 정렬'을 각각 설정합니다.

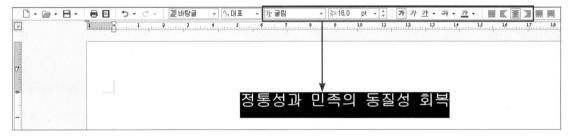

4 계속해서 [입력] 탭에서 덧말(덧말) 단추를 클릭합니다.

5 [덧말 넣기] 대화 상자에서 덧말 입력란에 "통일한국"을 입력한 후 덧말 위치를 '위'로 지정하고, [넣기] 버튼을 클릭합니다.

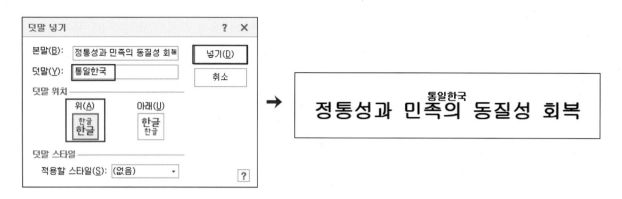

6 머리말을 삽입하기 위하여 [쪽] 탭에서 머리말( ) 단추를 클릭하고, [위쪽]-[모양 없음]을 선택합니다.

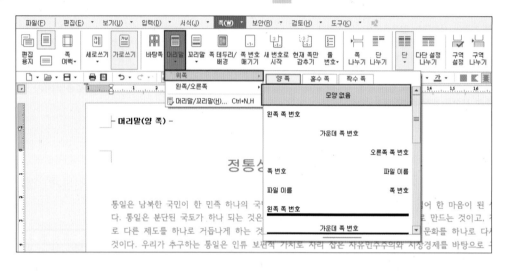

7 화면 왼쪽 상단에 머리말 입력란이 나타나면 주어진 머리말(통일 우리의 미래)을 입력합니다.

8 머리말을 블록 지정한 후 서식 도구 상자에서 글꼴은 '돋움', 글자 크기는 '10', 정렬 방식은 '오른쪽 정렬'을 각각 설정합니다.

9 머리말 작업이 완료되면 [머리말/꼬리말] 탭에서 머리말/꼬리말 닫기( ) 단추를 클릭합니다.

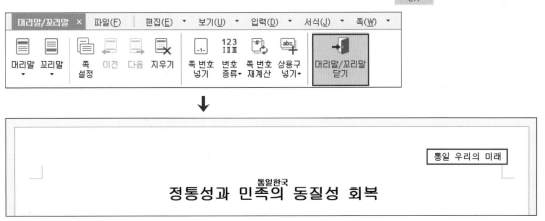

↓

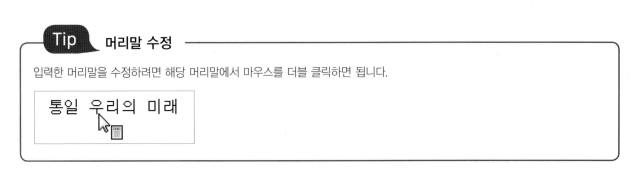

> **Tip** 머리말 수정
>
> 입력한 머리말을 수정하려면 해당 머리말에서 마우스를 더블 클릭하면 됩니다.
>
> 통일 우리의 미래

1 문단이 시작되는 첫 번째 글자 앞에 커서를 위치시킨 후 [서식] 탭에서 문단 첫 글자 장식(가) 단추를 클릭합니다.

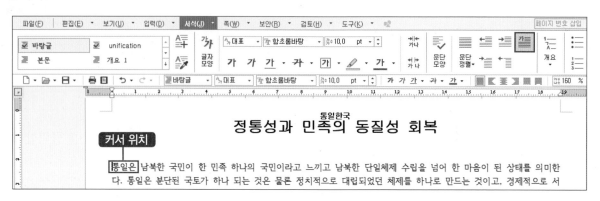

2 [문단 첫 글자 장식] 대화 상자에서 모양은 '2줄', 글꼴은 '궁서', 면 색은 '노랑'을 각각 지정한 후 [설정] 버튼을 클릭합니다.

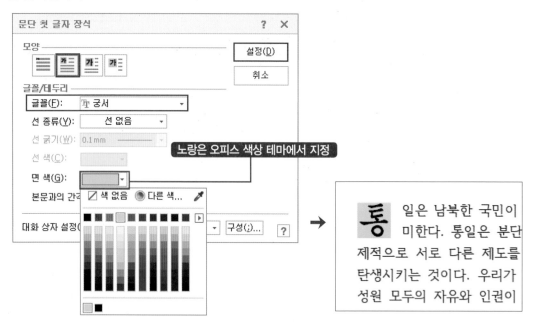

Tip **본문과의 간격**

[문단 첫 글자 장식] 대화 상자에서 본문과의 간격은 '3.0mm'가 기본값으로 지정되어 있으므로 수치를 따로 설정할 필요는 없습니다.

3 본문 내용 중 '통일'을 한자로 변경하기 위하여 해당 단어 뒤에 커서를 위치시키고, F9를 누릅니다.

> **통**일은 남북한 국민이 한 민족 하나의 국민이라고 느끼고 남북한 단일체제 수립을 넘어 한 마음이 된 상태를 의미한다. 통일은 분단된 국토가 하나 되는 것은 물론 정치적으로 대립되었던 체제를 하나로 만드는 것이고, 경제적으로 서로 다른 제도를 하나로 거듭나게 하는 것이며, 남북주민 사이에 내면화된 이질적인 문화를 하나로 다시 탄생시키는 것이다. 우리가 추구하는 통일은 인류 보편적 가치로 자리 잡은 자유민주주의와 시장경제를 바탕으로 구성원 모두의 자유와 인권이 보장되는 민족공동체의 건설이다.
> 통일은 분단으로 인해 굴절된 역사를 바로잡고, 민족공동체 건설을 통해 우리 민족의 총체적 역량을 극대화하기 위해 필요하다. 또한 통일은 분단에 따른 유형, 무형적인 비용을 소멸시키고 새로운 이득을 창출함으로 인해 국가와 사회뿐 아니라 개인에게도 삶의 질을 향상시킬 것이다. 개인적 차원에서 통일은 이산가족의 고통을 해소하고 남북 간에 자유롭게 오고 가며 살 수 있는 등의 다양한 선택의 기회를 부여하며 인간적인 삶을 보장할 것이다. 통일은 21세기 한민족의 새로운 비상과 선진일류국가로 도약하기 위한 수단으로서 필요하다.

Tip 한자 입력

한자로 변경할 단어를 블록 지정한 후 [입력] 탭에서 한자 입력(🔁) 단추를 클릭해도 되지만 단축키가 하나일 경우에는 F9를 누르는 것이 편리합니다.

4 [한자로 바꾸기] 대화 상자의 한자 목록에서 해당 한자를 선택한 후 입력 형식을 지정하고, [바꾸기] 버튼을 클릭합니다.

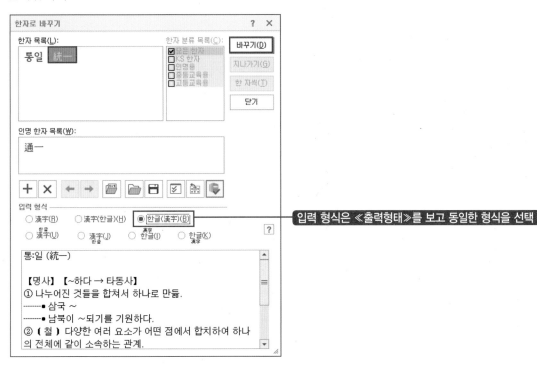

입력 형식은 《출력형태》를 보고 동일한 형식을 선택

Tip 입력 형식

漢字 : 統一 / 漢字(한글) : 統一(통일) / 한글(漢字) : 통일(統一)

5 동일한 방법으로 나머지 단어(이득)도 해당 한자로 변경합니다.

> 통 일은 남북한 국민이 한 민족 하나의 국민이라고 느끼고 남북한 단일체제 수립을 넘어 한 마음이 된 상태를 의미한다. 통일은 분단된 국토가 하나 되는 것은 물론 정치적으로 대립되었던 체제를 하나로 만드는 것이고, 경제적으로 서로 다른 제도를 하나로 거듭나게 하는 것이며, 남북주민 사이에 내면화된 이질적인 문화를 하나로 다시 탄생시키는 것이다. 우리가 추구하는 통일은 인류 보편적 가치로 자리 잡은 자유민주주의와 시장경제를 바탕으로 구성원 모두의 자유와 인권이 보장되는 민족공동체의 건설이다.
>
> 통일(統一)은 분단으로 인해 굴절된 역사를 바로잡고, 민족공동체 건설을 통해 우리 민족의 총체적 역량을 극대화하기 위해 필요하다. 또한 통일은 분단에 따른 유형, 무형적인 비용을 소멸시키고 새로운 이득(利得)을 창출함으로 인해 국가와 사회뿐 아니라 개인에게도 삶의 질을 향상시킬 것이다. 개인적 차원에서 통일은 이산가족의 고통을 해소하고 남북 간에 자유롭게 오고 가며 살 수 있는 등의 다양한 선택의 기회를 부여하며 인간적인 삶을 보장할 것이다. 통일은 21세기 한민족의 새로운 비상과 선진일류국가로 도약하기 위한 수단으로서 필요하다.

Tip **복합 단어의 한자 변환**

한자 변환 시 한자 목록에 등록되지 않은 복합 단어의 경우는 한자 변환을 각각하면 됩니다. 예를 들어, '단일체제'를 한자로 변경할 경우 한번에 '단일체제'의 한자를 변경할 수 없으므로 '단일'과 '체제' 단어를 각각 변경한 후 '단일(但一)체제(體制)'에서 글자를 수정하여 '단일체제(但一體制)'로 변경합니다.

유형 잡기 03 각주와 그림 삽입하기

1 본문 내용 중 각주를 삽입할 단어(민족) 뒤에 커서를 위치시킨 후 [입력] 탭에서 각주( ) 단추를 클릭합니다.

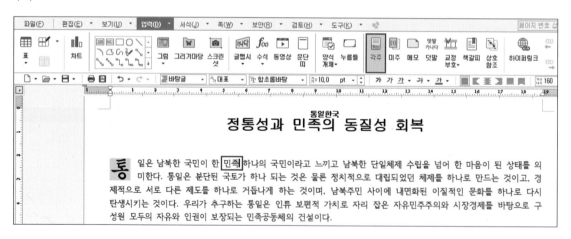

2 본문 하단에 각주 입력란이 나타나면 주어진 내용을 입력합니다.

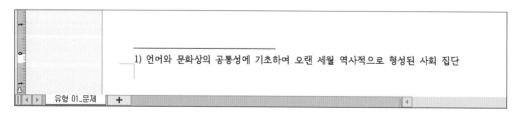

3 각주의 번호 모양과 구분선을 조정하기 위하여 [주석] 탭에서 각주/미주 모양 고치기() 단추를 클릭합니다.

4 [주석 모양] 대화 상자의 [각주 모양] 탭에서 번호 모양(㉠,㉡,㉢)과 구분선 길이(5cm)를 선택한 후 [설정] 버튼을 클릭합니다.

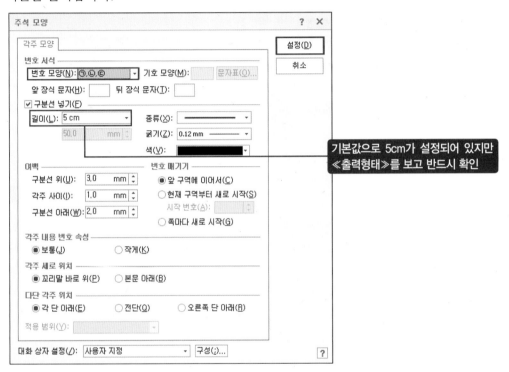

5 각주 작업이 완료되면 [주석] 탭에서 닫기(닫기) 단추를 클릭합니다.

각주가 적용된 상태

통 일은 남북한 국민이 한 민족㉠ 하나의 국민이라고 느끼고 남북한 단일체제 수립을 넘어 한 마음이 된 상태를 의미한다. 통일은 분단된 국토가 하나 되는 것은 물론 정치적으로 대립되었던 체제를 하나로 만드는 것이고, 경제적으로 서로 다른 제도를 하나로 거듭나게 하는 것이며, 남북주민 사이에 내면화된 이실색인 문화를 하나로 다시 탄생시키는 것이다. 우리가 추구하는 통일은 인류 보편적 가치로 자리 잡은 자유민주주의와 시장경제를 바탕으로 구성원 모두의 자유와 인권이 보장되는 민족공동체의 건설이다.

6 그림을 삽입하기 위하여 [입력] 탭에서 그림(🖼) 단추를 클릭합니다.

7 [그림 넣기] 대화 상자에서 찾는 위치(내 PC₩문서₩ITQ₩Picture)와 파일 이름(그림4.jpg)을 지정한 후 '문서에 포함'을 선택하고, [넣기] 버튼을 클릭합니다.

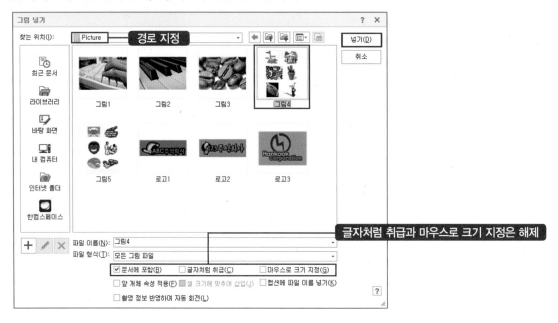

8 본문에 그림이 삽입되면 [그림] 탭에서 자르기(🖼 자르기) 단추를 클릭합니다.

⑨ 그림의 오른쪽 상단 모서리에서 마우스 포인터가 ⌐ 모양으로 변경되면 그림을 자르기할 부분까지 드래그한 후 왼쪽/아래쪽 조절점을 이용하여 그림을 정확히 자릅니다.

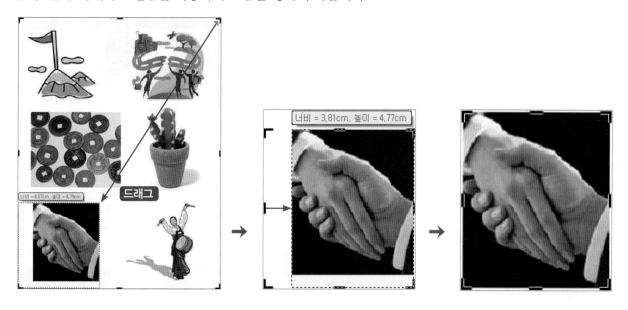

⑩ 그림의 자르기 상태를 해제하기 위하여 ESC 를 누른 후 그림을 더블 클릭합니다.

그림 위에서 더블 클릭

⑪ [개체 속성] 대화 상자의 [기본] 탭에서 너비는 '40', 높이는 '40'을 지정하고, '크기 고정'을 선택(체크)한 후 본문과의 배치는 '어울림'을 선택합니다.

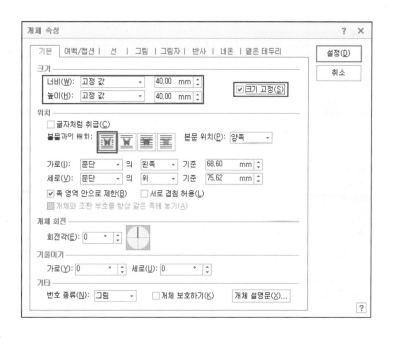

12 계속해서 [여백/캡션] 탭에서 바깥 여백의
   왼쪽을 '2'로 지정하고, [설정] 버튼을 클릭
   합니다.

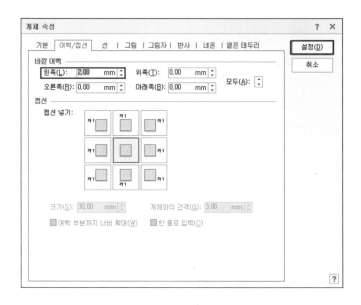

13 그림을 본문 오른쪽 상단으로 드래그하여 위치를 조정한 후 ≪출력형태≫와 비교하여 문장의 오른쪽 끝이 동일
   한지 확인합니다(문장의 오른쪽 끝이 ≪출력형태≫와 다른 경우에는 오타, 탈자, 띄어쓰기 등을 다시 한 번 확인).

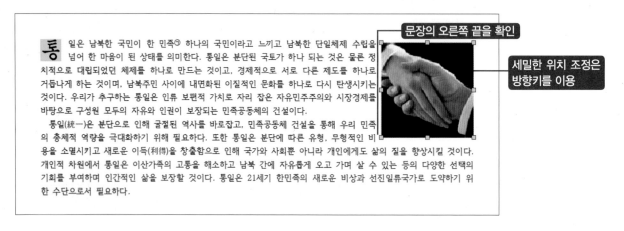

유형 잡기 04 문자표와 문단 번호 입력하기

1 문단과 문단 사이의 간격은 Enter를 눌러 한 줄을 삽입한 후 문제지에 있는 본문 내용을 입력합니다.

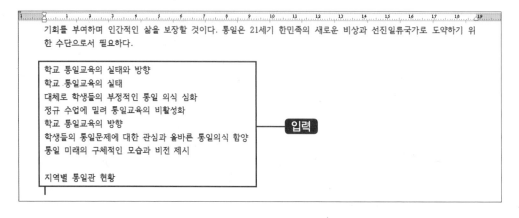

2 표를 삽입하기 위하여 [입력] 탭에서 표(⊞) 단추를 클릭한 후 [표 만들기] 대화 상자에서 줄 수는 '6', 칸 수는 '4', '글자처럼 취급'을 각각 지정하고, [만들기] 버튼을 클릭합니다.

3 표가 삽입되면 표 끝에서 Enter를 두 번 누른 후 나머지 내용을 입력합니다.

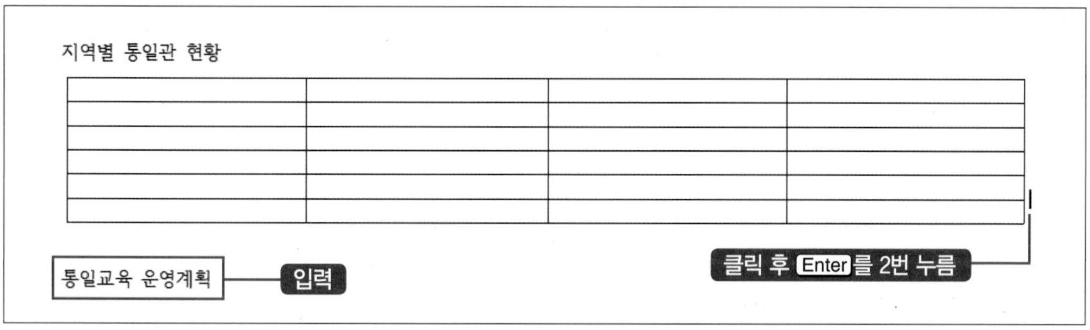

지역별 통일관 현황

통일교육 운영계획 ──── 입력   클릭 후 Enter를 2번 누름

4 특수 문자를 입력하기 위하여 '학교' 앞에 커서를 위치시킨 후 Ctrl+F10을 누릅니다(=[입력] 탭에서 문자표(문자표) 단추를 클릭하고, [문자표]를 선택).

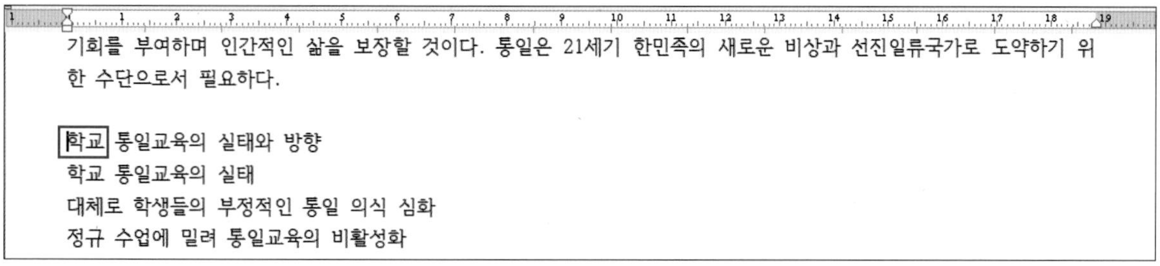

기회를 부여하며 인간적인 삶을 보장할 것이다. 통일은 21세기 한민족의 새로운 비상과 선진일류국가로 도약하기 위한 수단으로서 필요하다.

학교 통일교육의 실태와 방향
학교 통일교육의 실태
대체로 학생들의 부정적인 통일 의식 심화
정규 수업에 밀려 통일교육의 비활성화

5 [문자표 입력] 대화 상자의 [한글(HNC) 문자표] 탭에서 전각 기호(일반)에 있는 특수 문자(♣)를 선택하고, [넣기] 버튼을 클릭합니다.

6 문자표가 입력되면 [SpaceBar]를 눌러 한 칸을 띄우고, 표 제목에도 동일한 문자표를 입력(삽입)합니다.

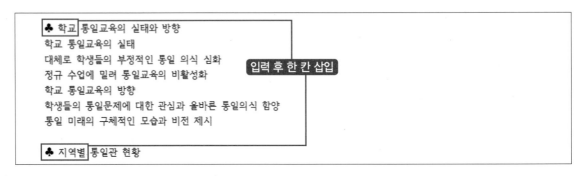

> **Tip** 삽입과 수정([Insert])
>
> • 삽입 : 문서 중간에 새로운 내용이나 공백, 띄어쓰기 등을 추가할 수 있는 상태로 [SpaceBar]를 누르면 커서 위치에 공백이 삽입됩니다.
> • 수정 : 새로운 내용을 입력하면 기존 내용이 지워지면서 입력되는 상태로 [SpaceBar]를 누르면 커서 위치의 문자가 삭제됩니다.

7 본문의 소제목을 블록 지정한 후 서식 도구 상자에서 글꼴은 '궁서', 글자 크기는 '18'을 각각 지정합니다.

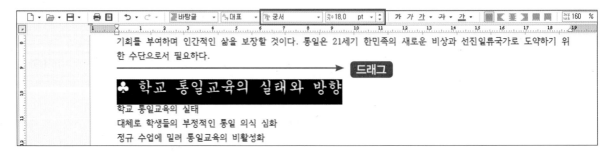

8 임의의 위치를 클릭하여 블록을 해제한 후 다시 해당 내용(학교 통일교육의 실태와 방향)만을 블록 지정하고, [편집] 탭에서 글자 모양( ) 단추를 클릭합니다.

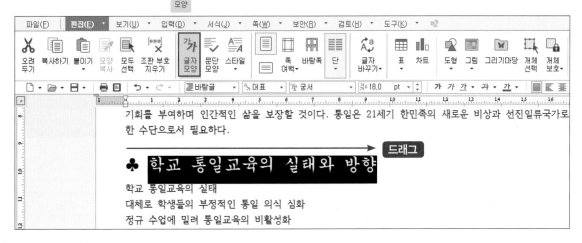

9 [글자 모양] 대화 상자의 [기본] 탭에서 글자 색은 '하양', 음영 색은 '파랑'을 각각 지정하고, [설정] 버튼을 클릭합니다.

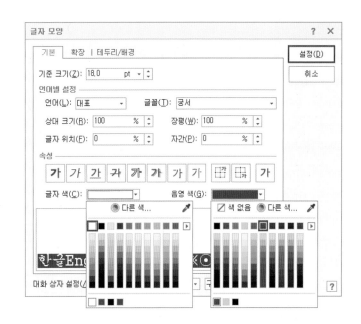

10 문단 번호를 지정하기 위하여 해당 문단을 블록 지정한 후 마우스 오른쪽 버튼을 클릭하고, [문단 번호 모양]을 선택합니다.

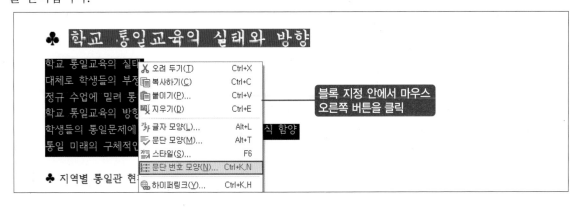

11 [문단 번호/글머리표] 대화 상자의 [문단 번호] 탭에서 ≪출력형태≫와 비슷한 문단 번호 모양을 선택하고, [사용자 정의] 버튼을 클릭합니다.

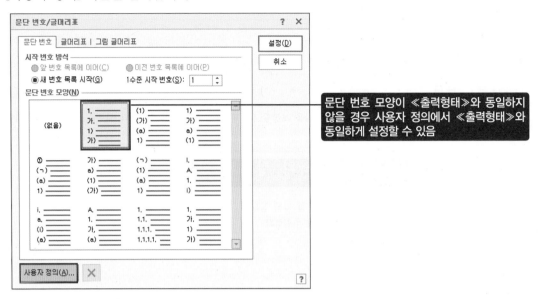

12 [문단 번호 사용자 정의 모양] 대화 상자에서 수준은 '1 수준', 번호 모양은 '가,나,다', 너비 조정은 '20', 정렬은 '오른쪽'을 각각 지정하고, [설정] 버튼을 클릭합니다.

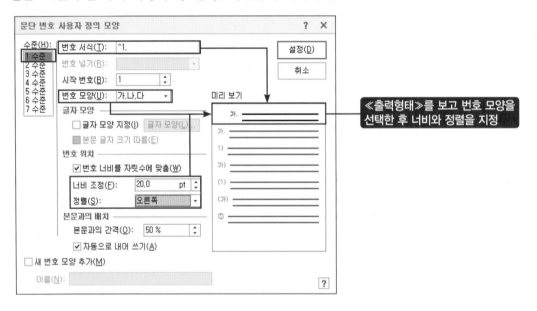

13 다시 [문단 번호/글머리표] 대화 상자가 나타나면 [사용자 정의] 버튼을 클릭합니다.

14 [문단 번호 사용자 정의 모양] 대화 상자에서 수준은 '2 수준', 번호 모양은 'ㄱ,ㄴ,ㄷ', 너비 조정은 '30', 정렬은 '오른쪽'을 각각 지정하고, [설정] 버튼을 클릭합니다.

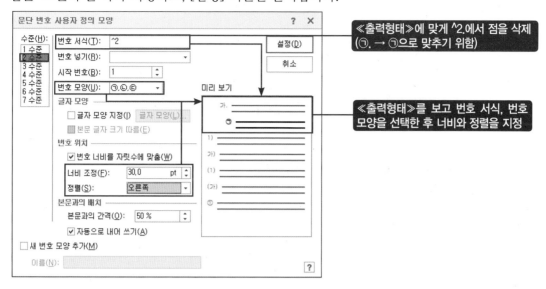

15 다시 [문단 번호/글머리표] 대화 상자가 나타나면 사용자 정의에서 설정한 문단 번호 모양을 확인하고, [설정] 버튼을 클릭합니다.

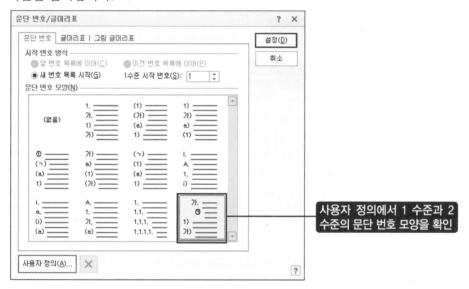

16 문단 번호가 적용되면 한 수준을 감소시키기 위하여 해당 부분을 블록 지정한 후 [서식] 탭에서 한 수준 감소(🔽) 단추를 클릭합니다.

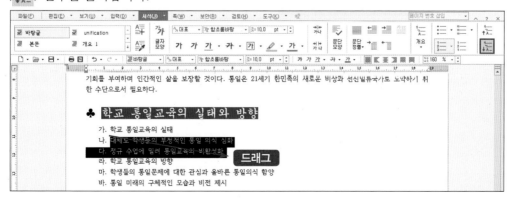

17 동일한 방법으로 나머지 부분도 한 수준을 감소시킵니다.

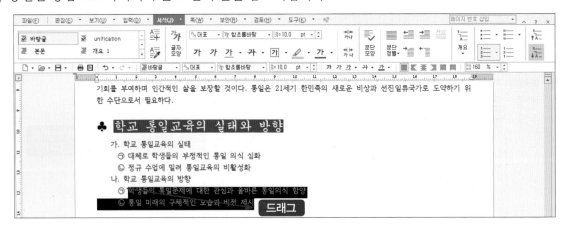

18 줄 간격을 지정하기 위하여 전체를 블록 지정한 후 서식 도구 상자에서 줄 간격을 '180'으로 선택합니다.

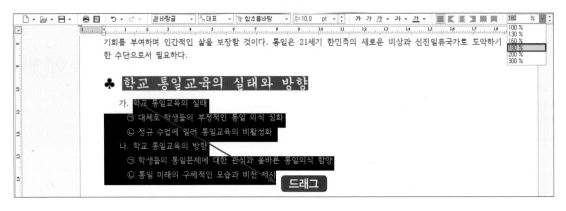

유형잡기 05 표 제목과 표 편집하기

1 표의 소제목을 블록 지정한 후 서식 도구 상자에서 글꼴은 '궁서', 글자 크기는 '18'을 각각 지정합니다.

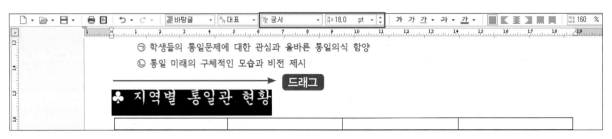

2 임의의 위치를 클릭하여 블록을 해제한 후 다시 해당 내용(지역별 통일관 현황)만을 블록 지정하고, 서식 도구 상자에서 속성은 '기울임'을 지정합니다.

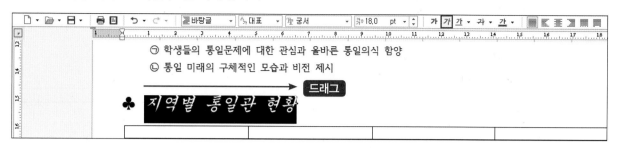

3 다시 블록을 해제한 후 해당 내용(지역별)만을 블록 지정하고, [편집] 탭에서 글자 모양( ) 단추를 클릭합니다.

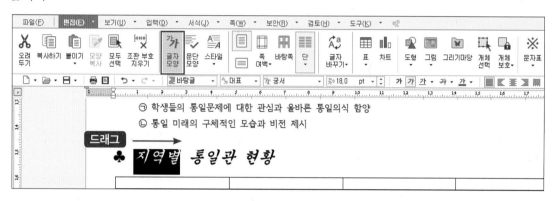

4 [글자 모양] 대화 상자의 [확장] 탭에서 해당 강조점을 선택하고, [설정] 버튼을 클릭합니다.

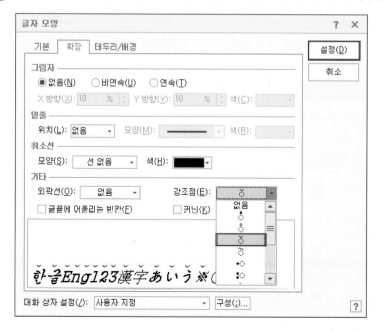

5 동일한 방법으로 표 제목의 '현황'에도 강조점을 지정합니다.

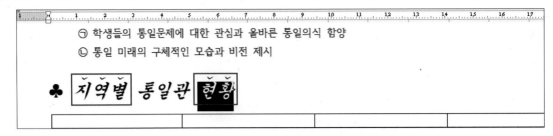

6 표에서 해당 부분을 블록 지정한 후 [표] 탭에서 셀 합치기(⊞) 단추를 클릭합니다(=Ⓜ).

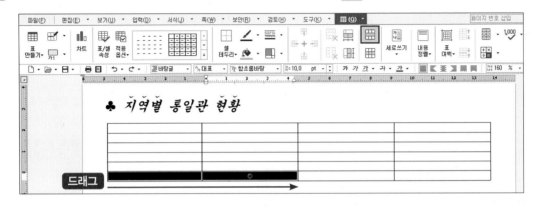

7 동일한 방법으로 표의 해당 부분에도 셀 합치기를 지정합니다.

8 ≪출력형태≫를 보고 표 안에 주어진 내용을 입력합니다.

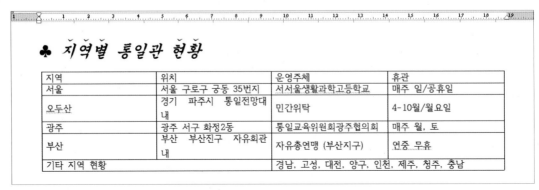

♣ 지역별 통일관 현황

지역	위치	운영주체	휴관
서울	서울 구로구 궁동 35번지	서서울생활과학고등학교	매주 일/공휴일
오두산	경기 파주시 통일전망대 내	민간위탁	4-10월/월요일
광주	광주 서구 화정2동	통일교육위원회광주협의회	매주 월, 토
부산	부산 부산진구 자유회관 내	자유총연맹 (부산지구)	연중 무휴
기타 지역 현황		경남, 고성, 대전, 양구, 인천, 제주, 청주, 충남	

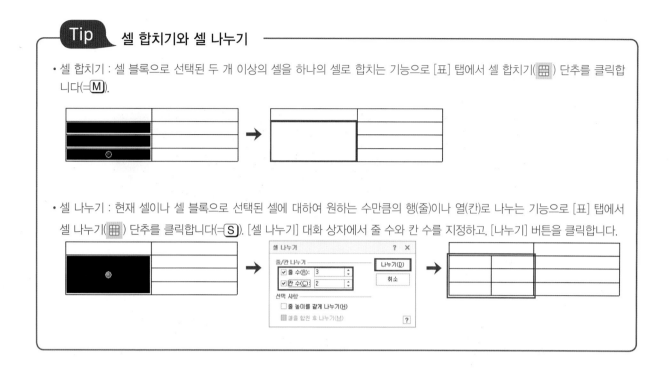

Tip　셀 합치기와 셀 나누기

- 셀 합치기 : 셀 블록으로 선택된 두 개 이상의 셀을 하나의 셀로 합치는 기능으로 [표] 탭에서 셀 합치기(⊞) 단추를 클릭합니다(=M).

- 셀 나누기 : 현재 셀이나 셀 블록으로 선택된 셀에 대하여 원하는 수만큼의 행(줄)이나 열(칸)로 나누는 기능으로 [표] 탭에서 셀 나누기(⊞) 단추를 클릭합니다(=S). [셀 나누기] 대화 상자에서 줄 수와 칸 수를 지정하고, [나누기] 버튼을 클릭합니다.

⑨ 표 전체를 블록 지정한 후 서식 도구 상자에서 글꼴은 '굴림', 글자 크기는 '10', 정렬 방식은 '가운데 정렬'을 각각 지정합니다.

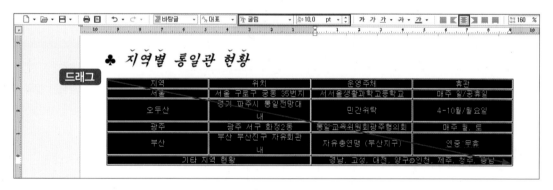

⑩ 블록을 해제한 후 열과 열 사이의 경계선을 드래그하여 ≪출력형태≫와 같이 각각의 열 너비를 조정합니다.

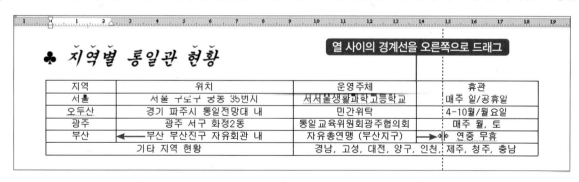

11 표의 행 높이를 변경하기 위하여 표 전체를 블록 지정한 후 Ctrl을 누른 상태에서 ↓을 두 번 누릅니다.

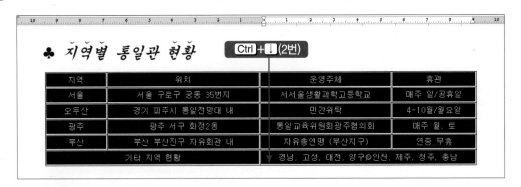

Tip 표의 크기 조절

• 해당 부분을 블록(F5) 지정한 후 Ctrl을 누른 상태에서 방향키(→, ←, ↑, ↓)를 누르면 표의 전체 크기가 조절됩니다.

Ctrl+→를 누름

• 해당 부분을 블록(F5) 지정한 후 Alt를 누른 상태에서 방향키(→, ←, ↑, ↓)를 누르면 블록 지정한 셀의 전체 크기가 조절됩니다.

Alt+→를 누름

• 해당 부분을 블록(F5) 지정한 후 Shift를 누른 상태에서 방향키(→, ←, ↑, ↓)를 누르면 블록 지정한 셀의 크기만 조절됩니다.

Shift+→를 누름

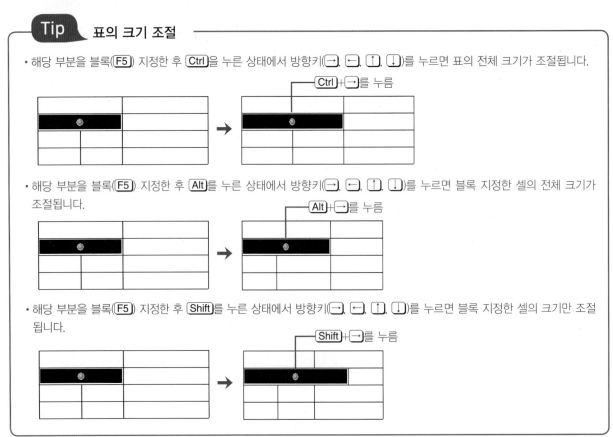

---

12 표 전체가 블록 지정된 상태에서 [표] 탭의 목록(▾) 단추를 클릭하고, [셀 테두리/배경]-[각 셀마다 적용]을 선택하거나 L을 누릅니다.

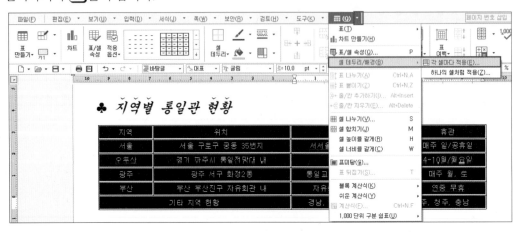

13 [셀 테두리/배경] 대화 상자의 [테두리] 탭에서 종류는 '이중 실선'과 '위/아래'를 선택하고, [설정] 버튼을 클릭합니다.

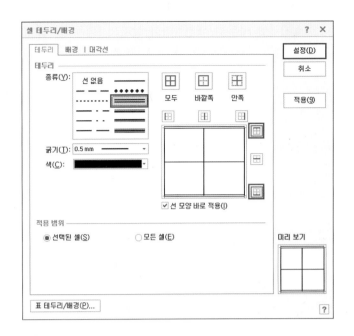

14 다시 한 번 [표] 탭의 목록(▼) 단추를 클릭하고, [셀 테두리/배경]-[각 셀마다 적용]을 선택한 후 [셀 테두리/배경] 대화 상자의 [테두리] 탭에서 종류는 '선 없음'과 '왼쪽/오른쪽'을 선택하고, [설정] 버튼을 클릭합니다.

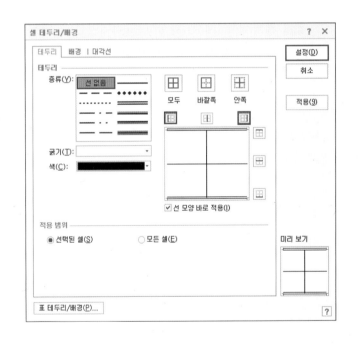

15 표의 첫 번째 행만을 블록 지정한 후 [표] 탭에서 목록(▼) 단추를 클릭하고, [셀 테두리/배경]-[각 셀마다 적용]을 선택합니다.

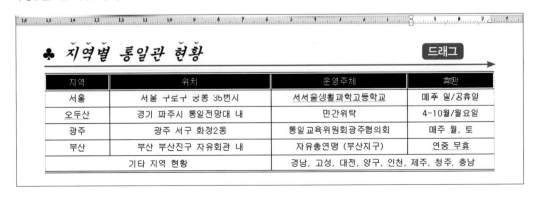

16 [셀 테두리/배경] 대화 상자의 [테두리] 탭에
서 종류는 '이중 실선'과 '아래'를 선택합니다.

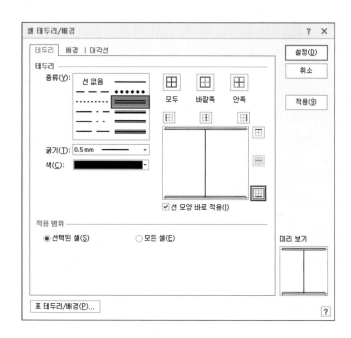

17 계속해서 [배경] 탭에서 '그러데이션'을 선택
한 후 시작 색은 '하양', 끝 색은 '노랑', 유형은
'수평'을 각각 지정하고, [설정] 버튼을 클릭합
니다.

미리 보기를 통해 결과를 확인할 수 있음

18 블록을 해제하기 위하여 ESC 를 누른 후 《출력형태》와 비교하여 틀린 부분이 없는지 확인합니다.

♣ 지역별 통일관 현황

지역	위치	운영주체	휴관
서울	서울 구로구 궁동 35번지	서서울생활과학고등학교	매주 일/공휴일
오두산	경기 파주시 통일전망대 내	민간위탁	4-10월/월요일
광주	광주 서구 화정2동	통일교육위원회광주협의회	매주 월, 토
부산	부산 부산진구 자유회관 내	자유총연맹 (부산지구)	연중 무휴
기타 지역 현황		경남, 고성, 대전, 양구, 인천, 제주, 청주, 충남	

1 문서의 맨 마지막 내용(통일교육 운영계획)을 블록 지정한 후 서식 도구 상자에서 정렬 방식을 '오른쪽 정렬'로 지정합니다.

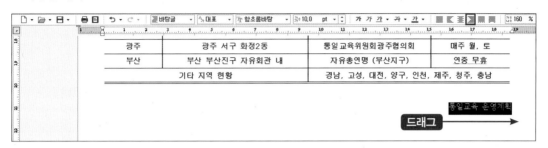

2 계속해서 [편집] 탭에서 글자 모양( ) 단추를 클릭합니다.

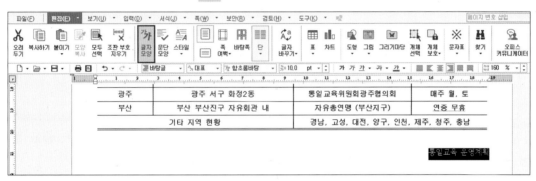

3 [글자 모양] 대화 상자의 [기본] 탭에서 기준 크기는 '24', 글꼴은 '돋움', 장평은 '105', 속성은 '진하게'를 각각 지정한 후 [설정] 버튼을 클릭합니다.

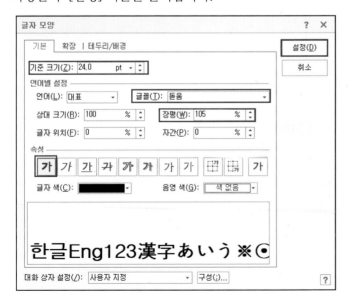

↓

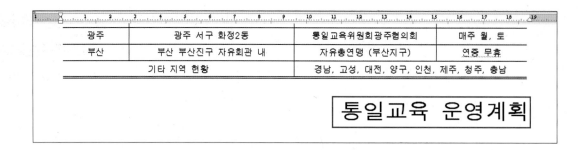

광주	광주 서구 화정2동	통일교육위원회광주협의회	매주 월, 토
부산	부산 부산진구 자유회관 내	자유총연맹 (부산지구)	연중 무휴
기타 지역 현황		경남, 고성, 대전, 양구, 인천, 제주, 청주, 충남	

4 문서에 쪽 번호를 삽입하기 위하여 [쪽] 탭에서 쪽 번호 매기기(쪽 번호 매기기) 단추를 클릭합니다.

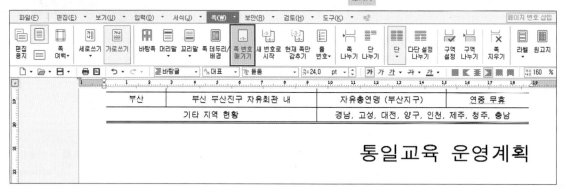

5 [쪽 번호 매기기] 대화 상자에서 번호 위치는 '오른쪽 아래', 번호 모양은 '①,②,③', 줄표 넣기는 '해제', 시작 번호는 '6'을 각각 지정하고, [넣기] 버튼을 클릭합니다.

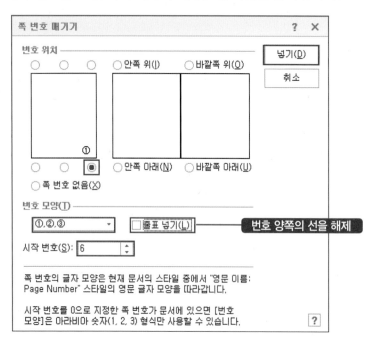

6 그 결과 ≪출력형태≫와 동일한 쪽 번호가 삽입됩니다.

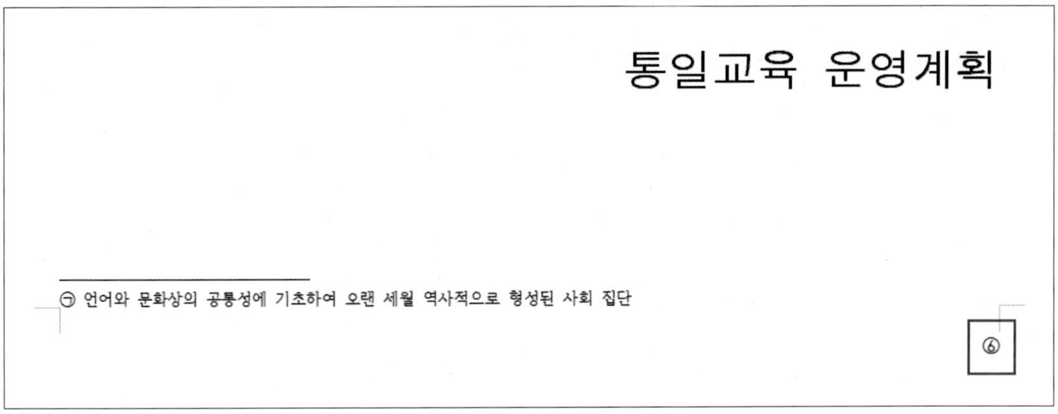

통일교육 운영계획

_____

㉠ 언어와 문화상의 공통성에 기초하여 오랜 세월 역사적으로 형성된 사회 집단

⑥

7 모든 작업이 완료되면 서식 도구 상자에서 저장(💾) 단추를 클릭하여 완성 파일을 저장합니다.

• 예제 파일 : 유형 분석 07₩유형 02_문제.hwp / • 완성 파일 : 유형 분석 07₩유형 02_완성.hwp

01 다음의 지시사항에 따라 ≪출력형태≫와 같이 문서를 작성하시오.

≪출력형태≫

글꼴 : 돋움, 18pt, 진하게, 가운데 정렬
책갈피 이름 : 평생학습
덧말 넣기

그림 위치(내 PC₩문서₩ITQ₩Picture₩그림4.jpg, 문서에 포함)
자르기 기능 이용, 크기(35mm×40mm), 바깥 여백 왼쪽 : 2mm

머리말 기능
굴림, 10pt, 오른쪽 정렬 → 평생학습권 보장

문단 첫 글자 장식 기능
글꼴 : 궁서, 면색 : 노랑

배움과 행복
대한민국 평생학습 박람회

각주

교육부는 사회관계 장관회의를 거쳐 '제4차 평생교육진흥 기본계획(2018~2022)'을 확정, 발표했다. 이번 기본계획은 전 국민의 평생학습권을 보장하기 위해 재직자, 고령자, 고졸취업자 등에 맞춤형 학습ⓐ을 지원(支援)하기로 했다. 재직자를 위해서는 유급휴가훈련 지원을 추진하고 고령자의 경우 제2의 인생설계를 위해 노인 적합 직종(職種)을 발굴 및 지원한다. 특히, 평생학습 장애요인 제거를 위해 한국형 온라인 공개강좌를 개선하기로 했다. 또한 지역 전문대학을 평생직업교육의 허브로 육성하는 계획도 함께 담겼다. 중등-고등 직업교육의 연계를 제도화하고, 전문대학의 교원과 시설을 활용해 지역기관과 연계한 취업 프로그램을 제공하며, 평생직업교육 기획을 전담하도록 기능 강화를 유도하기로 했다.

한편, 교육부는 제4차 평생교육진흥 기본계획의 홍보와 함께 전 국민의 평생학습에 대한 문화 확산과 관심 제고를 위해서 평생학습 박람회를 대규모로 개최하기로 하였다. 이번 박람회는 "100세 시대 평생학습, 배움과 행복"이라는 주제로 다양한 프로그램을 제공할 예정이다. 시청, 구청, 교육청, 평생교육기관, 평생학습동아리 등 100여 개의 기관이 참여할 예정이다.

■ **대한민국 평생학습 박람회 개요**

글꼴 : 굴림, 18pt, 흰색
음영색 : 빨강

　A. 주제 및 기간
　　1. 주제 : 100세 시대 평생학습, 배움과 행복
　　2. 기간 : 2019. 1. 17(목) - 1. 20(일)
　B. 주최 및 장소
　　1. 주최 : 교육부, 국가평생교육진흥원
　　2. 장소 : 세종 컨벤션홀

문단 번호 기능 사용
1수준 : 20pt, 오른쪽 정렬,
2수준 : 30pt, 오른쪽 정렬
줄 간격 : 180%

표 전체 글꼴 : 굴림, 10pt, 가운데 정렬
셀 배경(그러데이션) : 유형(왼쪽 대각선),
시작색(흰색), 끝색(노랑)

■ *대한민국 평생학습 박람회 주제*

글꼴 : 굴림, 18pt, 기울임, 강조점

일자	주제(프로그램)	비고
1월 17일(목)	100세 시대와 평생학습의 중요성	기타 자세한 사항은 진흥원 홈페이지를 참고하기 바랍니다.
1월 18일(금)	'배우는 기쁨, 커가는 즐거움' 울산 지역 사례 소개	
1월 19일(토)	평생학습 도전 골든벨	
	평생학습 동아리 공연	
1월 20일(일)	평생학습 체험 부스 운영	

글꼴 : 궁서, 24pt, 진하게
장평 90%, 오른쪽 정렬 → **국가평생교육진흥원**

각주 구분선 : 5cm

─────────────────
ⓐ 행동의 지속적인 변화를 일으키기 위하여 경험이나 연습을 습득하는 과정

쪽 번호 매기기
4로 시작 → iv

• 예제 파일 : 유형 분석 07₩유형 03_문제.hwp / • 완성 파일 : 유형 분석 07₩유형 03_완성.hwp

02 다음의 지시사항에 따라 ≪출력형태≫와 같이 문서를 작성하시오.

《출력형태》

글꼴 : 굴림, 18pt, 진하게, 가운데 정렬
책갈피 이름 : 행복
덧말 넣기

그림 위치(내 PC₩문서₩ITQ₩Picture₩그림4.jpg, 문서에 포함)
자르기 기능 이용, 크기(40mm×40mm), 바깥 여백 왼쪽 : 2mm

머리말 기능
돋움, 10pt, 오른쪽 정렬 → 행복지수

문단 첫 글자 장식 기능
글꼴 : 궁서, 면색 : 노랑

행복한 삶
한국인의 행복지수 제고

지난해 한국의 행복지수가 세계 156개국에서 57위로 조사됐다. 대부분의 국가는 행복의 기준을 국내총생산(GDP)이라는 숫자로 상징되는 부의 증가를 발전의 기준으로 삼는다. 그러나 우리나라는 급속한 경제 성장을 이루었음에도 불구하고 국민이 행복하다고 느끼는 순위가 경제 순위를 따라가지 못하고 있다. 경제 성장으로 의식주의 문제가 해결된 후부터 GDP는 사회의 행복을 나타내는 잣대로서의 기능을 상실하였다.

삶의 질 개선에 대한 관심과 요구가 커짐에 따라 포괄적인 경제행복지표로 국민의 경제적 행복감을 제대로 파악(把握)하는 과정이 필요해졌다. 양적 성장 일변도를 넘어서 모두가 행복한 사회를 만들어 나가기 위해 질적인 행복을 추구하는 기준과 정책 목표를 세워야 하는 것이다. 주관적인 단순 설문에 의존하는 행복 지표는 정책 결정에 활용(活用)하기가 어려우므로 이러한 단점을 극복하고 객관적인 경제행복도를 측정하기 위해 소비, 소득, 분배, 안정의 4개 부문을 고려한 경제행복도지수㉠를 활용할 수 있겠다. 4개 부문의 지표 수치를 실질화와 표준화 방식을 통해 변환한 후 개별 변수에 가중치를 부여하여 단일 지표를 산출할 수 있다.

각주

글꼴 : 궁서, 18pt, 흰색
음영색 : 파랑

■ 한국인의 행복지수

  i. 행복의 정의
    a. 생활에서 충분한 만족과 기쁨을 느끼는 상태
    b. 비극, 도전, 불행, 실패, 후회 등을 포괄하는 개념
  ii. 삶의 질과 행복의 측정
    a. 객관적 측정 : 외부에서 명시된 기준에 기하여 독립적으로 측정
    b. 주관적 측정 : 암시적인 기준에 의해 개인이 스스로 평가

문단 번호 기능 사용
1수준 : 20pt, 오른쪽 정렬,
2수준 : 30pt, 오른쪽 정렬
줄 간격 : 180%

■ 경제행복도지수의 구성

글꼴 : 궁서, 18pt, 기울임, 강조점

표 전체 글꼴 : 굴림, 10pt, 가운데 정렬
셀 배경(그러데이션) : 유형(수평),
시작색(흰색), 끝색(노랑)

부문	내용	분석	시사점	비고
소비	소비, 교양, 오락비 지출	양적 측면에서 개선	소비를 지속적으로 확대	질적인 행복을 추구하는 정책 목표 필요
소득	근로소득, 자산소득	양적 측면에서 개선	타 부문 향상의 기반	질적인 행복을 추구하는 정책 목표 필요
분배	소득 5분위 배율	분배 상황 악화가 행복도 개선 저해	분배 부문 개선 시급	질적인 행복을 추구하는 정책 목표 필요
안정	노후, 주거, 교육, 고용 불안	분배 상황 악화가 행복도 개선 저해	4대 불안 해결	질적인 행복을 추구하는 정책 목표 필요

글꼴 : 돋움, 24pt, 진하게
장평 105%, 오른쪽 정렬 → # 행복추구위원회

각주 구분선 : 5cm

㉠ 경제생활과 가계의 여러 변수를 고려한 삶의 질 향상 및 생활 만족도 지수

쪽 번호 매기기
5로 시작 → ⑤

• 예제 파일 : 유형 분석 07₩유형 04_문제.hwp / • 완성 파일 : 유형 분석 07₩유형 04_완성.hwp

03 다음의 지시사항에 따라 ≪출력형태≫와 같이 문서를 작성하시오.

《출력형태》

> 글꼴 : 굴림, 18pt, 진하게, 가운데 정렬
> 책갈피 이름 : 백제
> 덧말 넣기

> 그림 위치(내 PC₩문서₩ITQ₩Picture₩그림5.jpg, 문서에 포함)
> 자르기 기능 이용, 크기(40mm×40mm), 바깥 여백 왼쪽 : 2mm

> 머리말 기능
> 돋움, 10pt, 오른쪽 정렬

백제의 문화

> 문단 첫 글자 장식 기능
> 글꼴 : 궁서, 면색 : 노랑

백제의 기상과 예술
함께 소통하고, 나누는 백제문화제

올 해로 66회째를 맞이하는 백제문화제는 진취적인 기상으로 찬란한 문화를 꽃피웠던 고대 왕국 백제의 역사와 예술혼을 만날 수 있는 세계적인 역사문화축제이다. 1955년 민간 주도로 백제대제집행위원회를 조직(組織)하여 제1회 백제대제를 개최해 삼충제A와 삼천궁녀위령제(수륙제), 궁술(궁도), 배구, 농악, 그네 대회 등이 진행되었으며 공주 지역의 공주향교에서는 백제 5대 왕 추모제와 고흥박사 추모제가 열렸다. 〔각주〕

지금의 명칭인 백제문화제는 1965년 제11회를 맞이하면서 확정(確定)되었다. 1957년 제3회 때 백제대제에서 백제제로, 1962년 제8회 때 백제충렬제로, 1964년 제10회 때 다시 백제제로, 그리고 이듬해에 지금의 백제문화제로 개칭되어 오늘에 이르렀다. 1966년 제12회 행사는 최초로 공주에서 부여로 성화를 봉송해 오면서 두 시역에서 동시에 개최되었으며, 1996년 제42회 때는 일본, 중국, 러시아 등 주변국 자치단체장이 처음으로 참석하였다. 2007년 제53회는 내국인 116만 명, 외국인 10만 명 등 총 126만 명의 관람객을 유치하여 353억 원의 경제 효과를 거두기도 하였다. 2015년 7월 세계유산에 등재된 백제역사유적지구의 실경을 배경으로 펼쳐지는 백제문화제의 예스러운 멋과 흥겨움에 빠져보길 바란다.

★ 문화제 개요

> 글꼴 : 돋움, 18pt, 흰색
> 음영색 : 파랑

I. 축제명 및 장소
  A. 축제명 : 제66회 백제문화제
  B. 장소 : 충청남도 부여군, 공주시, 논산시 일원
II. 주제 및 부제
  A. 주제 : 1,400년 전 대백제의 부활
  B. 부제 : 백제의 춤과 음악, 미마지(백제의 무용가)의 부활

> 문단 번호 기능 사용
> 1수준 : 20pt, 오른쪽 정렬,
> 2수준 : 30pt, 오른쪽 정렬
> 줄 간격 : 180%

> 표 전체 글꼴 : 돋움, 10pt, 가운데 정렬
> 셀 배경(그러데이션) : 유형(수평),
> 시작색(흰색), 끝색(노랑)

★ *문화제 상설프로그램(공주)*

> 글꼴 : 돋움, 18pt, 기울임, 강조점

구분	행사명	장소
체험	백제 기마문화체험, 백제고마촌 저잣거리, 잃어버린 유물을 찾아라	금강 미르섬
	웅진성의 하루	공산성 성안마을
	고마 열차운행(3,000원/30분 간격)	연문광장
전시	백제에서 공주까지 그리다	웅진백제역사관
	고마곰과 떠나는 공주여행	금강 신관공원
	빛과 이야기가 있는 백제등불향연, 미르섬 날다! 백제별빛정원	금강, 미르섬

> 글꼴 : 궁서, 24pt, 진하게
> 장평 110%, 오른쪽 정렬

백제문화제추진위

> 각주 구분선 : 5cm

A 백제의 충신인 성충, 흥수, 계백의 충절을 기리는 제례

> 쪽 번호 매기기
> 5로 시작

⑤

• 예제 파일 : 유형 분석 07₩유형 05_문제.hwp / • 완성 파일 : 유형 분석 07₩유형 05_완성.hwp

04 다음의 지시사항에 따라 ≪출력형태≫와 같이 문서를 작성하시오.

≪출력형태≫

글꼴 : 돋움, 18pt, 진하게, 가운데 정렬
책갈피 이름 : 주차
덧말 넣기

그림 위치(내 PC₩문서₩ITQ₩Picture₩그림5.jpg, 문서에 포함)
자르기 기능 이용, 크기(40mm×40mm), 바깥 여백 왼쪽 : 2mm

주차장 관리법

머리말 기능
굴림, 10pt, 오른쪽 정렬

문단 첫 글자 장식 기능
글꼴 : 궁서, 면색 : 노랑

주차장의 정의
주차장법에 의한 주차장 관리

주차장이란 자동차의 주차를 위한 시설로서 노상주차장, 노외주차장, 부설주차장 가운데 하나에 해당하는 종류를 말한다. 노상주차장은 도로의 노면 또는 교통광장(交通廣場)의 일정한 구역에 설치된 주차장으로서 일반의 이용에 제공되는 것을 말한다. 노외주차장은 도로의 노면 및 교통광장 외의 장소에 설치된 주차장으로서 일반의 이용에 제공되는 것을 말한다. 부설주차장은 건축물, 골프 연습장, 그 밖에 주차 수요를 유발하는 시설에 부대하여 설치된 주차장으로서 해당 건축물 및 시설의 이용자 또는 일반의 이용에 제공되는 것을 말한다. 기계식 주차장은 기계식 주차 장치를 설치한 노외주차장 및 부설주차장을 말한다.

특별자치도지사, 시장, 군수 또는 구청장은 주차장의 설치(設置) 및 관리를 위한 기초 자료로 활용하기 위하여 행정구역, 용도지역, 용도지구 등을 종합적으로 고려한 조사구역을 정하여 정기적으로 조사구역별 주차장 수급 실태를 조사해야 한다. 실태 조사 결과 주차장 확보율이 해당 지방자치단체의 조례로 정하는 비율 이하인 조사구역에 대해서는 주차난 완화와 교통의 원활한 소통을 위하여 주차환경개선지구㉮로 지정할 수 있다.

각주

◆ 주차장 관련 용어 정의

글꼴 : 돋움, 18pt, 흰색
음영색 : 빨강

① 주차와 정차

(ㄱ) 주차 : 차를 정지 상태나 운전할 수 없는 상태로 두는 것

(ㄴ) 정차 : 5분 이내 동안 차를 정지시키는 것

② 도로와 주차단위구획

(ㄱ) 도로 : 자동차가 통행할 수 있는 도로

(ㄴ) 주차단위구획 : 자동차 1대를 주차할 수 있는 구획

문단 번호 기능 사용
1수준 : 20pt, 오른쪽 정렬,
2수준 : 30pt, 오른쪽 정렬
줄 간격 : 180%

표 전체 글꼴 : 굴림, 10pt, 가운데 정렬
셀 배경(그러데이션) : 유형(오른쪽 대각선),
시작색(흰색), 끝색(노랑)

◆ 교통안전교육

글꼴 : 돋움, 18pt, 밑줄, 강조점

항목	교통안전교육	취소자 안전교육
교육대상	운전면허를 취득하고자 하는 사람	면허 취소 후 재취득하고자 하는 사람
교육시간	학과시험 전까지 1시간	학과시험 전까지 6시간
교육장소	면허시험장 내 교육장에서 교육 가능	도로교통공단 교육장소 및 면허시험장 내 교육장
교육내용	시청각교육	취소사유별 법규반, 음주반

글꼴 : 궁서, 24pt, 진하게
장평 105%, 오른쪽 정렬

주차장 관련 법규

각주 구분선 : 5cm

㉮ 시장, 군수, 구청장이 지정 및 관리 계획을 수립하여 결정

쪽 번호 매기기
4로 시작
→ D

• 예제 파일 : 유형 분석 07₩유형 06_문제.hwp / • 완성 파일 : 유형 분석 07₩유형 06_완성.hwp

05 다음의 지시사항에 따라 ≪출력형태≫와 같이 문서를 작성하시오.

≪출력형태≫

글꼴 : 궁서, 18pt, 진하게, 가운데 정렬
책갈피 이름 : 보안
덧말 넣기

그림 위치(내 PC₩문서₩ITQ₩Picture₩그림4.jpg, 문서에 포함)
자르기 기능 이용, 크기(40mm×35mm), 바깥 여백 왼쪽 : 2mm

인터넷 보호나라

머리말 기능
굴림, 10pt, 오른쪽 정렬

문단 첫 글자 장식 기능
글꼴 : 돋움, 면색 : 노랑

사이버위협
가상통화 거래소 해킹 사고

지 난해 가상통화 관련 문제가 최고의 이슈가 되었다. 국내(國內) 가상통화거래소 해킹으로 인한 파산, 정보유출 등 각종 사고가 지속적으로 발생하였고, 각 언론보도를 통해 끊임없이 언급되었다. 또한 자율주행차 등 사물인터넷 관련 사이버 이슈들도 지속적으로 언론에 보도되었으며, 해외에서는 에퀴팩스 개인정보 유출 사고 관련 이슈 등이 보도되었다. 가상통화는 그 자체의 이슈뿐만 아니라 랜섬웨어, 채굴형 악성코드 등과 결합하여 지능화되고 있는 사이버 범죄 세계의 새로운 수익 모델이 되고 있다. 이에 따라 국회 공청회 등에서 법 제정을 위한 논의가 본격적으로 시작되었다.

　정보 수집량이 증가하면서 사이버 위협이 확산되고 이를 효과적으로 처리하기 위해선 인공지능기술이 절대적(絶對的)으로 필요한 상황이다. 일반적으로 인공지능기술을 위해서는 데이터모델, 프로세싱 파워, 빅데이터 등 3가지 요소가 필요하다. 이 중에서도 빅데이터, 즉 관련 데이터가 대량으로 필요한데 하나의 기관 데이터 뿐 아니라 타 기관들의 데이터도 필요하게 된다. 따라서 인공지능ⓐ의 정확도를 높이기 위해서는 데이터 공유가 꼭 필요하고 이를 어떻게 해결하느냐가 관건이다.

각주

♣ **랜섬웨어 감염경로 및 대책**

글꼴 : 굴림, 18pt, 흰색
음영색 : 빨강

　I) 신뢰할 수 없는 사이트
　　(i) 단순한 홈페이지 방문만으로도 감염
　　(ii) 주로 드라이브 바이 다운로드 기법을 통해 유포
　II) 스팸메일 및 스피어피싱
　　(i) 출처가 불분명한 e-mail을 통한 파일, 주소 링크
　　(ii) 첨부파일 실행 또는 주소 링크 클릭에 주의가 필요

문단 번호 기능 사용
1수준 : 20pt, 오른쪽 정렬,
2수준 : 30pt, 오른쪽 정렬
줄 간격 : 180%

표 전체 글꼴 : 돋움, 10pt, 가운데 정렬
셀 배경(그러데이션) : 유형(수평),
시작색(흰색), 끝색(노랑)

♣ *정보보호지원센터 구축현황*

글꼴 : 굴림, 18pt, 기울임, 강조점

센터명	구축시기	위치	관할지역
대구센터	2014년 12월	대구광역시 북구 연암로	대구, 경북
호남센터		광주광역시 서구 양동	광주, 전남, 전북, 제주
중부센터	2015년 08월	청주시 청원구 오창읍	충북, 충남, 대전, 강원
동남센터		부산광역시 해운대구 센터중앙로	부산, 경남
경기센터	2016년 10월	성남시 수정구 대왕판교로	경기

글꼴 : 돋움, 24pt, 진하게
장평 110%, 오른쪽 정렬

한국인터넷진흥원

각주 구분선 : 5cm

　ⓐ 인간의 학습, 추론, 지각 및 자연언어의 이해능력 등을 컴퓨터 프로그램으로 실현한 기술

쪽 번호 매기기
5로 시작 → ⑤

• 예제 파일 : 유형 분석 07₩유형 07_문제.hwp / • 완성 파일 : 유형 분석 07₩유형 07_완성.hwp

06 다음의 지시사항에 따라 ≪출력형태≫와 같이 문서를 작성하시오.

≪출력형태≫

글꼴 : 돋움, 18pt, 진하게, 가운데 정렬
책갈피 이름 : 건축
덧말 넣기

그림 위치(내 PC₩문서₩ITQ₩Picture₩그림4.jpg, 문서에 포함)
자르기 기능 이용, 크기(40mm×35mm), 바깥 여백 왼쪽 : 2mm

건축철학

머리말 기능
굴림, 10pt, 오른쪽 정렬

문단 첫 글자 장식 기능
글꼴 : 궁서, 면색 : 노랑

건축과 예술
철학이 있는 건축

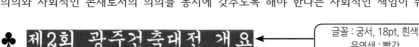

건축이란 사람이나 물품, 기계 설비 등을 수용하기 위한 구축물의 총칭으로 용도라는 목적성에 적합해야 하며 적절한 재료로 가장 합리적인 형식을 취하여 안전하게 이룩되어야 한다. 그 요소로는 예술적 감흥을 목표(目標)로 하는 공간 형태, 진실하고도 견실한 구조 기술, 편리성과 유용성으로서의 기능을 들 수 있다.

건축은 인간의 여러 가지 생활을 담기 위한 기술과 구조 및 기능을 수단(手段)으로 하여 이루어지는 공간 예술이다. 건축의 본질은 쾌적하고도 안전한 생활을 영위하기 위한 기술적인 전개와 함께 공간 자체가 예술적인 감흥을 가진 창조성의 의미를 가진다. 이 공간 예술을 다루는 작가, 즉 건축가의 입장에서 건축의 공간은 실용적 대상이자 3차원의 지각적 대상이며 자기 인식의 실존적 대상이라 할 수 있을 것이다. 궁극적으로 건축은 공공 예술의 성격을 가지고 있으므로 항시 사회 문화적인 존재로 생각되어야 한다. 이런 의미에서 건축은 건축주의 소유가 아니며 건축가 자신의 것도 아닌 역사와 사회의 것임을 인식할 필요가 있다. 건축은 그 수명이 몇 세기에 걸쳐 유지될 수 있는 역사적 대상이며 이로써 건축은 개체ⓐ적인 존재의 의의와 사회적인 존재로서의 의의를 동시에 갖추도록 해야 한다는 사회적인 책임이 뒤따르는 것이다.

각주

♣ **제2회 광주건축대전 개요**

글꼴 : 궁서, 18pt, 흰색
음영색 : 빨강

(ㄱ) 일반 공모전

(1) 주제 : 공유/공리(공유된 가치, 공동의 이익)

(2) 참가자격 : 전공생, 전공자 1인 1작

(ㄴ) 아이디어 공모전

(1) 주제 : 일상에서 접하는 공간을 새롭게 디자인

(2) 참가자격 : 아이디어를 가진 누구나 1인 1작

문단 번호 기능 사용
1수준 : 20pt, 오른쪽 정렬,
2수준 : 30pt, 오른쪽 정렬
줄 간격 : 180%

표 전체 글꼴 : 돋움, 10pt, 가운데 정렬
셀 배경(그러데이션) : 유형(가운데에서),
시작색(흰색), 끝색(노랑)

♣ *협회 주관 주요 건축문화제*

글꼴 : 궁서, 18pt, 기울임, 강조점

구분	행사명	내용
대한민국 건축대전	일반 공모전	국내 최대의 건축공모전으로써 신인 건축가들의 등용문
	올해의 건축가 100인	건축 철학이 담긴 수준 높은 작품과 새로운 건축의 패러다임 전시
건축특별상	초평건축상	건축 문화 발전에 크게 기여했거나 한국건축발전에 공이 큰 자에게 수여
	아천건축상	한국적 조화미가 돋보이는 작품을 설계한 건축가에게 수여
	양님희생건축싱	협회 전 회장인 양남 치창규 선생이 기증한 기금으로 운영

글꼴 : 굴림, 24pt, 진하게
장평 90%, 오른쪽 정렬

한국건축가협회

각주 구분선 : 5cm

ⓐ 전체나 집단에 상대하여 하나하나의 낱개를 이르는 말

쪽 번호 매기기
4로 시작
→ ④

PART 02

Information Technology Qualification

실전모의고사

제 01 회 실전모의고사 　한컴오피스

과목	코드	문제유형	시험시간	수험번호	성명
아래한글	1111	A	60분		

수험자 유의사항

- 수험자는 문제지를 받는 즉시 문제지와 **수험표상의 시험과목(프로그램)이 동일한지 반드시 확인**하여야 합니다.
- 파일명은 본인의 "수험번호-성명"으로 입력하여 답안폴더(내 PC₩문서₩ITQ)에 하나의 파일로 저장해야 하며, 답안문서 파일명이 "수험번호-성명"과 일치하지 않거나, 답안파일을 전송하지 않아 미제출로 처리될 경우 실격 처리합니다(예 : 12345678-홍길동.hwp).
- 답안 작성을 마치면 파일을 저장하고, '답안 전송' 버튼을 선택하여 감독위원 PC로 답안을 전송하십시오. 수험생 정보와 저장한 파일명이 다를 경우 전송되지 않으므로 주의하시기 바랍니다.
- 답안 작성 중에도 **주기적으로 저장하고, '답안 전송'**하여야 문제 발생을 줄일 수 있습니다. 작업한 내용을 저장하지 않고 전송할 경우 이전에 저장된 내용이 전송되니 이점 유의하시기 바랍니다.
- 답안문서는 지정된 경로 외의 다른 보조기억장치에 저장하는 경우, 지정된 시험 시간 외에 작성된 파일을 활용할 경우, 기타 통신수단(이메일, 메신저, 네트워크 등)을 이용하여 타인에게 전달 또는 외부 반출하는 경우는 부정 처리합니다.
- 시험 중 부주의 또는 고의로 시스템을 파손한 경우는 수험자가 변상해야 하며, 〈수험자 유의사항〉에 기재된 방법대로 이행하지 않아 생기는 불이익은 수험생 당사자의 책임임을 알려 드립니다.
- 문제의 조건은 한컴오피스 NEO(2016) 버전으로 설정되어 있으니 유의하시기 바랍니다.
- 시험을 완료한 수험자는 답안파일이 전송되었는지 확인한 후 감독위원의 지시에 따라 문제지를 제출하고 퇴실합니다.

답안 작성요령

- **온라인 답안 작성 절차**

  수험자 등록 ⇒ 시험 시작 ⇒ 답안파일 저장 ⇒ 답안 전송 ⇒ 시험 종료

- **공통 부문**
  - 글꼴에 대한 기본설정은 함초롬바탕, 10포인트, 검정, 줄간격 160%, 양쪽정렬로 합니다.
  - 색상은 조건의 색을 적용하고 색의 구분이 안 될 경우에는 RGB 값을 적용하십시오.
    (빨강 255,0,0 / 파랑 0,0,255 / 노랑 255,255,0).
  - 각 문항에 주어진 ≪조건≫에 따라 작성하고 언급하지 않은 조건은 ≪출력형태≫와 같이 작성합니다.
  - 용지여백은 왼쪽 · 오른쪽 11㎜, 위쪽 · 아래쪽 · 머리말 · 꼬리말 10㎜, 제본 0㎜로 합니다.
  - 그림 삽입 문제의 경우 「내 PC₩문서₩ITQ₩Picture」 폴더에서 지정된 파일을 선택하여 삽입하십시오.
  - 삽입한 그림은 반드시 문서에 포함하여 저장해야 합니다(미포함 시 감점 처리).
  - 각 항목은 지정된 페이지에 출력형태와 같이 정확히 작성하시기 바라며, 그렇지 않을 경우에 해당 항목은 0점 처리됩니다.
    - ※ 페이지구분 : 1페이지 - 기능평가 I (문제번호 표시 : 1. 2.),
      2페이지 - 기능평가 II (문제번호 표시 : 3. 4.),
      3페이지 - 문서작성 능력평가

- **기능평가**
  - 문제와 ≪조건≫은 입력하지 않으며 문제번호와 답(≪출력형태≫)만 작성합니다.
  - 1번 문제는 묶기를 했을 경우 0점 처리됩니다.

- **문서작성 능력평가**
  - A4 용지(210㎜×297㎜) 1매 크기, 세로 서식 문서로 작성합니다.
  - ☐ 표시는 문서작성에 대한 지시사항이므로 작성하지 않습니다.

1. 다음의 ≪조건≫에 따라 스타일 기능을 적용하여 ≪출력형태≫와 같이 작성하시오. (50점)

≪조건≫　(1) 스타일 이름 – career
　　　　　(2) 문단 모양 – 왼쪽 여백 : 15pt, 문단 아래 간격 : 10pt
　　　　　(3) 글자 모양 – 글꼴 : 한글(굴림)/영문(돋움), 크기 : 10pt, 장평 : 95%, 자간 : 5%

≪출력형태≫

Career describes an individuals' journey through learning, work and other aspects of life. There are a number of ways to the term is used in a variety of ways.

진로는 학습, 업무, 그리고 인생의 다른 측면을 통한 개인의 여행으로 묘사합니다. 진로는 수많은 방법으로 정의하고 있으며 용어는 다양한 방법으로 사용되고 있습니다.

2. 다음의 ≪조건≫에 따라 ≪출력형태≫와 같이 표와 차트를 작성하시오. (100점)

≪표 조건≫　(1) 표 전체(표, 캡션) – 굴림, 10pt
　　　　　　(2) 정렬 – 문자 : 가운데 정렬, 숫자 : 오른쪽 정렬
　　　　　　(3) 셀 배경(면색) : 노랑
　　　　　　(4) 한글의 계산 기능을 이용하여 빈칸에 평균(소수점 두 자리)을 구하고, 캡션 기능 사용할 것
　　　　　　(5) 선 모양은 ≪출력형태≫와 동일하게 처리할 것

≪출력형태≫

청소년 진로캠프 참가 현황(단위 : 백 명)

구분	2014년	2015년	2016년	2017년	평균
서울	654	1,021	1,183	1,230	
대전	594	1,085	934	1,231	
부산	548	954	874	892	
경기	687	897	846	694	✕

≪차트 조건≫　(1) 차트 데이터는 표 내용에서 연도별 서울, 대전, 부산의 값만 이용할 것
　　　　　　　(2) 종류 – 〈묶은 세로 막대형〉으로 작업할 것
　　　　　　　(3) 제목 – 돋움, 진하게, 12pt, 배경 – 선 모양(한 줄로), 그림자(2pt)
　　　　　　　(4) 제목 이외의 전체 글꼴 – 돋움, 보통, 10pt
　　　　　　　(5) 축제목과 범례는 ≪출력형태≫와 동일하게 처리할 것

≪출력형태≫

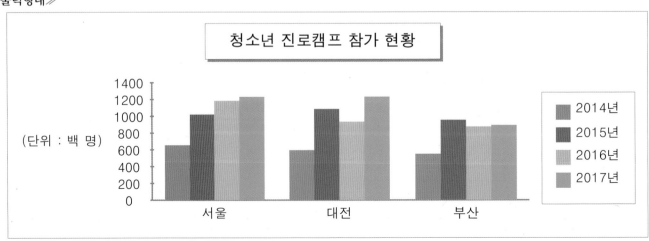

3. 다음 (1), (2)의 수식을 수식 편집기로 각각 입력하시오. (40점)

≪출력형태≫

(1)　$\int_0^3 \dfrac{\sqrt{6t^2 - 18t + 12}}{5}\,dt = 11$

(2)　$Q = \dfrac{F}{h^2} = \dfrac{1}{3}\dfrac{N}{h^3}m\overline{g^2}$

4. 다음의 ≪조건≫에 따라 ≪출력형태≫와 같이 문서를 작성하시오. (110점)

≪조건≫

(1) 그리기 도구를 이용하여 작성하고, 모든 도형(글맵시, 지정된 그림 포함)을 ≪출력형태≫와 같이 작성하시오.

(2) 도형의 면색은 지시사항이 없으면 색 없음을 제외하고 서로 다르게 임의로 지정하시오.

≪출력형태≫

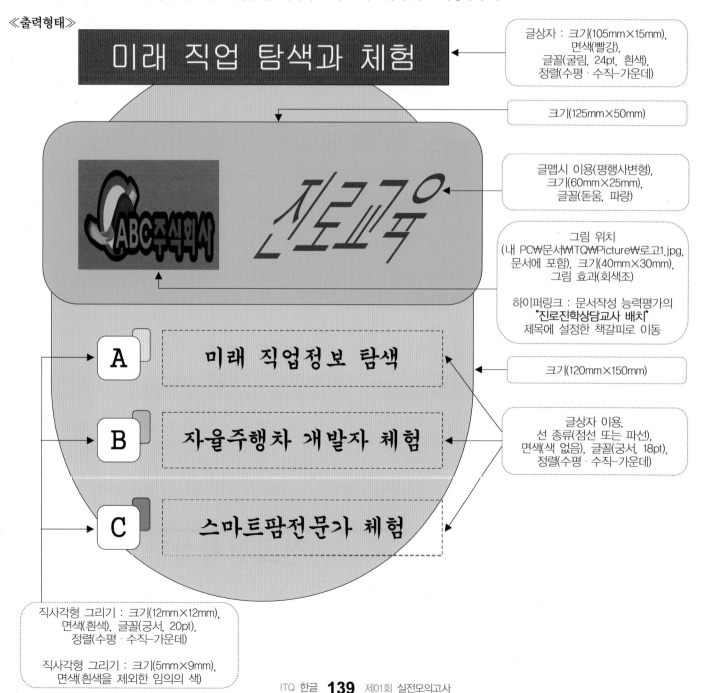

글꼴 : 돋움, 18pt, 진하게, 가운데 정렬
책갈피 이름 : 진로
덧말 넣기

머리말 기능
굴림, 10pt, 오른쪽 정렬 → 진로교육

꿈을 만드는 청소년을 위한
진로진학상담교사 배치

문단 첫 글자 장식 기능
글꼴 : 궁서, 면색 : 노랑

각주

그림 위치(내 PC₩문서₩ITQ₩Picture₩그림4.jpg, 문서에 포함)
자르기 기능 이용, 크기(40mm×40mm), 바깥 여백 왼쪽 : 2mm

교 육부는 청소년에 대한 진로교육 강화가 요구됨에 따라 진로진학상담교사 700여 명을 선발해 일선 학교에 추가 배치한다고 밝혔다. 이번 추가 선발과 배치 계획에 따라 진로진학상담교사Ⓐ는 전국적으로 5,208명으로 늘어나게 된다. 학교 기준으로 중학교 93.2%, 고등학교 96.2% 등 전체 중학교와 고등학교의 94.5%에 진로진학상담교사가 배치되는 것이다.

시도별 선발 결과를 보면 경북교육청이 150여 명을 선발하여 모든 중학교와 고등학교에 진로진학상담교사를 배치할 계획이며 경북교육청을 비롯해 대구, 인천, 광주, 울산, 세종, 강원, 충북, 충남, 전남, 제주 등 11개 시도교육청이 진로진학상담교사 배치율 100%를 달성(達成)할 예정이다. 진로진학상담교사 선발은 전국적으로 3.6대 1의 경쟁률을 보였다. 이번에 선발된 교사들은 2월부터 8개월간의 연수를 거쳐 '진로진학상담' 교사 자격을 취득한 후 정식으로 진로진학상담교사로 발령받는다. 진로진학상담교사는 학교의 진로교육을 총괄하며 학생과 학부모를 대상으로 진로와 진학에 관한 상담과 지도를 맡게 된다. 또한 각종 진로캠프를 기획(企劃)하고 운영하여 학생과 학부모의 진로교육 수요를 충족시키는 역할을 담당하게 된다.

★ 진로진학박람회 개요

글꼴 : 굴림, 18pt, 흰색
음영색 : 빨강

i. 행사명 및 기간
   a. 행사명 : 2020학년도 대입 광주 진로진학박람회
   b. 기간 : 2019. 1. 25(금) - 27(일)
ii. 규모 및 장소
   a. 규모 : 총 116개 대학, 1개 기관 151부스
   b. 장소 : 김대중컨벤션센터 전시장 3홀

문단 번호 기능 사용
1수준 : 20pt, 오른쪽 정렬,
2수준 : 30pt, 오른쪽 정렬
줄 간격 : 180%

표 전체 글꼴 : 굴림, 10pt, 가운데 정렬
셀 배경(그러데이션) : 유형(왼쪽 대각선),
시작색(흰색), 끝색(노랑)

★ *진로진학 워크숍 일정*

글꼴 : 굴림, 18pt, 기울임, 강조점

시간	1일차	2일차	3일차	비고
09:00-10:00	등록 및 일정 안내	진로교육론	상담 기법 연구	종합강의동 5층 강의실
10:00-12:00	진로교육 추진 방향	진로 교수학습방법	진로교육 워크숍	
12:00-13:00	오찬			
13:00-16:00	진로교육과 미래	진로수업의 실제	내용 정리 및 폐회	종합강의동 9층 강의실

글꼴 : 궁서, 24pt, 진하게
장평 90%, 오른쪽 정렬 → **진로진학상담교사협의회**

각주 구분선 : 5cm

Ⓐ 학교의 진로교육을 총괄하며 학생들의 진로고민 전반에 관하여 상담

쪽 번호 매기기
5로 시작 → ⑤

제 02 회 실전모의고사 〔한컴오피스〕

과목	코드	문제유형	시험시간	수험번호	성명
아래한글	1111	B	60분		

수험자 유의사항

■ 수험자는 문제지를 받는 즉시 문제지와 <u>수험표상의 시험과목(프로그램)이 동일한지 반드시 확인</u>하여야 합니다.

■ 파일명은 본인의 "수험번호-성명"으로 입력하여 답안폴더(내 PC\문서\ITQ)에 하나의 파일로 저장해야 하며, 답안문서 파일명이 "수험번호-성명"과 일치하지 않거나, 답안파일을 전송하지 않아 미제출로 처리될 경우 실격 처리합니다(예 : 12345678-홍길동.hwp).

■ 답안 작성을 마치면 파일을 저장하고, '답안 전송' 버튼을 선택하여 감독위원 PC로 답안을 전송하십시오. 수험생 정보와 저장한 파일명이 다를 경우 전송되지 않으므로 주의하시기 바랍니다.

■ 답안 작성 중에도 <u>주기적으로 저장하고, '답안 전송'</u>하여야 문제 발생을 줄일 수 있습니다. 작업한 내용을 저장하지 않고 전송할 경우 이전에 저장된 내용이 전송되오니 이점 유의하시기 바랍니다.

■ 답안문서는 지정된 경로 외의 다른 보조기억장치에 저장하는 경우, 지정된 시험 시간 외에 작성된 파일을 활용할 경우, 기타 통신수단(이메일, 메신저, 네트워크 등)을 이용하여 타인에게 전달 또는 외부 반출하는 경우는 부정 처리합니다.

■ 시험 중 부주의 또는 고의로 시스템을 파손한 경우는 수험자가 변상해야 하며, 〈수험자 유의사항〉에 기재된 방법대로 이행하지 않아 생기는 불이익은 수험생 당사자의 책임임을 알려 드립니다.

■ 문제의 조건은 한컴오피스 NEO(2016) 버전으로 설정되어 있으니 유의하시기 바랍니다.

■ 시험을 완료한 수험자는 답안파일이 전송되었는지 확인한 후 감독위원의 지시에 따라 문제지를 제출하고 퇴실합니다.

답안 작성요령

■ **온라인 답안 작성 절차**

수험자 등록 ⇒ 시험 시작 ⇒ 답안파일 저장 ⇒ 답안 전송 ⇒ 시험 종료

■ **공통 부문**

- 글꼴에 대한 기본설정은 함초롬바탕, 10포인트, 검정, 줄간격 160%, 양쪽정렬로 합니다.
- 색상은 조건의 색을 적용하고 색의 구분이 안 될 경우에는 RGB 값을 적용하십시오.
  (빨강 255,0,0 / 파랑 0,0,255 / 노랑 255,255,0).
- 각 문항에 주어진 ≪조건≫에 따라 작성하고 언급하지 않은 조건은 ≪출력형태≫와 같이 작성합니다.
- 용지여백은 왼쪽·오른쪽 11㎜, 위쪽·아래쪽·머리말·꼬리말 10㎜, 제본 0㎜로 합니다.
- 그림 삽입 문제의 경우 「내 PC\문서\ITQ\Picture」 폴더에서 지정된 파일을 선택하여 삽입하십시오.
- 삽입한 그림은 반드시 문서에 포함하여 저장해야 합니다(미포함 시 감점 처리).
- 각 항목은 지정된 페이지에 출력형태와 같이 정확히 작성하시기 바라며, 그렇지 않을 경우에 해당 항목은 0점 처리됩니다.
  ※ 페이지구분 : 1페이지 – 기능평가 I (문제번호 표시 : 1. 2.),
  2페이지 – 기능평가 II (문제번호 표시 : 3. 4.),
  3페이지 – 문서작성 능력평가

■ **기능평가**

- 문제와 ≪조건≫은 입력하지 않으며 문제번호와 답(≪출력형태≫)만 작성합니다.
- 4번 문제는 묶기를 했을 경우 0점 처리됩니다.

■ **문서작성 능력평가**

- A4 용지(210㎜×297㎜) 1매 크기, 세로 서식 문서로 작성합니다.
- ☐ 표시는 문서작성에 대한 지시사항이므로 작성하지 않습니다.

기능평가 I (150점)

1. 다음의 ≪조건≫에 따라 스타일 기능을 적용하여 ≪출력형태≫와 같이 작성하시오. (50점)

≪조건≫　(1) 스타일 이름 – robot
　　　　　(2) 문단 모양 – 왼쪽 여백 : 15pt, 문단 아래 간격 : 10pt
　　　　　(3) 글자 모양 – 글꼴 : 한글(돋움)/영문(굴림), 크기 : 10pt, 장평 : 95%, 자간 : 5%

≪출력형태≫

We are to hold this contest to breed talented individuals in science technologies and make it easy and convenient for everybody to use and handle them in everyday lives.

인간 생활의 새로운 패러다임을 열어갈 로봇 경연대회는 창의력을 개발하고 참가자 상호 간에 정보를 교환하며 지능 로봇의 시연과 전시회에 일반인이 직접 체험할 수 있는 기회를 제공합니다.

2. 다음의 ≪조건≫에 따라 ≪출력형태≫와 같이 표와 차트를 작성하시오. (100점)

≪표 조건≫　(1) 표 전체(표, 캡션) – 돋움, 10pt
　　　　　　(2) 정렬 – 문자 : 가운데 정렬, 숫자 : 오른쪽 정렬
　　　　　　(3) 셀 배경(면색) : 노랑
　　　　　　(4) 한글의 계산 기능을 이용하여 빈칸에 합계를 구하고, 캡션 기능 사용할 것
　　　　　　(5) 선 모양은 ≪출력형태≫와 동일하게 처리할 것

≪출력형태≫

로봇 퍼포먼스 경연대회 참가자 현황(단위 : 명)

구분	2015년	2016년	2017년	2018년	합계
초등학교	929	834	692	981	
중학교	869	854	881	923	
고등학교	315	429	421	488	
일반인	967	1,205	1,235	1,211	

≪차트 조건≫　(1) 차트 데이터는 표 내용에서 연도별 초등학교, 중학교, 고등학교의 값만 이용할 것
　　　　　　　(2) 종류 – ⟨묶은 가로 막대형⟩으로 작업할 것
　　　　　　　(3) 제목 – 굴림, 진하게, 12pt, 배경 – 선 모양(한 줄로), 그림자(2pt)
　　　　　　　(4) 제목 이외의 전체 글꼴 – 굴림, 보통, 10pt
　　　　　　　(5) 축제목과 범례는 ≪출력형태≫와 동일하게 처리할 것

≪출력형태≫

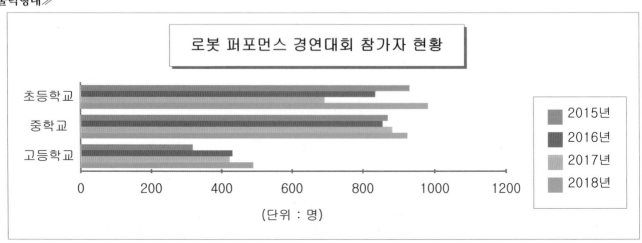

3. 다음 (1), (2)의 수식을 수식 편집기로 각각 입력하시오. (40점)

≪출력형태≫

(1) $\sum_{k=1}^{10}(k^3+6k^2+4k+3)=256$

(2) $\dfrac{b}{\sqrt{a^2+b^2}}=\dfrac{2\tan\theta}{1+\tan^2\theta}$

4. 다음의 ≪조건≫에 따라 ≪출력형태≫와 같이 문서를 작성하시오. (110점)

≪조건≫

(1) 그리기 도구를 이용하여 작성하고, 모든 도형(글맵시, 지정된 그림 포함)을 ≪출력형태≫와 같이 작성하시오.

(2) 도형의 면색은 지시사항이 없으면 색 없음을 제외하고 서로 다르게 임의로 지정하시오.

≪출력형태≫

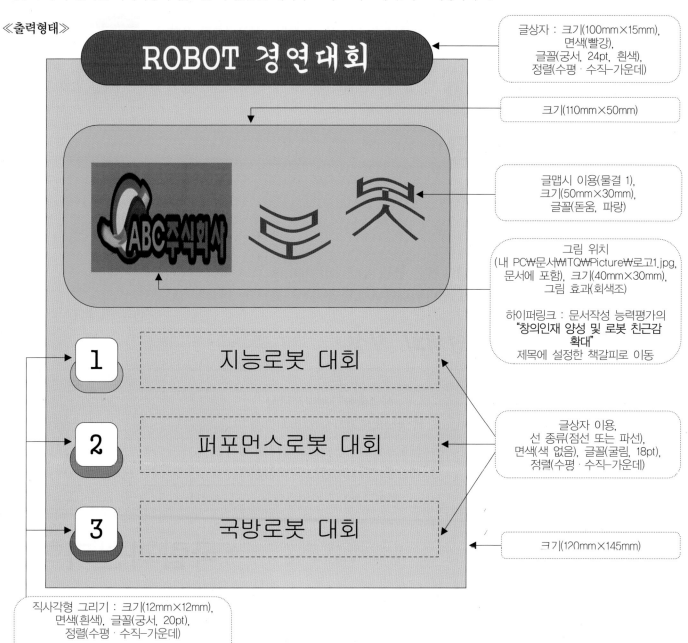

글상자 : 크기(100mm×15mm),
면색(빨강),
글꼴(궁서, 24pt, 흰색),
정렬(수평 · 수직-가운데)

크기(110mm×50mm)

글맵시 이용(물결 1),
크기(50mm×30mm),
글꼴(돋움, 파랑)

그림 위치
(내 PC₩문서₩ITQ₩Picture₩로고1.jpg,
문서에 포함), 크기(40mm×30mm),
그림 효과(회색조)

하이퍼링크 : 문서작성 능력평가의
**"창의인재 양성 및 로봇 친근감
확대"**
제목에 설정한 책갈피로 이동

글상자 이용,
선 종류(점선 또는 파선),
면색(색 없음), 글꼴(굴림, 18pt),
정렬(수평 · 수직-가운데)

크기(120mm×145mm)

직사각형 그리기 : 크기(12mm×12mm),
면색(흰색), 글꼴(궁서, 20pt),
정렬(수평 · 수직-가운데)

직사각형 그리기 : 크기(15mm×10mm),
면색(흰색을 제외한 임의의 색)

글꼴 : 굴림, 18pt, 진하게, 가운데 정렬
책갈피 이름 : 로봇
덧말 넣기

머리말 기능
돋움, 10pt, 오른쪽 정렬 → 경연대회

로봇 퍼포먼스 경연대회
창의인재 양성 및 로봇 친근감 확대

문단 첫 글자 장식 기능
글꼴 : 궁서, 면색 : 노랑

그림 위치(내 PC₩문서₩ITQ₩Picture₩그림4.jpg, 문서에 포함)
자르기 기능 이용, 크기(40mm×40mm), 바깥 여백 왼쪽 : 2mm

로봇을 통하여 국민들에게 과학기술에 대한 관심과 흥미를 부여하고 창의적 아이디어 발굴 및 우수 로봇 인재 양성에 기여하고자 국립과천과학관㉠이 2월 12일 제10회 로봇 퍼포먼스 경연대회를 개최합니다.

각주

현대사회는 공장에서의 대량생산을 기반으로 한 산업사회를 거쳐 사람의 두뇌 자체가 생산 공장인 지식사회로 빠르게 변화(變化)하고 있습니다. 미래는 지금보다도 더 창의적이고 복합적인 과학기술 능력을 요구하는 사회가 될 것입니다. 국립과천과학관은 청소년들이 이러한 미래사회에 대비하여 무한한 호기심과 상상력을 바탕으로 뛰어난 창의력을 갖춘 과학인재로 자라나길 바라며 끊임없이 노력하고 있습니다. 또 어른들에게는 과학기술의 중요성을 널리 홍보하여 그 대중화(大衆化)에 앞장서고 있습니다. 이와 함께 우리나라 국민 모두가 과학기술을 이해하고 활용하여 경제적 풍요를 이룰 수 있도록 최선을 다하고 있습니다. 초등학생부터 중학생, 고등학생, 대학생, 일반인까지 로봇을 사랑하는 사람이면 누구나 참가할 수 있는 이번 경연대회를 통하여 그동안 갈고 닦은 기량을 맘껏 펼치시기 바랍니다.

★ 경연대회 개최 개요

글꼴 : 궁서, 18pt, 흰색
음영색 : 파랑

 I. 일시 및 장소
   A. 일시 : 2019. 2. 12(화) 10:00 - 17:00
   B. 장소 : 국립과천과학관 첨단 기술관 1층
 II. 참가대상 및 참가종목
   A. 참가대상 : 초등학생 이상 나이 제한 없음(1팀당 3명 이하)
   B. 참가종목 : 학생부(초/중/고), 일반부(대학생/일반인)

문단 번호 기능 사용
1수준 : 20pt, 오른쪽 정렬,
2수준 : 30pt, 오른쪽 정렬
줄 간격 : 180%

표 전체 글꼴 : 굴림, 10pt, 가운데 정렬
셀 배경(그러데이션) : 유형(수평),
시작색(흰색), 끝색(노랑)

★ 로봇 퍼포먼스 경연대회 시상

글꼴 : 궁서, 18pt, 기울임, 강조점

구분	순위	훈격	상금(단위 : 만 원)
지능로봇	대상	산업통상자원부장관상	3,000
	최우수상/우수상	경상북도지사상/포항시장상	각 1,000/각 500
	장려상/특별상	한국로봇융합연구원장상/유엘산업안전상	각 300
퍼포먼스 로봇	금상/은상	경상북도지사상/포항시장상	500/각 300
	동상/인기상	한국로봇융합연구원장상	각 200/100

글꼴 : 돋움, 24pt, 진하게
장평 105%, 오른쪽 정렬 → **국립과천과학관**

각주 구분선 : 5cm

㉠ 사이버 과학관, 생태체험 학습관, 과학교육 체험장, 천문시설 등을 갖춘 과학 기관

쪽 번호 매기기
4로 시작 → ④

제 03 회 실전모의고사 (한컴오피스)

과목	코드	문제유형	시험시간	수험번호	성명
아래한글	1111	C	60분		

수험자 유의사항

- 수험자는 문제지를 받는 즉시 문제지와 **수험표상의 시험과목(프로그램)이 동일한지 반드시 확인**하여야 합니다.
- 파일명은 본인의 "수험번호-성명"으로 입력하여 답안폴더(내 PC₩문서₩ITQ)에 하나의 파일로 저장해야 하며, 답안문서 파일명이 "수험번호-성명"과 일치하지 않거나, 답안파일을 전송하지 않아 미제출로 처리될 경우 실격 처리합니다(예 : 12345678-홍길동.hwp).
- 답안 작성을 마치면 파일을 저장하고, '답안 전송' 버튼을 선택하여 감독위원 PC로 답안을 전송하십시오. 수험생 정보와 저장한 파일명이 다를 경우 전송되지 않으므로 주의하시기 바랍니다.
- 답안 작성 중에도 **주기적으로 저장하고, '답안 전송'**하여야 문제 발생을 줄일 수 있습니다. 작업한 내용을 저장하지 않고 전송할 경우 이전에 저장된 내용이 전송되오니 이점 유의하시기 바랍니다.
- 답안문서는 지정된 경로 외의 다른 보조기억장치에 저장하는 경우, 지정된 시험 시간 외에 작성된 파일을 활용할 경우, 기타 통신수단(이메일, 메신저, 네트워크 등)을 이용하여 타인에게 전달 또는 외부 반출하는 경우는 부정 처리합니다.
- 시험 중 부주의 또는 고의로 시스템을 파손한 경우는 수험자가 변상해야 하며, 〈수험자 유의사항〉에 기재된 방법대로 이행하지 않아 생기는 불이익은 수험생 당사자의 책임임을 알려 드립니다.
- 문제의 조건은 한컴오피스 NEO(2016) 버전으로 설정되어 있으니 유의하시기 바랍니다.
- 시험을 완료한 수험자는 답안파일이 전송되었는지 확인한 후 감독위원의 지시에 따라 문제지를 제출하고 퇴실합니다.

답안 작성요령

- **온라인 답안 작성 절차**

  수험자 등록 ⇒ 시험 시작 ⇒ 답안파일 저장 ⇒ 답안 전송 ⇒ 시험 종료

- **공통 부문**
  - 글꼴에 대한 기본설정은 함초롬바탕, 10포인트, 검정, 줄간격 160%, 양쪽정렬로 합니다.
  - 색상은 조건의 색을 적용하고 색의 구분이 안 될 경우에는 RGB 값을 적용하십시오. (빨강 255,0,0 / 파랑 0,0,255 / 노랑 255,255,0).
  - 각 문항에 주어진 ≪조건≫에 따라 작성하고 언급하지 않은 조건은 ≪출력형태≫와 같이 작성합니다.
  - 용지여백은 왼쪽·오른쪽 11㎜, 위쪽·아래쪽·머리말·꼬리말 10㎜, 제본 0㎜로 합니다.
  - 그림 삽입 문제의 경우 「내 PC₩문서₩ITQ₩Picture」 폴더에서 지정된 파일을 선택하여 삽입하십시오.
  - 삽입한 그림은 반드시 문서에 포함하여 저장해야 합니다(미포함 시 감점 처리).
  - 각 항목은 지정된 페이지에 출력형태와 같이 정확히 작성하시기 바라며, 그렇지 않을 경우에 해당 항목은 0점 처리됩니다.
    - ※ 페이지구분 : 1페이지 – 기능평가 I (문제번호 표시 : 1, 2.),
      2페이지 – 기능평가 II (문제번호 표시 : 3. 4.),
      3페이지 – 문서작성 능력평가

- **기능평가**
  - 문제와 ≪조건≫은 입력하지 않으며 문제번호와 답(≪출력형태≫)만 작성합니다.
  - 4번 문제는 묶기를 했을 경우 0점 처리됩니다.

- **문서작성 능력평가**
  - A4 용지(210㎜×297㎜) 1매 크기, 세로 서식 문서로 작성합니다.
  - [   ] 표시는 문서작성에 대한 지시사항이므로 작성하지 않습니다.

1. 다음의 ≪조건≫에 따라 스타일 기능을 적용하여 ≪출력형태≫와 같이 작성하시오. (50점)

≪조건≫   (1) 스타일 이름 – bicycle
         (2) 문단 모양 – 첫 줄 들여쓰기 : 15pt, 문단 아래 간격 : 10pt
         (3) 글자 모양 – 글꼴 : 한글(돋움)/영문(굴림), 크기 : 10pt, 장평 : 105%, 자간 : –5%

≪출력형태≫

A bicycle, also called a cycle or bike, is a human-powered or motor-powered, pedal-driven, single-track vehicle, having two wheels attached to a frame, one behind the other.

두 바퀴를 연결해서 발을 박차는 단순하고 원시적인 두 바퀴 탈 것에 대한 상상은 이집트 사원의 벽화, 고대 중국 등 여러 지역에서 나타나고 있으며 맥밀란에 의해 페달식 크랭크가 발명되었다.

2. 다음의 ≪조건≫에 따라 ≪출력형태≫와 같이 표와 차트를 작성하시오. (100점)

≪표 조건≫   (1) 표 선체(표, 캡션) – 궁서, 10pt
           (2) 정렬 – 문자 : 가운데 정렬, 숫자 : 오른쪽 정렬
           (3) 셀 배경(면색) : 노랑
           (4) 한글의 계산 기능을 이용하여 빈칸에 평균(소수점 두 자리)을 구하고, 캡션 기능 사용할 것
           (5) 선 모양은 ≪출력형태≫와 동일하게 처리할 것

≪출력형태≫

연도별 자전거 통근통학 인구수(단위 : 천 명)

구분	2000년	2005년	2010년	2015년	평균
인천	1,167	1,242	1,444	1,507	
광주	648	702	825	830	
대전	666	712	832	846	
울산	488	530	609	646	

≪차트 조건≫   (1) 차트 데이터는 표 내용에서 연도별 인천, 광주, 대전의 값만 이용할 것
             (2) 종류 – ⟨꺾은선형⟩으로 작업할 것
             (3) 제목 – 굴림, 진하게, 12pt, 배경 – 선 모양(한 줄로), 그림자(2pt)
             (4) 제목 이외의 전체 글꼴 – 굴림, 보통, 10pt
             (5) 축제목과 범례는 ≪출력형태≫와 동일하게 처리할 것

≪출력형태≫

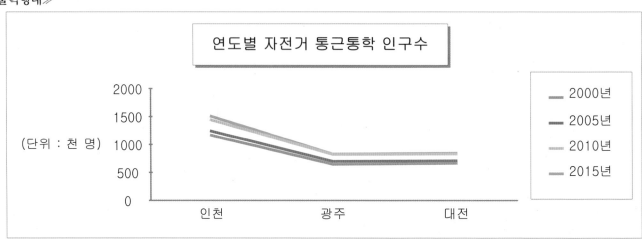

3. 다음 (1), (2)의 수식을 수식 편집기로 각각 입력하시오. (40점)

≪출력형태≫

(1) $\overline{AB} = \sqrt{(x_2 - x_1)^2 + (y_2 - y_1)^2}$

(2) $\triangle W = \frac{1}{2} m (f_x)^2 + \frac{1}{2} m (f_y)^2$

4. 다음의 ≪조건≫에 따라 ≪출력형태≫와 같이 문서를 작성하시오. (110점)

≪조건≫

(1) 그리기 도구를 이용하여 작성하고, 모든 도형(글맵시, 지정된 그림 포함)을 ≪출력형태≫와 같이 작성하시오.

(2) 도형의 면색은 지시사항이 없으면 색 없음을 제외하고 서로 다르게 임의로 지정하시오.

≪출력형태≫

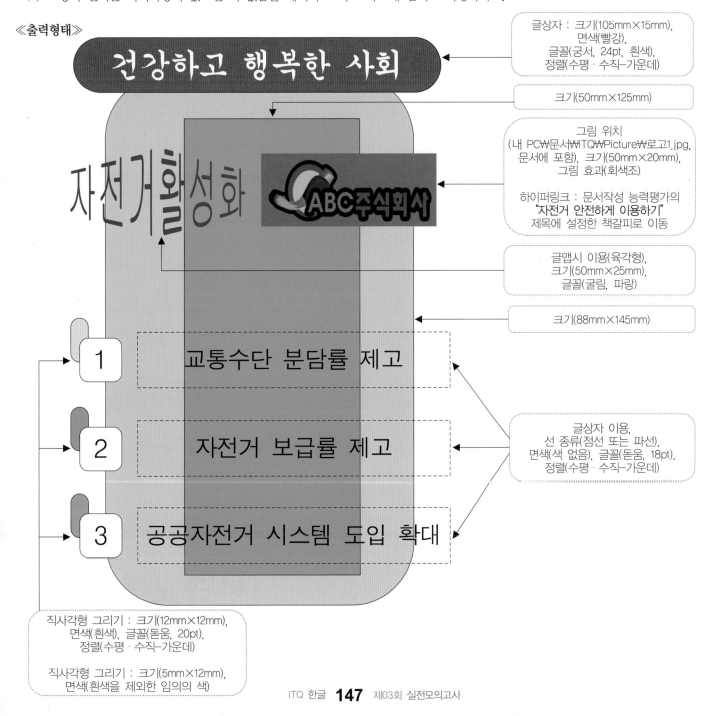

글상자 : 크기(105mm×15mm), 면색(빨강), 글꼴(궁서, 24pt, 흰색), 정렬(수평·수직-가운데)

크기(50mm×125mm)

그림 위치
(내 PC₩문서₩ITQ₩Picture₩로고1.jpg, 문서에 포함), 크기(50mm×20mm), 그림 효과(회색조)

하이퍼링크 : 문서작성 능력평가의 **"자전거 안전하게 이용하기"** 제목에 설정한 책갈피로 이동

글맵시 이용(육각형), 크기(50mm×25mm), 글꼴(굴림, 파랑)

크기(88mm×145mm)

글상자 이용, 선 종류(점선 또는 파선), 면색(색 없음), 글꼴(돋움, 18pt), 정렬(수평·수직-가운데)

직사각형 그리기 : 크기(12mm×12mm), 면색(흰색), 글꼴(돋움, 20pt), 정렬(수평·수직-가운데)

직사각형 그리기 : 크기(5mm×12mm), 면색(흰색을 제외한 임의의 색)

글꼴 : 굴림, 18pt, 진하게, 가운데 정렬
책갈피 이름 : 자전거교통
덧말 넣기

머리말 기능
돋움, 10pt, 오른쪽 정렬 → 자전거 교통포털

안전을 위한 자전거 교육

자전거 안전하게 이용하기

문단 첫 글자 장식 기능
글꼴 : 궁서, 면색 : 노랑

그림 위치(내 PC\문서\ITQ\Picture\그림5.jpg, 문서에 포함)
자르기 기능 이용, 크기(40mm×40mm), 바깥 여백 왼쪽 : 2mm

자전거는 걸음마를 하는 유아부터 걷기조차 힘든 노인까지 이용할 수 있는 운동기구이면서 이동수단이다. 유아기에 처음 접하는 유아용 세발자전거는 단순 놀이기구 수준이지만 이때부터 안전이용에 관한 인식을 심어주는 것이 중요(重要)하다.

초등학교에 입학하면서부터 어린이들은 본격적으로 도로교통법에 적용되는 두발 자전거를 이용하게 된다. 자전거의 속도가 빨라지기 때문에 자전거를 조절하는 능력도 향상시켜야 한다. 따라서 자전거를 안전하게 이용할 수 있도록 안전한 자전거 이용방법과 기본적인 교통법규준수에 대한 교육이 반드시 필요하다. 청소년기로 접어드는 중학생에서 성인에 이르기까지 자전거는 교통수단으로 이용되며 이용 도중에 문제가 발생하는 경우에 대비하여 기초적인 정비①와 응급처치에 대한 교육을 해야 한다. 나이가 들면서 신체와 정신의 기능적 불균형, 즉 생각하는 대로 행동이 따르지 않아 안전 등에 문제가 발생할 수 있기 때문에 고령자를 위한 자전거 교육이 필요하다. 자전거 교육은 평생교육이기 때문에 지속적으로 진행되어야 한다. 자전거 이용자로서 지켜야 할 안전한 자전거 이용방법을 제대로 알고 지켜서 밝고 건강한 자전거 생활 문화를 정착(定着)시켜야 한다.

각주

◆ 왜 자전거타기가 좋을까

글꼴 : 돋움, 18pt, 흰색
음영색 : 파랑

가. 개인적 이점
    ㉮ 생활 속 운동 : 부족한 운동을 보충할 수 있어 건강을 유지
    ㉯ 스트레스 해소 : 새로운 마음가짐과 건강하고 건전한 정신 함양
나. 사회적 이점
    ㉮ 경제적 이득 : 인구의 1% 자전거 이용 시 연간 약 2,200억 원 이득
    ㉯ 환경 보전 : 이산화탄소 발생을 연간 600kg 감소 시킴

문단 번호 기능 사용
1수준 : 20pt, 오른쪽 정렬,
2수준 : 30pt, 오른쪽 정렬
줄 간격 : 180%

표 전체 글꼴 : 돋움, 10pt, 가운데 정렬
셀 배경(그러데이션) : 유형(수평),
시작색(흰색), 끝색(노랑)

◆ *자전거 관련 규정 및 안전*

글꼴 : 돋움, 18pt, 기울임, 강조점

구분	항목	관련 규정 또는 상황	내용
규정	우측통행 위반	도로교통법 제13조 제3항	차의 운전자는 도로의 중앙으로부터 우측부분을 통행
	통행방법 위반	도로교통법 제13조의2	자전거도로가 있으면 자전거도로로 통행
안전	도로 횡단 시	자전거횡단도 없을 경우	차의 직진신호에 따라 오른쪽 가장자리로 지나간다.
		자전거횡단도 있을 경우	신호에 따라 자전거를 타고 지나간다.
	자전거 통학 시		안전한 통학로 이용, 안전모 착용

글꼴 : 궁서, 24pt, 진하게
장평 110%, 오른쪽 정렬 → **한국교통연구원**

각주 구분선 : 5cm

① 앞뒤 브레이크 위치 확인, 차체와 핸들은 올바른지 확인, 타이어의 공기압이 적정한지 확인

쪽 번호 매기기
4로 시작 → 라

제04회 실전모의고사 〔한컴오피스〕

과목	코드	문제유형	시험시간	수험번호	성명
아래한글	1111	D	60분		

수험자 유의사항

■ 수험자는 문제지를 받는 즉시 문제지와 <u>수험표상의 시험과목(프로그램)이 동일한지 반드시 확인</u>하여야 합니다.

■ 파일명은 본인의 "수험번호–성명"으로 입력하여 답안폴더(내 PC₩문서₩ITQ)에 하나의 파일로 저장해야 하며, 답안문서 파일명이 "수험번호–성명"과 일치하지 않거나, 답안파일을 전송하지 않아 미제출로 처리될 경우 실격 처리합니다(예 : 12345678–홍길동.hwp).

■ 답안 작성을 마치면 파일을 저장하고, '답안 전송' 버튼을 선택하여 감독위원 PC로 답안을 전송하십시오. 수험생 정보와 저장한 파일명이 다를 경우 전송되지 않으므로 주의하시기 바랍니다.

■ 답안 작성 중에도 <u>주기적으로 저장하고, '답안 전송'</u>하여야 문제 발생을 줄일 수 있습니다. 작업한 내용을 저장하지 않고 전송할 경우 이전에 저장된 내용이 전송되오니 이점 유의하시기 바랍니다.

■ 답안문서는 지정된 경로 외의 다른 보조기억장치에 저장하는 경우, 지정된 시험 시간 외에 작성된 파일을 활용할 경우, 기타 통신수단(이메일, 메신저, 네트워크 등)을 이용하여 타인에게 전달 또는 외부 반출하는 경우는 부정 처리합니다.

■ 시험 중 부주의 또는 고의로 시스템을 파손한 경우는 수험자가 변상해야 하며, 〈수험자 유의사항〉에 기재된 방법대로 이행하지 않아 생기는 불이익은 수험생 당사자의 책임임을 알려 드립니다.

■ 문제의 조건은 한컴오피스 NEO(2016) 버전으로 설정되어 있으니 유의하시기 바랍니다.

■ 시험을 완료한 수험자는 답안파일이 전송되었는지 확인한 후 감독위원의 지시에 따라 문제지를 제출하고 퇴실합니다.

답안 작성요령

■ **온라인 답안 작성 절차**

수험자 등록 ⇒ 시험 시작 ⇒ 답안파일 저장 ⇒ 답안 전송 ⇒ 시험 종료

■ **공통 부문**

● 글꼴에 대한 기본설정은 함초롬바탕, 10포인트, 검정, 줄간격 160%, 양쪽정렬로 합니다.

● 색상은 조건의 색을 적용하고 색의 구분이 안 될 경우에는 RGB 값을 적용하십시오.
  (빨강 255,0,0 / 파랑 0,0,255 / 노랑 255,255,0).

● 각 문항에 주어진 《조건》에 따라 작성하고 언급하지 않은 조건은 《출력형태》와 같이 작성합니다.

● 용지여백은 왼쪽·오른쪽 11mm, 위쪽·아래쪽·머리말·꼬리말 10mm, 제본 0mm로 합니다.

● 그림 삽입 문제의 경우「내 PC₩문서₩ITQ₩Picture」폴더에서 지정된 파일을 선택하여 삽입하십시오.

● 삽입한 그림은 반드시 문서에 포함하여 저장해야 합니다(미포함 시 감점 처리).

● 각 항목은 지정된 페이지에 출력형태와 같이 정확히 작성하시기 바라며, 그렇지 않을 경우에 해당 항목은 0점 처리됩니다.
  ※ 페이지구분 : 1페이지 – 기능평가 I (문제번호 표시 : 1. 2.),
  　　　　　　　 2페이지 – 기능평가 II (문제번호 표시 : 3. 4.),
  　　　　　　　 3페이지 – 문서작성 능력평가

■ **기능평가**

● 문제와 《조건》은 입력하지 않으며 문제번호와 답(《출력형태》)만 작성합니다.

● 4번 문제는 묶기를 했을 경우 0점 처리됩니다.

■ **문서작성 능력평가**

● A4 용지(210mm×297mm) 1매 크기, 세로 서식 문서로 작성합니다.

● ☐ 표시는 문서작성에 대한 지시사항이므로 작성하지 않습니다.

1. 다음의 《조건》에 따라 스타일 기능을 적용하여 《출력형태》와 같이 작성하시오. (50점)

《조건》 (1) 스타일 이름 – country
        (2) 문단 모양 – 왼쪽 여백 : 15pt, 문단 아래 간격 : 10pt
        (3) 글자 모양 – 글꼴 : 한글(돋움)/영문(굴림), 크기 : 10pt, 장평 : 97%, 자간 : 5%

《출력형태》

The country is a valuable asset of the national people and is our living space and cultural space. We also have a duty to preserve the homeland, the future space for our descendants.

우리의 모든 삶이 국토를 기반으로 이루어지기 때문에 환경적, 생태적 가치를 적절하게 보전하고 미래세대의 장기적 관점에서 가치를 유지할 수 있도록 노력해야 합니다.

2. 다음의 《조건》에 따라 《출력형태》와 같이 표와 차트를 작성하시오. (100점)

《표 조건》 (1) 표 전체(표, 캡션) – 굴림, 10pt
          (2) 정렬 – 문자 : 가운데 정렬, 숫자 : 오른쪽 정렬
          (3) 셀 배경(면색) : 노랑
          (4) 한글의 계산 기능을 이용하여 빈칸에 합계를 구하고, 캡션 기능 사용할 것
          (5) 선 모양은 《출력형태》와 동일하게 처리할 것

《출력형태》

자생생물종 현황(단위: 종 수)

구분	2014	2015	2016	2017	합계
척추동물	42,756	45,295	47,003	49,027	
곤충	1,933	1,961	1,971	1,984	
무척추동물	16,121	16,447	16,993	17,593	
식물	5,328	5,349	5,379	5,443	

《차트 조건》 (1) 차트 데이터는 표 내용에서 구분별 척추동물, 곤충, 무척추동물의 값만 이용할 것
          (2) 종류 – 〈묶은 세로 막대형〉으로 작업할 것
          (3) 제목 – 궁서, 진하게, 12pt, 배경 – 선 모양(한 줄로), 그림자(2pt)
          (4) 제목 이외의 전체 글꼴 – 궁서, 보통, 10pt
          (5) 축제목과 범례는 《출력형태》와 동일하게 처리할 것

《출력형태》

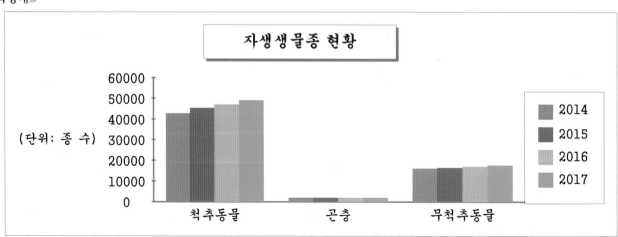

자생생물종 현황

3. 다음 (1), (2)의 수식을 수식 편집기로 각각 입력하시오. (40점)

≪출력형태≫

(1) $\quad g = \dfrac{GM}{R^2} = \dfrac{6.67 \times 10^{-11} \times 6.0 \times 10^{24}}{(6.4 \times 10^7)^2}$

(2) $\quad \displaystyle\sum_{k=1}^{n}(k^4 + 1) - \sum_{k=3}^{n}(k^4 + 1) = 19$

4. 다음의 ≪조건≫에 따라 ≪출력형태≫와 같이 문서를 작성하시오. (110점)

≪조건≫

(1) 그리기 도구를 이용하여 작성하고, 모든 도형(글맵시, 지정된 그림 포함)을 ≪출력형태≫와 같이 작성하시오.

(2) 도형의 면색은 지시사항이 없으면 색 없음을 제외하고 서로 다르게 임의로 지정하시오.

≪출력형태≫

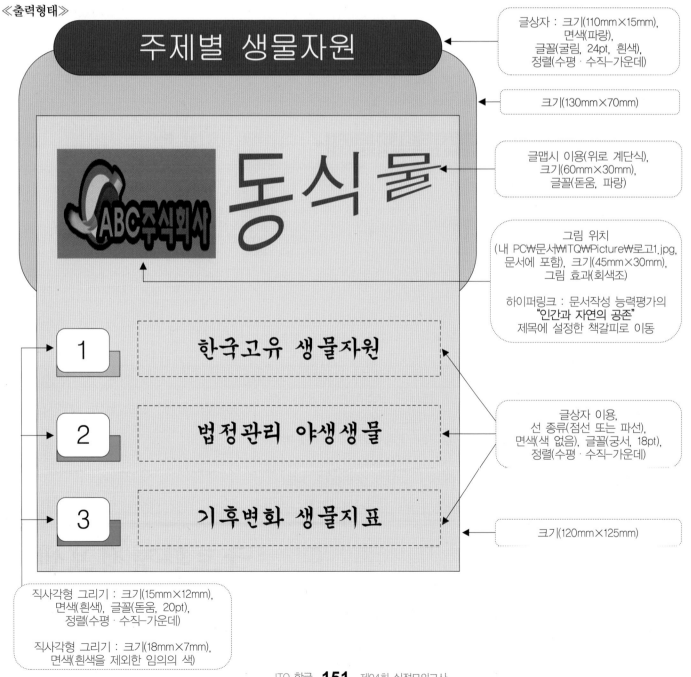

글꼴 : 돋움, 18pt, 진하게, 가운데 정렬
책갈피 이름 : 자연
덧말 넣기

머리말 기능
굴림, 10pt, 오른쪽 정렬 → 환경 사랑

국토환경 보전
인간과 자연의 공존

문단 첫 글자 장식 기능
글꼴 : 궁서, 면색 : 노랑

그림 위치(내 PC\문서\ITQ\Picture\그림4.jpg, 문서에 포함)
자르기 기능 이용, 크기(40mm×40mm), 바깥 여백 왼쪽 : 2mm

환 경은 '우리 주변을 둘러싸고 있는 모든 것'을 말한다. 동식물은 주거나 식량 등 인간의 생존과 생활에 없어서는 안 될 필수 불가결한 환경으로 그 속에서 삶을 지탱하고 후손을 번성시켰다. 그렇게 인류와 지구를 지키는 생명의 근원으로서 헌신한 자연을 함부로 훼손하고 남용하여 환경과 생태의 파괴가 국경을 초월(超越)한 문제로 떠오른 지는 이미 오래된 일이다.

각주

야생동물도 환경의 훼손(毁損)과 불법적인 포획 등으로 멸종위기에 처한 사례가 점차 증가하고 있다. 자연과 더불어 살아가기 위해서는 자연을 보전하고 가꾸는 것이 당연한 의무이다. 자연의 일부인 이들 생물자원Ⓐ을 지키지 못한다면 지구를 지키지 못하고 결국 인류 또한 보금자리를 잃게 된다는 사실을 모르는 사람은 없을 것이다. 이제 더 이상의 손실을 방지하고 이를 보전하여 현명한 공존을 이어가기 위해 전 세계적인 차원에서 적절한 방책을 수립하여 인류의 번영을 도모해야 할 시점이다. 자연이 없이는, 그 속의 생물자원이 없이는 우리도 존재할 수 없다. 야생동물이 활기차게 살 수 있는 환경이 곧 사람도 건강하게 살 수 있는 환경이라는 점을 잊지 말아야 할 것이다.

★ 자연자원 보전 및 국토환경관리

글꼴 : 돋움, 18pt, 흰색
음영색 : 빨강

가) 생태가치를 높이는 자연자원 관리
　　a) 한반도 생태용량 확충
　　b) 고유 생물종 및 유전자원 발굴보전
나) 고품질 환경서비스 제공
　　a) 지역별 특성을 고려한 환경서비스 제공
　　b) 미래형 도시환경서비스 강화

문단 번호 기능 사용
1수준 : 20pt, 오른쪽 정렬,
2수준 : 30pt, 오른쪽 정렬
줄 간격 : 180%

표 전체 글꼴 : 굴림, 10pt, 가운데 정렬
셀 배경(그러데이션) : 유형(오른쪽 대각선),
시작색(흰색), 끝색(노랑)

★ 법정 관리 야생생물

글꼴 : 돋움, 18pt, 밑줄, 강조점

구분	내용	종 목록
멸종위기 야생생물	개체 수가 현저히 감소하여 멸종위기에 처한 야생생물	소똥구리, 물개, 표범, 담비, 대륙사슴 등
포획금지 야생동물	포획이 금지된 멸종위기종이나 그 밖의 야생동물	바다뱀, 대백로, 노랑할미새, 들꿩 등
관리동물	유기되거나 달아나 야생화한 가축	들고양이(1종)
먹는 자 처벌대상 야생동물	쇠기러기, 산양, 자라, 사향노루, 고라니, 오소리, 반달가슴곰, 수달, 멧돼지 등	

글꼴 : 궁서, 24pt, 진하게
장평 105%, 오른쪽 정렬 → **국토환경정보센터**

각주 구분선 : 5cm

──────────

Ⓐ 실질적 또는 잠재적으로 인간이 생활하는 데 필요한 동물과 식물

쪽 번호 매기기
4로 시작 → D

제05회 실전모의고사 〔한컴오피스〕

과목	코드	문제유형	시험시간	수험번호	성명
아래한글	1111	E	60분		

수험자 유의사항

- 수험자는 문제지를 받는 즉시 문제지와 <u>수험표상의 시험과목(프로그램)이 동일한지 반드시 확인</u>하여야 합니다.
- 파일명은 본인의 "수험번호–성명"으로 입력하여 답안폴더(내 PC₩문서₩ITQ)에 하나의 파일로 저장해야 하며, 답안문서 파일명이 "수험번호–성명"과 일치하지 않거나, 답안파일을 전송하지 않아 미제출로 처리될 경우 실격 처리합니다(예 : 12345678–홍길동.hwp).
- 답안 작성을 마치면 파일을 저장하고, '답안 전송' 버튼을 선택하여 감독위원 PC로 답안을 전송하십시오. 수험생 정보와 저장한 파일명이 다를 경우 전송되지 않으므로 주의하시기 바랍니다.
- 답안 작성 중에도 <u>주기적으로 저장하고, '답안 전송'</u>하여야 문제 발생을 줄일 수 있습니다. 작업한 내용을 저장하지 않고 전송할 경우 이전에 저장된 내용이 전송되오니 이점 유의하시기 바랍니다.
- 답안문서는 지정된 경로 외의 다른 보조기억장치에 저장하는 경우, 지정된 시험 시간 외에 작성된 파일을 활용할 경우, 기타 통신수단(이메일, 메신저, 네트워크 등)을 이용하여 타인에게 전달 또는 외부 반출하는 경우는 부정 처리합니다.
- 시험 중 부주의 또는 고의로 시스템을 파손한 경우는 수험자가 변상해야 하며, 〈수험자 유의사항〉에 기재된 방법대로 이행하지 않아 생기는 불이익은 수험생 당사자의 책임임을 알려 드립니다.
- 문제의 조건은 한컴오피스 NEO(2016) 버전으로 설정되어 있으니 유의하시기 바랍니다.
- 시험을 완료한 수험자는 답안파일이 전송되었는지 확인한 후 감독위원의 지시에 따라 문제지를 제출하고 퇴실합니다.

답안 작성요령

- **온라인 답안 작성 절차**
  수험자 등록 ⇒ 시험 시작 ⇒ 답안파일 저장 ⇒ 답안 전송 ⇒ 시험 종료

- **공통 부문**
  - 글꼴에 대한 기본설정은 함초롬바탕, 10포인트, 검정, 줄간격 160%, 양쪽정렬로 합니다.
  - 색상은 조건의 색을 적용하고 색의 구분이 안 될 경우에는 RGB 값을 적용하십시오.
    (빨강 255,0,0 / 파랑 0,0,255 / 노랑 255,255,0).
  - 각 문항에 주어진 《조건》에 따라 작성하고 언급하지 않은 조건은 《출력형태》와 같이 작성합니다.
  - 용지여백은 왼쪽·오른쪽 11mm, 위쪽·아래쪽·머리말·꼬리말 10mm, 제본 0mm로 합니다.
  - 그림 삽입 문제의 경우 「내 PC₩문서₩ITQ₩Picture」 폴더에서 지정된 파일을 선택하여 삽입하십시오.
  - 삽입한 그림은 반드시 문서에 포함하여 저장해야 합니다(미포함 시 감점 처리).
  - 각 항목은 지정된 페이지에 출력형태와 같이 정확히 작성하시기 바라며, 그렇지 않을 경우에 해당 항목은 0점 처리됩니다.
    ※ 페이지구분 : 1페이지 – 기능평가 I (문제번호 표시 : 1. 2.),
    　　　　　　　　2페이지 – 기능평가 II (문제번호 표시 : 3. 4.),
    　　　　　　　　3페이지 – 문서작성 능력평가

- **기능평가**
  - 문제와 《조건》은 입력하지 않으며 문제번호와 답(《출력형태》)만 작성합니다.
  - 4번 문제는 묶기를 했을 경우 0점 처리됩니다.

- **문서작성 능력평가**
  - A4 용지(210mm×297mm) 1매 크기, 세로 서식 문서로 작성합니다.
  - □□□ 표시는 문서작성에 대한 지시사항이므로 작성하지 않습니다.

1. 다음의 《조건》에 따라 스타일 기능을 적용하여 《출력형태》와 같이 작성하시오. (50점)

《조건》   (1) 스타일 이름 – dementia
       (2) 문단 모양 – 왼쪽 여백 : 15pt, 문단 아래 간격 : 10pt
       (3) 글자 모양 – 글꼴 : 한글(궁서)/영문(굴림), 크기 : 10pt, 장평 : 95%, 자간 : 5%

《출력형태》

They may lose their ability to solve problems or control their emotions. Their personalities may change. They may become agitated or see things that are not there.

치매 질환은 정상적인 지적 능력을 유지하던 사람이 다양한 원인으로 뇌기능의 기질성 손상으로 지적 능력이 감퇴하거나 소실하여 사회적 또는 직업적 기능장애를 가져오는 경우를 통칭한다.

2. 다음의 《조건》에 따라 《출력형태》와 같이 표와 차트를 작성하시오. (100점)

《표 소선》   (1) 표 전체(표, 캡션) – 굴림, 10pt
       (2) 정렬 – 문자 : 가운데 정렬, 숫자 : 오른쪽 정렬
       (3) 셀 배경(면색) : 노랑
       (4) 한글의 계산 기능을 이용하여 빈칸에 평균(소수점 두 자리)을 구하고, 캡션 기능 사용할 것
       (5) 선 모양은 《출력형태》와 동일하게 처리할 것

《출력형태》

서울특별시 치매환자수 및 치매유병률(단위 : 명, %)

구분	용산구	성동구	광진구	동대문구	평균
전체 치매환자수	3,365	3,552	3,662	4,753	
남성	1,296	1,365	1,454	1,899	
여성	2,070	2,188	2,208	2,854	
치매유병률	10.3	9.2	8.9	9.1	

《차트 조건》   (1) 차트 데이터는 표 내용에서 지역별 전체 치매환자수, 남성, 여성의 값만 이용할 것
       (2) 종류 – 〈묶은 세로 막대형〉으로 작업할 것
       (3) 제목 – 궁서, 진하게, 12pt, 배경 – 선 모양(한 줄로), 그림자(2pt)
       (4) 제목 이외의 전체 글꼴 – 궁서, 보통, 10pt
       (5) 축제목과 범례는 《출력형태》와 동일하게 처리할 것

《출력형태》

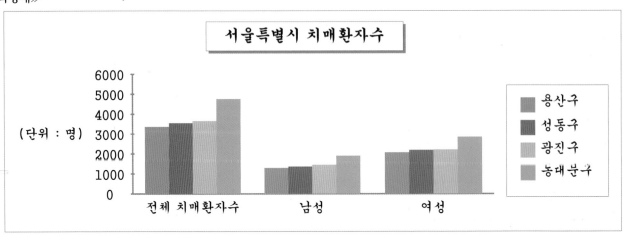

3. 다음 (1), (2)의 수식을 수식 편집기로 각각 입력하시오. (40점)

≪출력형태≫

(1) $$T = 2\pi \sqrt{\frac{r^3}{GM}} = 5.9 \times 10^5$$

(2) $$\sum_{k=1}^{n} k^2 = \frac{1}{6} n(n+1)(2n+1)$$

4. 다음의 ≪조건≫에 따라 ≪출력형태≫와 같이 문서를 작성하시오. (110점)

≪조건≫

(1) 그리기 도구를 이용하여 작성하고, 모든 도형(글맵시, 지정된 그림 포함)을 ≪출력형태≫와 같이 작성하시오.

(2) 도형의 면색은 지시사항이 없으면 색 없음을 제외하고 서로 다르게 임의로 지정하시오.

≪출력형태≫

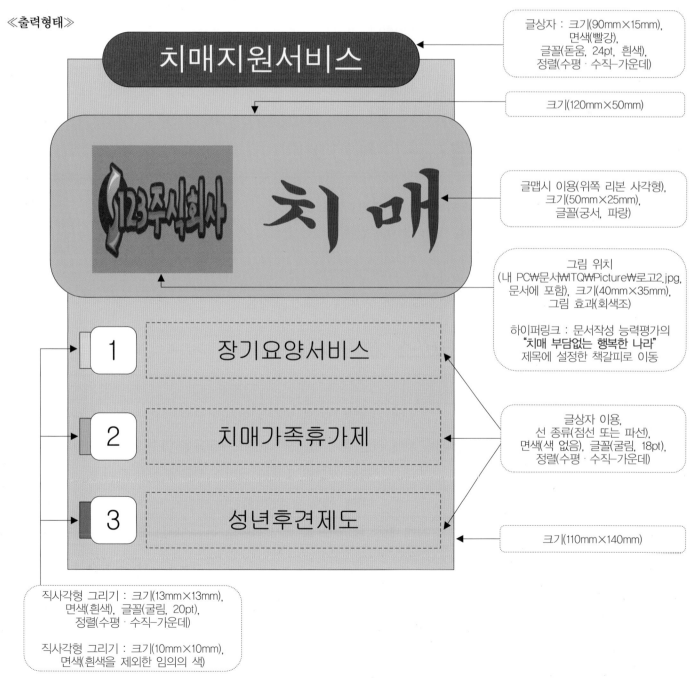

글꼴 : 궁서, 18pt, 진하게, 가운데 정렬
책갈피 이름 : 치매
덧말 넣기

머리말 기능
굴림, 10pt, 오른쪽 정렬 → 치매조기검진

치매 예방
치매 부담없는 행복한 나라

문단 첫 글자 장식 기능
글꼴 : 돋움, 면색 : 노랑

각주

그림 위치(내 PC₩문서₩ITQ₩Picture₩그림5.jpg, 문서에 포함)
자르기 기능 이용, 크기(40mm×30mm), 바깥 여백 왼쪽 : 2mm

한국 65세 이상 노인 인구 중 치매①로 추정되는 환자는 66만명에 달하며 2024년에는 100만 명, 2041년에는 200만 명을 넘어설 것으로 예상된다. 치매는 최근의 기억부터 잃기 시작해 나중에는 가족도 알아보지 못하고 대소변도 가리지 못해 혼자 일상생활을 하기가 어려워진다. 흔히 건망증과 치매를 혼동(混同)하는데, 열쇠를 어디에 뒀는지 모르면 건망증이고 열쇠를 보고도 열쇠인 줄 모르면 치매이다. 뻔히 아는 것조차 잊어버리면 치매 증상이라는 것이다.

치매 예방에 가장 좋은 것은 시속 6킬로미터 이상 속도로 빠르게 걷는 것이다. 땀내가 살짝 나는 꾸준한 걷기가 뇌혈류를 기선(改善)하고 기억 중추인 해마를 활성화한다. 고혈압, 고혈당, 고지혈증을 모두 낮추니 일석삼조이다. 치매 예방을 위해 고스톱을 치라는 속설이 있는데 이는 엄밀히 말해 과학적 방법이 아니다. 반복적인 것보다 평소 뇌가 쓰이지 않던 새로운 것을 자주 해야 한다. 그런 의미에서 전문가들은 외국어 공부가 치매 예방에 가장 좋다고 말한다. 뇌의 가용 용량을 다양하게 늘려 놓으면 설사 치매로 일부 뇌세포가 손상되더라도 그것을 보충해 줄 뇌 기능의 여유분이 있기 때문에 치매 증상이 상당히 줄어든다고 한다.

■ 치매의 원인과 치료

글꼴 : 굴림, 18pt, 흰색
음영색 : 빨강

(ㄱ) 치매의 원인
  (1) 알츠하이머 : 독성 단백질이 뇌에 쌓여 신경세포 파괴
  (2) 혈관성 치매 : 뇌졸중, 고혈압, 당뇨 등으로 인해 뇌혈관 손상
(ㄴ) 치매의 증상 및 치료
  (1) 증상 : 기억력과 지적 능력 파괴
  (2) 치료 : 원인이 확실치 않아 진행을 늦추는 것 외에 치료가 어려움

문단 번호 기능 사용
1수준 : 20pt, 오른쪽 정렬,
2수준 : 30pt, 오른쪽 정렬
줄 간격 : 180%

표 전체 글꼴 : 돋움, 10pt, 가운데 정렬
셀 배경(그러데이션) : 유형(수평),
시작색(흰색), 끝색(노랑)

■ *영국의 치매 돌봄 서비스 제공 지표*

글꼴 : 굴림, 18pt, 기울임, 강조점

평가영역	구분	지표명
종사자들의 적절한 교육훈련	구조	치매 관련 종사자를 위한 지역사회 치매 교육 프로그램 제공
	과정	전체 치매 관련 종사자들 중 최신 보수교육을 이수 받은 사람들의 비율
평가 및 개인별 맞춤형 케어 플랜 수립	구조	환자 개인별 맞춤형 서비스 제공을 위한 준비
	과정1	치매 환자 중 케어 플랜이 수립된 환자 비율
	과정2	치매 환자 중 보건 및 복지 서비스 코디네이터 할당된 환자 비율

글꼴 : 돋움, 24pt, 진하게
장평 110%, 오른쪽 정렬 → **치매안심센터**

각주 구분선 : 5cm

① 2030년 치매인구는 전 세계적으로 6,600만 명으로 늘어날 것으로 예상

쪽 번호 매기기
4로 시작 → 라

제 06 회 실전모의고사 （한컴오피스）

과목	코드	문제유형	시험시간	수험번호	성명
아래한글	1111	A	60분		

수험자 유의사항

■ 수험자는 문제지를 받는 즉시 문제지와 <u>수험표상의 시험과목(프로그램)이 동일한지 반드시 확인</u>하여야 합니다.

■ 파일명은 본인의 "수험번호-성명"으로 입력하여 답안폴더(내 PC\문서\ITQ)에 하나의 파일로 저장해야 하며, 답안문서 파일명이 "수험번호-성명"과 일치하지 않거나, 답안파일을 전송하지 않아 미제출로 처리될 경우 실격 처리합니다(예 : 12345678-홍길동.hwp).

■ 답안 작성을 마치면 파일을 저장하고, '답안 전송' 버튼을 선택하여 감독위원 PC로 답안을 전송하십시오. 수험생 정보와 저장한 파일명이 다를 경우 전송되지 않으므로 주의하시기 바랍니다.

■ 답안 작성 중에도 <u>주기적으로 저장하고, '답안 전송'</u>하여야 문제 발생을 줄일 수 있습니다. 작업한 내용을 저장하지 않고 전송할 경우 이전에 저장된 내용이 전송되오니 이점 유의하시기 바랍니다.

■ 답안문서는 지정된 경로 외의 다른 보조기억장치에 저장하는 경우, 지정된 시험 시간 외에 작성된 파일을 활용할 경우, 기타 통신수단(이메일, 메신저, 네트워크 등)을 이용하여 타인에게 전달 또는 외부 반출하는 경우는 부정 처리합니다.

■ 시험 중 부주의 또는 고의로 시스템을 파손한 경우는 수험자가 변상해야 하며, 〈수험자 유의사항〉에 기재된 방법대로 이행하지 않아 생기는 불이익은 수험생 당사자의 책임임을 알려 드립니다.

■ 문제의 조건은 한컴오피스 NEO(2016) 버전으로 설정되어 있으니 유의하시기 바랍니다.

■ 시험을 완료한 수험자는 답안파일이 전송되었는지 확인한 후 감독위원의 지시에 따라 문제지를 제출하고 퇴실합니다.

답안 작성요령

■ 온라인 답안 작성 절차

　수험자 등록 ⇒ 시험 시작 ⇒ 답안파일 저장 ⇒ 답안 전송 ⇒ 시험 종료

■ 공통 부문

• 글꼴에 대한 기본설정은 함초롬바탕, 10포인트, 검정, 줄간격 160%, 양쪽정렬로 합니다.

• 색상은 조건의 색을 적용하고 색의 구분이 안 될 경우에는 RGB 값을 적용하십시오.
（빨강 255,0,0 / 파랑 0,0,255 / 노랑 255,255,0）.

• 각 문항에 주어진 ≪조건≫에 따라 작성하고 언급하지 않은 조건은 ≪출력형태≫와 같이 작성합니다.

• 용지여백은 왼쪽・오른쪽 11mm, 위쪽・아래쪽・머리말・꼬리말 10mm, 제본 0mm로 합니다.

• 그림 삽입 문제의 경우 「내 PC\문서\ITQ\Picture」 폴더에서 지정된 파일을 선택하여 삽입하십시오.

• 삽입한 그림은 반드시 문서에 포함하여 저장해야 합니다(미포함 시 감점 처리).

• 각 항목은 지정된 페이지에 출력형태와 같이 정확히 작성하시기 바라며, 그렇지 않을 경우에 해당 항목은 0점 처리됩니다.
　　※ 페이지구분 : 1페이지 – 기능평가 I (문제번호 표시 : 1. 2.),
　　　　　　　　　2페이지 – 기능평가 II (문제번호 표시 : 3. 4.),
　　　　　　　　　3페이지 – 문서작성 능력평가

■ 기능평가

• 문제와 ≪조건≫은 입력하지 않으며 문제번호와 답(≪출력형태≫)만 작성합니다.

• 4번 문제는 묶기를 했을 경우 0점 처리됩니다.

■ 문서작성 능력평가

• A4 용지(210mm×297mm) 1매 크기, 세로 서식 문서로 작성합니다.

• 　　　 표시는 문서작성에 대한 지시사항이므로 작성하지 않습니다.

1. 다음의 ≪조건≫에 따라 스타일 기능을 적용하여 ≪출력형태≫와 같이 작성하시오. (50점)

≪조건≫ (1) 스타일 이름 – pollution
           (2) 문단 모양 – 왼쪽 여백 : 15pt, 문단 아래 간격 : 10pt
           (3) 글자 모양 – 글꼴 : 한글(굴림)/영문(돋움), 크기 : 10pt, 장평 : 95%, 자간 : 5%

≪출력형태≫

Air pollution can affect our health in many ways with both short-term and long-term effects. Different groups of individuals are affected by air pollution in different ways.

인위적 발생원에서 배출된 물질이 생물이나 기물에 직접적으로 해를 끼칠 만큼 다량으로 대기 중에 존재하는 상태를 대기오염이라고 하며, 우리나라는 1995년부터 오존경보제가 도입되었다.

2. 다음의 ≪조건≫에 따라 ≪출력형태≫와 같이 표와 차트를 작성하시오. (100점)

≪표 조건≫ (1) 표 전체(표, 캡션) – 궁서, 10pt
           (2) 정렬 – 문자 : 가운데 정렬, 숫자 : 오른쪽 정렬
           (3) 셀 배경(면색) : 노랑
           (4) 한글의 계산 기능을 이용하여 빈칸에 평균(소수점 두 자리)을 구하고, 캡션 기능 사용할 것
           (5) 선 모양은 ≪출력형태≫와 동일하게 처리할 것

≪출력형태≫

측정소별 도시대기(단위 : ppm)

측정소	종로구	중구	용산구	성동구	평균
오존	0.022	0.022	0.028	0.029	
이산화질소	0.044	0.049	0.037	0.043	
아황산가스	0.005	0.004	0.005	0.005	
일산화탄소	0.5	0.5	0.4	0.4	

≪차트 조건≫ (1) 차트 데이터는 표 내용에서 측정소별 오존, 이산화질소, 아황산가스의 값만 이용할 것
           (2) 종류 – 〈묶은 세로 막대형〉으로 작업할 것
           (3) 제목 – 굴림, 진하게, 12pt, 배경 – 선 모양(한 줄로), 그림자(2pt)
           (4) 제목 이외의 전체 글꼴 – 굴림, 보통, 10pt
           (5) 축제목과 범례는 ≪출력형태≫와 동일하게 처리할 것

≪출력형태≫

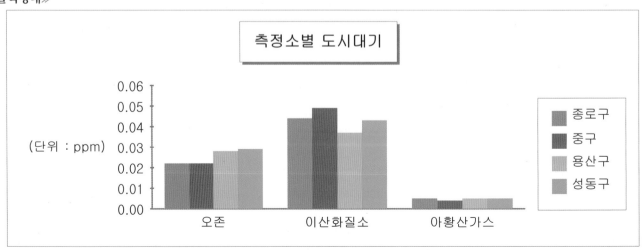

3. 다음 (1), (2)의 수식을 수식 편집기로 각각 입력하시오. (40점)

≪출력형태≫

(1) $\lim_{n \to \infty} P_n = 1 - \dfrac{9^3}{10^3} = \dfrac{271}{1000}$

(2) $\dfrac{1}{2}mf^2 = \dfrac{1}{2}\dfrac{(m+M)^2}{b}V^2$

4. 다음의 ≪조건≫에 따라 ≪출력형태≫와 같이 문서를 작성하시오. (110점)

≪조건≫

(1) 그리기 도구를 이용하여 작성하고, 모든 도형(글맵시, 지정된 그림 포함)을 ≪출력형태≫와 같이 작성하시오.

(2) 도형의 면색은 지시사항이 없으면 색 없음을 제외하고 서로 다르게 임의로 지정하시오.

≪출력형태≫

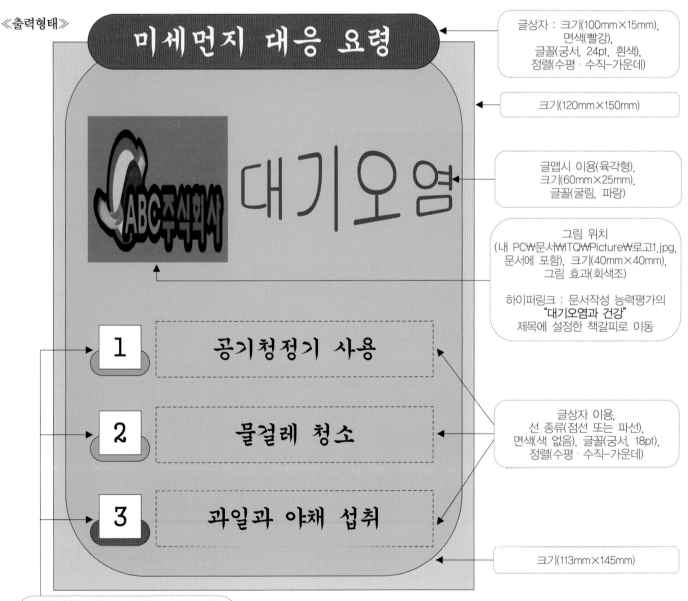

글상자 : 크기(100mm×15mm),
면색(빨강),
글꼴(궁서, 24pt, 흰색),
정렬(수평 · 수직-가운데)

크기(120mm×150mm)

글맵시 이용(육각형),
크기(60mm×25mm),
글꼴(굴림, 파랑)

그림 위치
(내 PC₩문서₩ITQ₩Picture₩로고1.jpg,
문서에 포함), 크기(40mm×40mm),
그림 효과(회색조)

하이퍼링크 : 문서작성 능력평가의
"대기오염과 건강"
제목에 설정한 책갈피로 이동

글상자 이용,
선 종류(점선 또는 파선),
면색(색 없음), 글꼴(궁서, 18pt),
정렬(수평 · 수직-가운데)

크기(113mm×145mm)

직사각형 그리기 : 크기(12mm×12mm),
면색(흰색), 글꼴(궁서, 20pt),
정렬(수평 · 수직-가운데)

직사각형 그리기 : 크기(17mm×7mm),
면색(흰색을 제외한 임의의 색)

글꼴 : 돋움, 18pt, 진하게, 가운데 정렬
책갈피 이름 : 대기오염
덧말 넣기

머리말 기능
굴림, 10pt, 오른쪽 정렬 → 대기오염

기후변화
대기오염과 건강

문단 첫 글자 장식 기능
글꼴 : 궁서, 면색 : 노랑

그림 위치(내 PC₩문서₩ITQ₩Picture₩그림4.jpg, 문서에 포함)
자르기 기능 이용, 크기(40mm×35mm), 바깥 여백 왼쪽 : 2mm

오존층을 파괴하고 지구 온난화 현상을 초래하며 엘니뇨 발생에 간접적인 영향을 미치는 대기오염은 기후 변화에 중요한 의미를 갖는다. 이제는 숨 쉬는 것도 위험한 일이 되었다. 대기오염주의경보제도는 대기오염이 현저해질 우려가 있는 지역에 단계적으로 내리는 경보로 미국에서는 로스앤젤레스의 대기오염통제국 시스템에 의해 1955년부터 실시되었다. 제1단계 경보는 안전하지만 예방 수단이 필요하다고 인정될 때, 제2단계는 초기적인 건강 피해의 발생 우려가 있을 때, 제3단계는 위험한 건강 피해의 발생 우려가 있을 때 발령되며 오염가스 대상은 일산화탄소, 질소산화물, 황산화물, 오존 등이다.

우리나라는 대기환경보전법 제8조(대기오염경보)의 규정(規定)에 의해 1995년 7월 1일부터 서울을 시작으로 오존경보제가 도입(導入)되었다. 환경기준치는 1시간 평균치로 오존 0.1ppm 이하, 일산화탄소 25ppm 이하, 이산화황Ⓐ 0.15ppm 이하 등이다. 오존 농도가 0.3ppm 이상일 때는 호흡기를 자극하고 가슴을 압박하며 0.5ppm 이상일 때는 폐의 기능이 저하되는 등 심각한 영향을 미치므로 자극에 민감한 호흡기 질환자나 노약자는 이러한 상황에 노출되지 않도록 주의해야 한다.

각주

♥ 미세먼지가 민감군에 주는 영향

글꼴 : 궁서, 18pt, 흰색
음영색 : 빨강

가) 어르신 및 호흡기질환자
  a) 면역력이 약해지고 폐 기능, 심혈관 기능이 낮아짐
  b) 기도 점막을 자극하고 염증을 유발하여 폐 기능 저하
나) 심혈관질환자
  a) 폐포를 통해 혈관에 침투해 염증 및 혈액 점도를 높여 증상 악화
  b) 허혈성 심장 질환, 심부전, 심장부정맥, 뇌졸중 등 증상 악화

문단 번호 기능 사용
1수준 : 20pt, 오른쪽 정렬,
2수준 : 30pt, 오른쪽 정렬
줄 간격 : 180%

표 전체 글꼴 : 돋움, 10pt, 가운데 정렬
셀 배경(그러데이션) : 유형(가운데에서),
시작색(흰색), 끝색(노랑)

♥ 서울특별시 기후변화 적응 대책

글꼴 : 궁서, 18pt, 기울임, 강조점

구분	내용
건강 관리	폭염과 열대야 피해 예방 및 관리, 철저한 예방과 홍보로 감염병 피해 최소화
	취약 계층 방문 건강 프로그램 운영
산림 및 생태계 관리	기후친화적 관리 체계 구축 및 기후변화 적응 능력 제고
	도시 생태 현황도 제작 및 활용
물 관리	물 환경 종합 관리 계획 수립 및 수질 향상을 위한 시설 개선
	기후변화에 대응하는 물 순환 체계 구축 및 물 관리 체계의 과학화

글꼴 : 굴림, 24pt, 진하게
장평 90%, 오른쪽 정렬 → **대기환경정보센터**

각주 구분선 : 5cm

Ⓐ 황이나 황 화합물을 태울 때 생기는 독성이 있는 무색의 기체

쪽 번호 매기기
5로 시작 → E

제 07 회 실전모의고사 한컴오피스

과목	코드	문제유형	시험시간	수험번호	성명
아래한글	1111	B	60분		

수험자 유의사항

- 수험자는 문제지를 받는 즉시 문제지와 <u>수험표상의 시험과목(프로그램)이 동일한지 반드시 확인</u>하여야 합니다.
- 파일명은 본인의 "수험번호–성명"으로 입력하여 답안폴더(내 PC\문서\ITQ)에 하나의 파일로 저장해야 하며, 답안문서 파일명이 "수험번호–성명"과 일치하지 않거나, 답안파일을 전송하지 않아 미제출로 처리될 경우 실격 처리합니다(예 : 12345678–홍길동.hwp).
- 답안 작성을 마치면 파일을 저장하고, '답안 전송' 버튼을 선택하여 감독위원 PC로 답안을 전송하십시오. 수험생 정보와 저장한 파일명이 다를 경우 전송되지 않으므로 주의하시기 바랍니다.
- 답안 작성 중에도 <u>주기적으로 저장하고, '답안 전송'</u>하여야 문제 발생을 줄일 수 있습니다. 작업한 내용을 저장하지 않고 전송할 경우 이전에 저장된 내용이 전송되오니 이점 유의하시기 바랍니다.
- 답안문서는 지정된 경로 외의 다른 보조기억장치에 저장하는 경우, 지정된 시험 시간 외에 작성된 파일을 활용할 경우, 기타 통신수단(이메일, 메신저, 네트워크 등)을 이용하여 타인에게 전달 또는 외부 반출하는 경우는 부정 처리합니다.
- 시험 중 부주의 또는 고의로 시스템을 파손한 경우는 수험자가 변상해야 하며, 〈수험자 유의사항〉에 기재된 방법대로 이행하지 않아 생기는 불이익은 수험생 당사자의 책임임을 알려 드립니다.
- 문제의 조건은 한컴오피스 NEO(2016) 버전으로 설정되어 있으니 유의하시기 바랍니다.
- 시험을 완료한 수험자는 답안파일이 전송되었는지 확인한 후 감독위원의 지시에 따라 문제지를 제출하고 퇴실합니다.

답안 작성요령

- **온라인 답안 작성 절차**
  수험자 등록 ⇒ 시험 시작 ⇒ 답안파일 저장 ⇒ 답안 전송 ⇒ 시험 종료

- **공통 부문**
  - 글꼴에 대한 기본설정은 함초롬바탕, 10포인트, 검정, 줄간격 160%, 양쪽정렬로 합니다.
  - 색상은 조건의 색을 적용하고 색의 구분이 안 될 경우에는 RGB 값을 적용하십시오.
    (빨강 255,0,0 / 파랑 0,0,255 / 노랑 255,255,0).
  - 각 문항에 주어진 ≪조건≫에 따라 작성하고 언급하지 않은 조건은 ≪출력형태≫와 같이 작성합니다.
  - 용지여백은 왼쪽·오른쪽 11㎜, 위쪽·아래쪽·머리말·꼬리말 10㎜, 제본 0㎜로 합니다.
  - 그림 삽입 문제의 경우 「내 PC\문서\ITQ\Picture」 폴더에서 지정된 파일을 선택하여 삽입하십시오.
  - 삽입한 그림은 반드시 문서에 포함하여 저장해야 합니다(미포함 시 감점 처리).
  - 각 항목은 지정된 페이지에 출력형태와 같이 정확히 작성하시기 바라며, 그렇지 않을 경우에 해당 항목은 0점 처리됩니다.
    ※ 페이지구분 : 1페이지 – 기능평가 I (문제번호 표시 : 1. 2.),
      2페이지 – 기능평가 II (문제번호 표시 : 3. 4.),
      3페이지 – 문서작성 능력평가

- **기능평가**
  - 문제와 ≪조건≫은 입력하지 않으며 문제번호와 답(≪출력형태≫)만 작성합니다.
  - 4번 문제는 묶기를 했을 경우 0점 처리됩니다.

- **문서작성 능력평가**
  - A4 용지(210㎜×297㎜) 1매 크기, 세로 서식 문서로 작성합니다.
  - ☐ 표시는 문서작성에 대한 지시사항이므로 작성하지 않습니다.

기능평가 I (150점)

1. 다음의 ≪조건≫에 따라 스타일 기능을 적용하여 ≪출력형태≫와 같이 작성하시오. (50점)

≪조건≫ (1) 스타일 이름 – taebaek
(2) 문단 모양 – 첫 줄 들여쓰기 : 10pt, 문단 아래 간격 : 10p
(3) 글자 모양 – 글꼴 : 한글(굴림)/영문(궁서), 크기 : 10pt, 장평 : 110%, 자간 : –5%

≪출력형태≫

In spring mountain azaleas are in full bloom, in summer dense trees and cool clean valleys flow, in autumn and in winter, it is covered with white snow.

새해 일출맞이의 최고 산행지로 꼽히는 태백산은 전국 12대 명산이라 하여 민족의 영산이라 일컫는다. 태백산은 가파르지 않고 험하지 않아 초보자나, 남녀노소 누구나 오를 수 있다.

2. 다음의 ≪조건≫에 따라 ≪출력형태≫와 같이 표와 차트를 작성하시오. (100점)

≪표 조건≫ (1) 표 전체(표, 캡션) – 굴림, 10pt
(2) 정렬 – 문자 : 가운데 정렬, 숫자 : 오른쪽 정렬
(3) 셀 배경(면색) : 노랑
(4) 한글의 계산 기능을 이용하여 빈칸에 합계를 구하고, 캡션 기능 사용할 것
(5) 선 모양은 ≪출력형태≫와 동일하게 처리할 것

≪출력형태≫

태백산 축제 관광객 현황(단위 : 백 명)

구분	2015년	2016년	2017년	2018년	합계
눈축제	5,010	5,380	5,862	6,054	
철쭉제	4,340	4,610	5,017	5,412	
태백제	4,040	4,410	5,261	5,678	
한강대제	3,950	4,270	4,856	5,104	

≪차트 조건≫ (1) 차트 데이터는 표 내용에서 연도별 눈축제, 철쭉제, 태백제의 값만 이용할 것
(2) 종류 – 〈묶은 가로 막대형〉으로 작업할 것
(3) 제목 – 궁서, 진하게, 12pt, 배경 – 선 모양(한 줄로), 그림자(2pt)
(4) 제목 이외의 전체 글꼴 – 궁서, 보통, 10pt
(5) 축제목과 범례는 ≪출력형태≫와 동일하게 처리할 것

≪출력형태≫

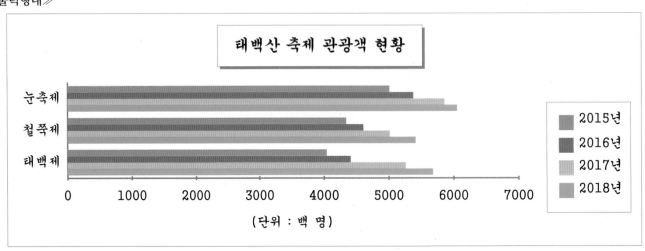

3. 다음 (1), (2)의 수식을 수식 편집기로 각각 입력하시오. (40점)

≪출력형태≫

(1) $m_2 - m_1 = \dfrac{5}{2}\log\dfrac{h_1}{h_2}$

(2) $V = \dfrac{1}{R}\int_0^q qdq = \dfrac{1}{2}\dfrac{q^2}{R}$

4. 다음의 ≪조건≫에 따라 ≪출력형태≫와 같이 문서를 작성하시오. (110점)

≪조건≫

(1) 그리기 도구를 이용하여 작성하고, 모든 도형(글맵시, 지정된 그림 포함)을 ≪출력형태≫와 같이 작성하시오.

(2) 도형의 면색은 지시사항이 없으면 색 없음을 제외하고 서로 다르게 임의로 지정하시오.

≪출력형태≫

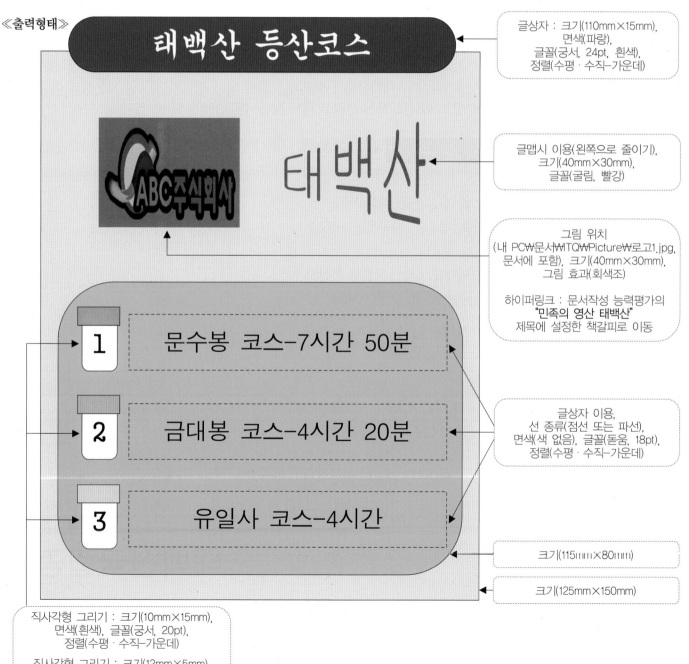

글상자 : 크기(110mm×15mm),
면색(파랑),
글꼴(궁서, 24pt, 흰색),
정렬(수평·수직-가운데)

글맵시 이용(왼쪽으로 줄이기),
크기(40mm×30mm),
글꼴(굴림, 빨강)

그림 위치
(내 PC₩문서₩ITQ₩Picture₩로고1.jpg,
문서에 포함), 크기(40mm×30mm),
그림 효과(회색조)

하이퍼링크 : 문서작성 능력평가의
"민족의 영산 태백산"
제목에 설정한 책갈피로 이동

글상자 이용,
선 종류(점선 또는 파선),
면색(색 없음), 글꼴(돋움, 18pt),
정렬(수평·수직-가운데)

크기(115mm×80mm)

크기(125mm×150mm)

직사각형 그리기 : 크기(10mm×15mm),
면색(흰색), 글꼴(궁서, 20pt),
정렬(수평·수직-가운데)

직사각형 그리기 : 크기(12mm×5mm),
면색(흰색을 제외한 임의의 색)

글꼴 : 굴림, 18pt, 진하게, 가운데 정렬
책갈피 이름 : 태백
덧말 넣기

머리말 기능
돋움, 10pt, 오른쪽 정렬 → 태백산국립공원

풍부한 문화자원
민족의 영산 태백산

문단 첫 글자 장식 기능
글꼴 : 궁서, 면색 : 노랑

각주

그림 위치(내 PC₩문서₩ITQ₩Picture₩그림4.jpg, 문서에 포함)
자르기 기능 이용, 크기(40mm×40mm), 바깥 여백 왼쪽 : 2mm

태백산은 강원도 영월군, 정선군, 태백시, 경상북도 봉화군 경계에 있는 태백산맥의 주봉으로 1989년에 태백산도립공원으로 지정되었으며 2016년 4월 15일 국립공원으로 승격이 결정, 2016년 8월 22일부터 대한민국의 22번째 국립공원ⓐ이 되었다. 높이 1,567m로 백두대간의 중앙부에 솟아 있는 태백산은 민족의 영산이라 불리며 강원도를 대표하는 자연경관지역으로 생태계의 보고라 할 만하다. 산 정상에는 하늘에 제사를 올리던 천제단이 남아 있으며 당골계곡에는 매년 개천절에 제를 올리는 단군성전이 있다.

주봉인 장군봉과 문수봉, 부쇠봉으로 이루어진 태백산은 경사(傾斜)가 완만하여 누구나 쉽게 오를 수 있으며 봄에는 진달래와 철쭉이, 여름에는 시원한 계곡과 울창한 수목이, 가을에는 단풍이, 겨울에는 설경(雪景)이 등산객들을 맞이한다. 특히 하얀 눈이 덮인 산 정상의 주목 군락지와 상고대는 태백산의 영험함을 보여 주는 풍경으로 유명하다. 정상에서 바라보는 일출과 낙조 또한 장엄하여 맑은 날 멀리 동해 바다를 볼 수 있는 것도 태백산의 자랑거리이다. 태백산에서 발원하는 물이 영남 평야의 젖줄인 낙동강과 한강, 삼척의 오십천을 이루어 국토의 종산이자 반도 이남의 모든 산의 모태가 되는 뿌리산이라 할 수 있다.

♣ **태백산국립공원 자원 현황**

글꼴 : 돋움, 18pt, 흰색
음영색 : 파랑

1) 관광 자원

　가) 자연 자원 : 장군봉, 문수봉, 당골계곡, 백단사계곡

　나) 문화 자원 : 천제단, 장군단, 부소단, 단군성전, 석장승

2) 등산로와 기타 자원

　가) 등산로 : 유일사, 백단사, 제당골, 금천, 사길령 등산로

　나) 기타 자원 : 사찰 4개소, 석탄박물관, 인공 암벽장

문단 번호 기능 사용
1수준 : 20pt, 오른쪽 정렬,
2수준 : 30pt, 오른쪽 정렬
줄 간격 : 180%

표 전체 글꼴 : 굴림, 10pt, 가운데 정렬
셀 배경(그러데이션) : 유형(수평),
시작색(흰색), 끝색(노랑)

♣ 태백산 자연체험 프로그램

글꼴 : 돋움, 18pt, 밑줄, 강조점

마을	내용	행사 장소
봉화열목어마을	열목어 도자기 체험, 국립공원 사진전시	운동장, 마을 입구
	깃대종석고방향제 만들기	운동장
백천명품마을	국립공원 금지행위 물풍선 던지기	명품마을 입구
	산행 고글체험, 씨앗폭탄	과수원길, 계곡전망대
	공기정화식물만들기, 물방울체험, 깃대종 농구대회	마을사무소, 탐방지원센터

글꼴 : 돋움, 24pt, 진하게
장평 105%, 오른쪽 정렬 → **태백산국립공원**

각주 구분선 : 5cm

ⓐ 자연과 문화적 가치를 보호하고자 나라에서 지정하여 관리하는 공원

쪽 번호 매기기
5로 시작 → ⑤

제 08 회 실전모의고사 （한컴오피스）

과목	코드	문제유형	시험시간	수험번호	성명
아래한글	1111	C	60분		

수험자 유의사항

- 수험자는 문제지를 받는 즉시 문제지와 **수험표상의 시험과목(프로그램)이 동일한지 반드시 확인**하여야 합니다.
- 파일명은 본인의 "수험번호-성명"으로 입력하여 답안폴더(내 PC\문서\ITQ)에 하나의 파일로 저장해야 하며, 답안문서 파일명이 "수험번호-성명"과 일치하지 않거나, 답안파일을 전송하지 않아 미제출로 처리될 경우 실격 처리합니다(예 : 12345678-홍길동.hwp).
- 답안 작성을 마치면 파일을 저장하고, '답안 전송' 버튼을 선택하여 감독위원 PC로 답안을 전송하십시오. 수험생 정보와 저장한 파일명이 다를 경우 전송되지 않으므로 주의하시기 바랍니다.
- 답안 작성 중에도 **주기적으로 저장하고, '답안 전송'**하여야 문제 발생을 줄일 수 있습니다. 작업한 내용을 저장하지 않고 전송할 경우 이전에 저장된 내용이 전송되오니 이점 유의하시기 바랍니다.
- 답안문서는 지정된 경로 외의 다른 보조기억장치에 저장하는 경우, 지정된 시험 시간 외에 작성된 파일을 활용할 경우, 기타 통신수단(이메일, 메신저, 네트워크 등)을 이용하여 타인에게 전달 또는 외부 반출하는 경우는 부정 처리합니다.
- 시험 중 부주의 또는 고의로 시스템을 파손한 경우는 수험자가 변상해야 하며, 〈수험자 유의사항〉에 기재된 방법대로 이행 하지 않아 생기는 불이익은 수험생 당사자의 책임임을 알려 드립니다.
- 문제의 조건은 한컴오피스 NEO(2016) 버전으로 설정되어 있으니 유의하시기 바랍니다.
- 시험을 완료한 수험자는 답안파일이 전송되었는지 확인한 후 감독위원의 지시에 따라 문제지를 제출하고 퇴실합니다.

답안 작성요령

- **온라인 답안 작성 절차**
  수험자 등록 ⇒ 시험 시작 ⇒ 답안파일 저장 ⇒ 답안 전송 ⇒ 시험 종료

- **공통 부문**
  - 글꼴에 대한 기본설정은 함초롬바탕, 10포인트, 검정, 줄간격 160%, 양쪽정렬로 합니다.
  - 색상은 조건의 색을 적용하고 색의 구분이 안 될 경우에는 RGB 값을 적용하십시오.
    (빨강 255,0,0 / 파랑 0,0,255 / 노랑 255,255,0).
  - 각 문항에 주어진 ≪조건≫에 따라 작성하고 언급하지 않은 조건은 ≪출력형태≫와 같이 작성합니다.
  - 용지여백은 왼쪽·오른쪽 11㎜, 위쪽·아래쪽·머리말·꼬리말 10㎜, 제본 0㎜로 합니다.
  - 그림 삽입 문제의 경우 「내 PC\문서\ITQ\Picture」 폴더에서 지정된 파일을 선택하여 삽입하십시오.
  - 삽입한 그림은 반드시 문서에 포함하여 저장해야 합니다(미포함 시 감점 처리).
  - 각 항목은 지정된 페이지에 출력형태와 같이 정확히 작성하시기 바라며, 그렇지 않을 경우에 해당 항목은 0점 처리됩니다.
    ※ 페이지구분 : 1페이지 - 기능평가 I (문제번호 표시 : 1. 2.),
    2페이지 - 기능평가 II (문제번호 표시 : 3. 4.),
    3페이지 - 문서작성 능력평가

- **기능평가**
  - 문제와 ≪조건≫은 입력하지 않으며 문제번호와 답(≪출력형태≫)만 작성합니다.
  - 4번 문제는 묶기를 했을 경우 0점 처리됩니다.

- **문서작성 능력평가**
  - A4 용지(210㎜×297㎜) 1매 크기, 세로 서식 문서로 작성합니다.
  - ☐ 표시는 문서작성에 대한 지시사항이므로 작성하지 않습니다.

1. 다음의 ≪조건≫에 따라 스타일 기능을 적용하여 ≪출력형태≫와 같이 작성하시오. (50점)

≪조건≫   (1) 스타일 이름 – create
               (2) 문단 모양 – 왼쪽 여백 : 15pt, 문단 아래 간격 : 10pt
               (3) 글자 모양 – 글꼴 : 한글(굴림)/영문(궁서), 크기 : 10pt, 장평 : 105%, 자간 : -5%

≪출력형태≫

An entrepreneur is someone who has an idea and who works to create a product or service that people will buy, by building an organization to support those sales.

청소년비즈쿨은 초중고 학생을 대상으로 모의 창업교육을 통해 꿈과 끼, 도전정신, 진취성 등 미래역량의 기업가정신을 갖춘 융합형 창의인재를 키워내고자 하는 사업이다.

2. 다음의 ≪조건≫에 따라 ≪출력형태≫와 같이 표와 차트를 작성하시오. (100점)

≪표 조건≫   (1) 표 전체(표, 캡션) – 돋움, 10pt
               (2) 정렬 – 문자 : 가운데 정렬, 숫자 : 오른쪽 정렬
               (3) 셀 배경(면색) : 노랑
               (4) 한글의 계산 기능을 이용하여 빈칸에 평균(소수점 두 자리)을 구하고, 캡션 기능 사용할 것
               (5) 선 모양은 ≪출력형태≫와 동일하게 처리할 것

≪출력형태≫

분야별 창업 현황(단위 : 개)

구분	제조업	서비스업	통신판매업	문화산업	평균
2015년	53,200	36,300	41,300	44,900	
2016년	41,600	45,000	47,500	41,200	
2017년	48,300	51,400	44,300	39,500	
2018년	57,600	58,100	60,500	43,100	✕

≪차트 조건≫   (1) 차트 데이터는 표 내용에서 구분별 2015년, 2016년, 2017년의 값만 이용할 것
                 (2) 종류 – ⟨꺾은선형⟩으로 작업할 것
                 (3) 제목 – 궁서, 진하게, 12pt, 배경 – 선 모양(한 줄로), 그림자(2pt)
                 (4) 제목 이외의 전체 글꼴 – 궁서, 보통, 10pt
                 (5) 축제목과 범례는 ≪출력형태≫와 동일하게 처리할 것

≪출력형태≫

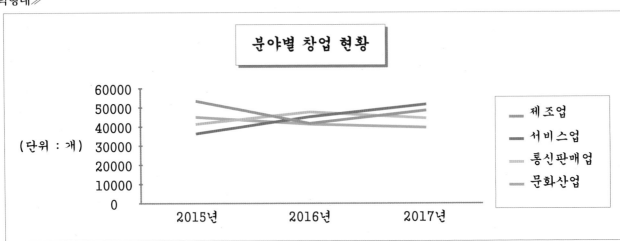

3. 다음 (1), (2)의 수식을 수식 편집기로 각각 입력하시오. (40점)

≪출력형태≫

(1) $\int_a^b xf(x)dx = \frac{1}{b-a}\int_a^b xdx = \frac{a+b}{2}$

(2) $L = \frac{m+M}{m} V = \frac{m+M}{m}\sqrt{2gh}$

4. 다음의 ≪조건≫에 따라 ≪출력형태≫와 같이 문서를 작성하시오. (110점)

≪조건≫

(1) 그리기 도구를 이용하여 작성하고, 모든 도형(글맵시, 지정된 그림 포함)을 ≪출력형태≫와 같이 작성하시오.

(2) 도형의 면색은 지시사항이 없으면 색 없음을 제외하고 서로 다르게 임의로 지정하시오.

≪출력형태≫

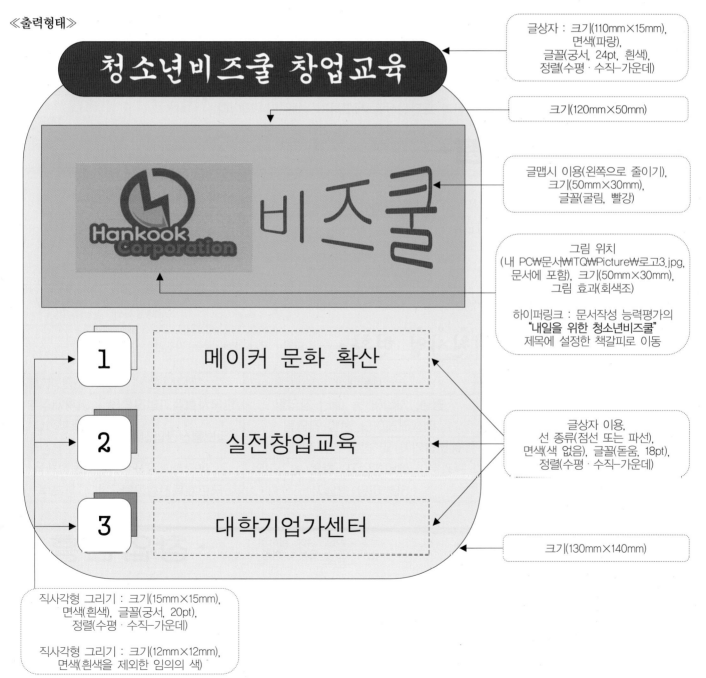

글꼴 : 돋움, 18pt, 진하게, 가운데 정렬
책갈피 이름 : 비즈쿨
덧말 넣기

머리말 기능
굴림, 10pt, 오른쪽 정렬 → 비즈쿨페스티벌

창업교육
내일을 위한 청소년비즈쿨

문단 첫 글자 장식 기능
글꼴 : 궁서, 면색 : 노랑

그림 위치(내 PC₩문서₩ITQ₩Picture₩그림4.jpg, 문서에 포함)
자르기 기능 이용, 크기(40mm×40mm), 바깥 여백 왼쪽 : 2mm

학교 교육과정에서 비즈니스를 배운다는 뜻을 담고 있는 비즈쿨(BizCool)은 비즈니스(business)와 스쿨(school)의 합성어로 그 의미를 표현하고 있다. 비즈쿨은 전국의 고등학생을 대상으로 이론 교육을 비롯하여 현장 체험과 같은 체계적인 프로그램을 통해 기초 개념인 기업 및 기업가에 대한 이해, 창업과 경영 등 비즈니스에 필수적인 내용을 학습할 수 있는 기회를 제공(提供)한다. 이를 통해 미래에 대한 희망과 비전을 제시하고 다양한 진로를 모색할 수 있도록 유도함으로써 청소년들의 기업가적 자질과 역량을 고취시켜 이들을 미래의 경제 역군으로 양성하며, 궁극적으로는 중소기업의 인력난 해소와 창업의 활성화를 도모하고자 한다.

　이러한 목적의 일환(一環)으로 중소기업청 비즈쿨 운영팀에서 비즈쿨 페스티벌을 개최한다. 이번 페스티벌은 비즈쿨 프로그램을 운영하는 전국 100여 개 학교 간의 성공 사례를 발표하고, 지역별 비즈쿨 운영 학습 정보를 제공하기 위해 마련되었다. 본 행사는 비즈쿨 공동체의 기반을 형성하고 창업 아이템 경진대회Ⓐ를 통해 우수 학교와 학생에 대한 지원을 강화하며 비즈쿨 학생의 자립정신과 도전정신을 제고하기 위해 기획되었다.

각주

★ 페스티벌 개최 개요

글꼴 : 궁서, 18pt, 흰색
음영색 : 파랑

　i. 일시 및 장소
　　a. 일시 : 2019년 10월 26일부터 27일까지 양일간
　　b. 장소 : 서울무역전시장(SETEC)
　ii. 공동 개최
　　a. 대한민국 벤처/창업 대전
　　b. 청년 창업 유망주 선발 프로젝트

문단 번호 기능 사용
1수준 : 20pt, 오른쪽 정렬,
2수준 : 30pt, 오른쪽 정렬
줄 간격 : 180%

표 전체 글꼴 : 굴림, 10pt, 가운데 정렬
셀 배경(그러데이션) : 유형(수직),
시작색(흰색), 끝색(노랑)

★ 2019 정부 창업지원사업 현황

글꼴 : 궁서, 18pt, 밑줄, 강조점

사업명	지원대상	전담기관	소관 부처
청년 등 협동조합 창원지원 사업	청년, 시니어 등 예비 창업팀	한국사회적기업진흥원	기획재정부
K-Global 액셀러레이터 육성	액셀러레이터 선발 창업팀	정보통신산업진흥원	과학기술 정보통신부
K-Global 스타트업 공모전	예비창업자 및 창업 3년 이내 기업		
관광벤처사업 발굴 및 지원	관광분야 예비창업자, 창업 초기기업	한국관광공사	문화체육 관광부
스포츠산업 액셀러레이터	5년 미만 창업자	국민체육진흥공단	

글꼴 : 굴림, 24pt, 진하게
장평 120%, 오른쪽 정렬 → # 창업진흥원

각주 구분선 : 5cm

Ⓐ 고등학교 창업 동아리 학생들의 아이디어를 발굴하여 사업화를 지원하는 대회

쪽 번호 매기기
7로 시작 → 사

제 09 회 실전모의고사 〈한컴오피스〉

과목	코드	문제유형	시험시간	수험번호	성명
아래한글	1111	D	60분		

수험자 유의사항

- 수험자는 문제지를 받는 즉시 문제지와 <u>수험표상의 시험과목(프로그램)이 동일한지 반드시 확인</u>하여야 합니다.
- 파일명은 본인의 "수험번호-성명"으로 입력하여 답안폴더(내 PC\문서\ITQ)에 하나의 파일로 저장해야 하며, 답안문서 파일명이 "수험번호-성명"과 일치하지 않거나, 답안파일을 전송하지 않아 미제출로 처리될 경우 실격 처리합니다(예 : 12345678-홍길동.hwp).
- 답안 작성을 마치면 파일을 저장하고, '답안 전송' 버튼을 선택하여 감독위원 PC로 답안을 전송하십시오. 수험생 정보와 저장한 파일명이 다를 경우 전송되지 않으므로 주의하시기 바랍니다.
- 답안 작성 중에도 <u>주기적으로 저장하고, '답안 전송'</u>하여야 문제 발생을 줄일 수 있습니다. 작업한 내용을 저장하지 않고 전송할 경우 이전에 저장된 내용이 전송되오니 이점 유의하시기 바랍니다.
- 답안문서는 지정된 경로 외의 다른 보조기억장치에 저장하는 경우, 지정된 시험 시간 외에 작성된 파일을 활용할 경우, 기타 통신수단(이메일, 메신저, 네트워크 등)을 이용하여 타인에게 전달 또는 외부 반출하는 경우는 부정 처리합니다.
- 시험 중 부주의 또는 고의로 시스템을 파손한 경우는 수험자가 변상해야 하며, 〈수험자 유의사항〉에 기재된 방법대로 이행하지 않아 생기는 불이익은 수험생 당사자의 책임임을 알려 드립니다.
- 문제의 조건은 한컴오피스 NEO(2016) 버전으로 설정되어 있으니 유의하시기 바랍니다.
- 시험을 완료한 수험자는 답안파일이 전송되었는지 확인한 후 감독위원의 지시에 따라 문제지를 제출하고 퇴실합니다.

답안 작성요령

- **온라인 답안 작성 절차**

  수험자 등록 ⇒ 시험 시작 ⇒ 답안파일 저장 ⇒ 답안 전송 ⇒ 시험 종료

- **공통 부문**
  - 글꼴에 대한 기본설정은 함초롬바탕, 10포인트, 검정, 줄간격 160%, 양쪽정렬로 합니다.
  - 색상은 조건의 색을 적용하고 색의 구분이 안 될 경우에는 RGB 값을 적용하십시오.
    (빨강 255,0,0 / 파랑 0,0,255 / 노랑 255,255,0).
  - 각 문항에 주어진 《조건》에 따라 작성하고 언급하지 않은 조건은 《출력형태》와 같이 작성합니다.
  - 용지여백은 왼쪽·오른쪽 11mm, 위쪽·아래쪽·머리말·꼬리말 10mm, 제본 0mm로 합니다.
  - 그림 삽입 문제의 경우 「내 PC\문서\ITQ\Picture」 폴더에서 지정된 파일을 선택하여 삽입하십시오.
  - 삽입한 그림은 반드시 문서에 포함하여 저장해야 합니다(미포함 시 감점 처리).
  - 각 항목은 지정된 페이지에 출력형태와 같이 정확히 작성하시기 바라며, 그렇지 않을 경우에 해당 항목은 0점 처리됩니다.
    - ※ 페이지구분 : 1페이지 - 기능평가 I (문제번호 표시 : 1. 2.),
      - 2페이지 - 기능평가 II (문세빈호 표시 : 3. 4.),
      - 3페이지 - 문서작성 능력평가

- **기능평가**
  - 문제와 《조건》은 입력하지 않으며 문제번호와 답(《출력형태》)만 작성합니다.
  - 4번 문제는 묶기를 했을 경우 0점 처리됩니다.

- **문서작성 능력평가**
  - A4 용지(210mm×297mm) 1매 크기, 세로 서식 문서로 작성합니다.
  - ☐ 표시는 문서작성에 대한 지시사항이므로 작성하지 않습니다.

1. 다음의 《조건》에 따라 스타일 기능을 적용하여 《출력형태》와 같이 작성하시오. (50점)

《조건》　(1) 스타일 이름 – expo
　　　　　(2) 문단 모양 – 왼쪽 여백 : 15pt, 문단 아래 간격 : 10pt
　　　　　(3) 글자 모양 – 글꼴 : 한글(돋움)/영문(굴림), 크기 : 10pt, 장평 : 95%, 자간 : 5%

《출력형태》

K-SAFETY EXPO 2019 is the largest market place of safety industry in Korea to introduce advanced technologies in safety industry of Korea to public.

대한민국 안전산업박람회는 우리나라의 선진안전산업을 선보이고 국내외 공공 바이어와 민간 바이어가 한자리에 모이는 국내 최대의 안전산업 마켓 플레이스이다.

2. 다음의 《조건》에 따라 《출력형태》와 같이 표와 차트를 작성하시오. (100점)

《표 조건》　(1) 표 전체(표, 캡션) – 굴림, 10pt
　　　　　(2) 정렬 – 문자 : 가운데 정렬, 숫자 : 오른쪽 정렬
　　　　　(3) 셀 배경(면색) : 노랑
　　　　　(4) 한글의 계산 기능을 이용하여 빈칸에 평균(소수점 두 자리)을 구하고, 캡션 기능 사용할 것
　　　　　(5) 선 모양은 《출력형태》와 동일하게 처리할 것

《출력형태》

연도별 대한민국 안전산업박람회 참관객(단위 : 명)

구분	2015년	2016년	2017년	2018년	평균
20대	5,346	7,745	8,934	11,264	
30대	7,329	10,436	11,252	14,708	
40대	10,485	12,340	13,046	16,934	
50대 이상	6,722	7,694	9,102	11,867	╳

《차트 조건》　(1) 차트 데이터는 표 내용에서 연도별 20대, 30대, 40대의 값만 이용할 것
　　　　　(2) 종류 – 〈묶은 가로 막대형〉으로 작업할 것
　　　　　(3) 제목 – 돋움, 진하게, 12pt, 배경 – 선 모양(한 줄로), 그림자(2pt)
　　　　　(4) 제목 이외의 전체 글꼴 – 돋움, 보통, 10pt
　　　　　(5) 축제목과 범례는 《출력형태》와 동일하게 처리할 것

《출력형태》

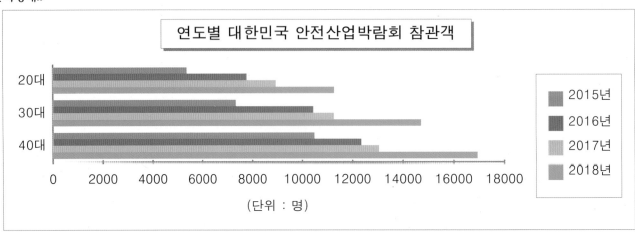

3. 다음 (1), (2)의 수식을 수식 편집기로 각각 입력하시오. (40점)

≪출력형태≫

(1) $\int_{a}^{b} A(x-a)(x-b)dx = -\frac{A}{6}(b-a)^3$

(2) $A^3 + \sqrt{\frac{gL}{2\pi}} = \frac{gT}{2\pi}$

4. 다음의 ≪조건≫에 따라 ≪출력형태≫와 같이 문서를 작성하시오. (110점)

≪조건≫

(1) 그리기 도구를 이용하여 작성하고, 모든 도형(글맵시, 지정된 그림 포함)을 ≪출력형태≫와 같이 작성하시오.

(2) 도형의 면색은 지시사항이 없으면 색 없음을 제외하고 서로 다르게 임의로 지정하시오.

≪출력형태≫

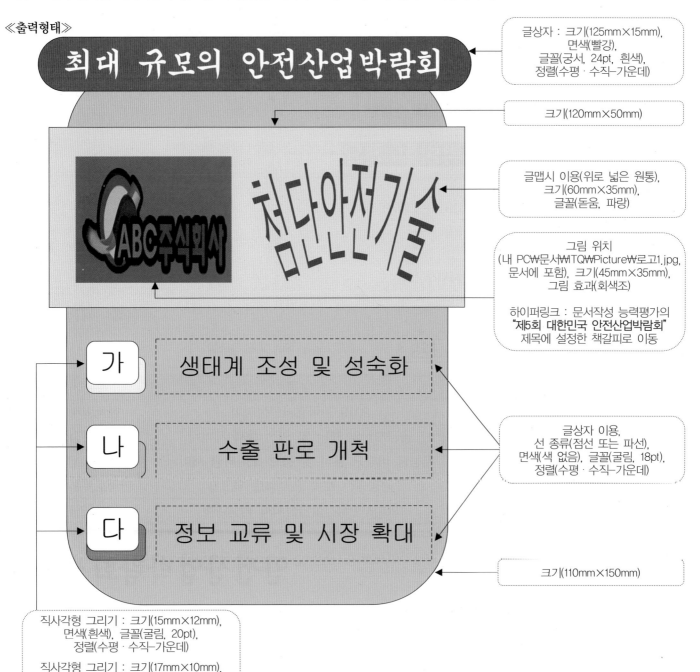

글상자 : 크기(125mm×15mm), 면색(빨강), 글꼴(궁서, 24pt, 흰색), 정렬(수평·수직-가운데)

크기(120mm×50mm)

글맵시 이용(위로 넓은 원통), 크기(60mm×35mm), 글꼴(돋움, 파랑)

그림 위치 (내 PC\문서\ITQ\Picture\로고1.jpg, 문서에 포함), 크기(45mm×35mm), 그림 효과(회색조)

하이퍼링크 : 문서작성 능력평가의 "제5회 대한민국 안전산업박람회" 제목에 설정한 책갈피로 이동

글상자 이용, 선 종류(점선 또는 파선), 면색(색 없음), 글꼴(굴림, 18pt), 정렬(수평·수직-가운데)

크기(110mm×150mm)

직사각형 그리기 : 크기(15mm×12mm), 면색(흰색), 글꼴(굴림, 20pt), 정렬(수평·수직-가운데)

직사각형 그리기 : 크기(17mm×10mm), 면색(흰색을 제외한 임의의 색)

글꼴 : 돋움, 18pt, 진하게, 가운데 정렬
책갈피 이름 : 안전체험
덧말 넣기

머리말 기능
굴림, 10pt, 오른쪽 정렬 → 비즈니스 플랫폼

최신 기술 및 트렌드 공유
제5회 대한민국 안전산업박람회

문단 첫 글자 장식 기능
글꼴 : 궁서, 면색 : 노랑

그림 위치(내 PC₩문서₩ITQ₩Picture₩그림4.jpg, 문서에 포함)
자르기 기능 이용, 크기(40mm×40mm), 바깥 여백 왼쪽 : 2mm

4차 산업혁명이 세계적인 흐름으로 이어지면서 안전산업 분야에도 태풍, 지진 등의 자연재해 예측부터 화재, 추락 등의 산업 안전사고 대비(對備)까지 이전에는 없었던 새로운 방향의 기술이 등장해 접목되고 있다. 4차 산업혁명 기술을 접목한 첨단 안전제품들을 한자리에서 볼 수 있는 대한민국 안전산업박람회는 안전관련 정부부처, 지자체, 공공기관이 참여하여 범정부적으로 추진되는 국내 최대 규모의 안전산업 종합박람회로 부처별 안전관련 사업 정책, R&D, 컨퍼런스 등을 연계하여 전시회를 개최한다.

첨단기술을 활용한 혁신 안전제품을 선보이며 사회 전반에 안전에 대한 경각심을 ´고취하고 안전관련 기업의 판로를 지원하는 대한민국 안전산업박람회는 로봇, 무인기, 생체인식, 인공지능, 사물인터넷 등의 다양한 신기술이 접목된 제품이 선보여지는 혁신성장관과 방재(防災), 산업, 생활, 교통, 치안 등 분야별 안전제품을 볼 수 있는 안전제품관으로 나뉘어 진행된다. 또한 안전산업 관련 기관 및 기업들의 수출 상담회를 통해 양질의 해외 바이어를 만날 수 있는 비즈니스존과 VR@, AR 등을 활용한 지진체험, 항공기 안전체험 등을 할 수 있는 안전체험마을 등을 부대행사로 운영한다.

각주

◆ **대한민국 안전산업박람회 개요**

글꼴 : 굴림, 18pt, 흰색
음영색 : 파랑

　가. 기간 및 장소
　　㉠ 기간 : 2019. 9. 25(수) - 2019. 9. 27(금)
　　㉡ 장소 : 킨텍스 제1전시장 1-5홀
　나. 주최 및 프로그램
　　㉠ 주최 : 행정안전부, 산업통상자원부, 경기도
　　㉡ 프로그램 : 전시, 컨퍼런스, 비즈니스 프로그램, 안전체험마을 등

문단 번호 기능 사용
1수준 : 20pt, 오른쪽 정렬,
2수준 : 30pt, 오른쪽 정렬
줄 간격 : 180%

표 전체 글꼴 : 돋움, 10pt, 가운데 정렬
셀 배경(그러데이션) : 유형(가운데에서),
시작색(흰색), 끝색(노랑)

◆ **주요 컨퍼런스 프로그램**

글꼴 : 굴림, 18pt, 밑줄, 강조점

구분	시간	장소	내용	주관기관
1일차	10:00-18:00	204호-206호	2019 한국재난안전학회	한국방재학회
	14:00-18:00	304호	공공재산의 재난 및 안전 통제 세미나	지방재정협회
2일차	09:00-12:00	205호	지능형 비디오 분석 및 경보 모니터링 세미나	한국디지털CCTV연구회
	13:00-18:00		공공안전 로봇 프로젝트 워크숍	한국로봇종합학회
3일차	09:30-17:00	209호-210호	2019 한국건설안전학회 학술대회	한국건설안전연구원

글꼴 : 궁서, 24pt, 진하게
장평 95%, 오른쪽 정렬 → **안전산업박람회사무국**

각주 구분선 : 5cm

@ Virtual Reality의 약자로 현실이 아닌데도 실제처럼 생각하고 보이게 하는 현실

쪽 번호 매기기
5로 시작 → E

제 10 회 실전모의고사

과목	코드	문제유형	시험시간	수험번호	성명
아래한글	1111	E	60분		

수험자 유의사항

- 수험자는 문제지를 받는 즉시 문제지와 <u>수험표상의 시험과목(프로그램)이 동일한지 반드시 확인</u>하여야 합니다.
- 파일명은 본인의 "수험번호-성명"으로 입력하여 답안폴더(내 PC\문서\ITQ)에 하나의 파일로 저장해야 하며, 답안문서 파일명이 "수험번호-성명"과 일치하지 않거나, 답안파일을 전송하지 않아 미제출로 처리될 경우 실격 처리합니다(예 : 12345678-홍길동.hwp).
- 답안 작성을 마치면 파일을 저장하고, '답안 전송' 버튼을 선택하여 감독위원 PC로 답안을 전송하십시오. 수험생 정보와 저장한 파일명이 다를 경우 전송되지 않으므로 주의하시기 바랍니다.
- 답안 작성 중에도 <u>주기적으로 저장하고, '답안 전송'</u>하여야 문제 발생을 줄일 수 있습니다. 작업한 내용을 저장하지 않고 전송할 경우 이전에 저장된 내용이 전송되오니 이점 유의하시기 바랍니다.
- 답안문서는 지정된 경로 외의 다른 보조기억장치에 저장하는 경우, 지정된 시험 시간 외에 작성된 파일을 활용할 경우, 기타 통신수단(이메일, 메신저, 네트워크 등)을 이용하여 타인에게 전달 또는 외부 반출하는 경우는 부정 처리합니다.
- 시험 중 부주의 또는 고의로 시스템을 파손한 경우는 수험자가 변상해야 하며, 〈수험자 유의사항〉에 기재된 방법대로 이행하지 않아 생기는 불이익은 수험생 당사자의 책임임을 알려 드립니다.
- 문제의 조건은 한컴오피스 NEO(2016) 버전으로 설정되어 있으니 유의하시기 바랍니다.
- 시험을 완료한 수험자는 답안파일이 전송되었는지 확인한 후 감독위원의 지시에 따라 문제지를 제출하고 퇴실합니다.

답안 작성요령

- **온라인 답안 작성 절차**
  수험자 등록 ⇒ 시험 시작 ⇒ 답안파일 저장 ⇒ 답안 전송 ⇒ 시험 종료

- **공통 부문**
  - 글꼴에 대한 기본설정은 함초롬바탕, 10포인트, 검정, 줄간격 160%, 양쪽정렬로 합니다.
  - 색상은 조건의 색을 적용하고 색의 구분이 안 될 경우에는 RGB 값을 적용하십시오.
    (빨강 255,0,0 / 파랑 0,0,255 / 노랑 255,255,0).
  - 각 문항에 주어진 ≪조건≫에 따라 작성하고 언급하지 않은 조건은 ≪출력형태≫와 같이 작성합니다.
  - 용지여백은 왼쪽·오른쪽 11㎜, 위쪽·아래쪽·머리말·꼬리말 10㎜, 제본 0㎜로 합니다.
  - 그림 삽입 문제의 경우 「내 PC\문서\ITQ\Picture」 폴더에서 지정된 파일을 선택하여 삽입하십시오.
  - 삽입한 그림은 반드시 문서에 포함하여 저장해야 합니다(미포함 시 감점 처리).
  - 각 항목은 지정된 페이지에 출력형태와 같이 정확히 작성하시기 바라며, 그렇지 않을 경우에 해당 항목은 0점 처리됩니다.
    ※ 페이지구분 : 1페이지 - 기능평가Ⅰ(문제번호 표시 : 1. 2.),
    　　　　　　　 2페이지 - 기능평가Ⅱ(문제번호 표시 : 3. 4.),
    　　　　　　　 3페이지 - 문서작성 능력평가

- **기능평가**
  - 문제와 ≪조건≫은 입력하지 않으며 문제번호와 답(≪출력형태≫)만 작성합니다.
  - 4번 문제는 무기를 했을 경우 0점 처리됩니다.

- **문서작성 능력평가**
  - A4 용지(210㎜×297㎜) 1매 크기, 세로 서식 문서로 작성합니다.
  - ▢ 표시는 문서작성에 대한 지시사항이므로 작성하지 않습니다.

1. 다음의 ≪조건≫에 따라 스타일 기능을 적용하여 ≪출력형태≫와 같이 작성하시오. (50점)

≪조건≫ (1) 스타일 이름 – creature
(2) 문단 모양 – 왼쪽 여백 : 15pt, 문단 아래 간격 : 10pt
(3) 글자 모양 – 글꼴 : 한글(굴림)/영문(돋움), 크기 : 10pt, 장평 : 95%, 자간 : 5%

≪출력형태≫

An organism may either be unicellular or be composed of, as in humans, many billions of cells grouped into specialized tissues and organs.

국립생물자원관은 국가 생물자원의 총체적 관리 시스템을 확립하고 이로부터 생물주권 확립의 기반을 다져 국가 경쟁력 제고에 기여하기 위해 설립되었다.

2. 다음의 ≪조건≫에 따라 ≪출력형태≫와 같이 표와 차트를 작성하시오. (100점)

≪표 조건≫ (1) 표 전체(표, 캡션) – 굴림, 10pt
(2) 정렬 – 문자 : 가운데 정렬, 숫자 : 오른쪽 정렬
(3) 셀 배경(면색) : 노랑
(4) 한글의 계산 기능을 이용하여 빈칸에 평균(소수점 두 자리)을 구하고, 캡션 기능 사용할 것
(5) 선 모양은 ≪출력형태≫와 동일하게 처리할 것

≪출력형태≫

생물다양성 교실 참여 신청 현황(단위 : 백 명)

구분	2015년	2016년	2017년	2018년	평균
어린이	624	706	720	924	
청소년	754	798	831	932	
가족	405	453	406	827	
단체	426	578	796	891	

≪차트 조건≫ (1) 차트 데이터는 표 내용에서 연도별 어린이, 청소년, 가족의 값만 이용할 것
(2) 종류 – 〈묶은 세로 막대형〉으로 작업할 것
(3) 제목 – 돋움, 진하게, 12pt, 배경 – 선 모양(한 줄로), 그림자(2pt)
(4) 제목 이외의 전체 글꼴 – 돋움, 보통, 10pt
(5) 축제목과 범례는 ≪출력형태≫와 동일하게 처리할 것

≪출력형태≫

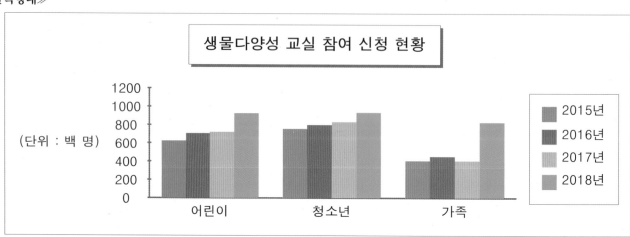

3. 다음 (1), (2)의 수식을 수식 편집기로 각각 입력하시오. (40점)

≪출력형태≫

(1) $F = 1 - \dfrac{9(9n-1)(9n-2)}{10(10n-1)(10n-2)}$

(2) $\triangle W = \dfrac{1}{2}m(f_x)^2 + \dfrac{1}{2}m(f_y)^2$

4. 다음의 ≪조건≫에 따라 ≪출력형태≫와 같이 문서를 작성하시오. (110점)

≪조건≫

(1) 그리기 도구를 이용하여 작성하고, 모든 도형(글맵시, 지정된 그림 포함)을 ≪출력형태≫와 같이 작성하시오.

(2) 도형의 면색은 지시사항이 없으면 색 없음을 제외하고 서로 다르게 임의로 지정하시오.

≪출력형태≫

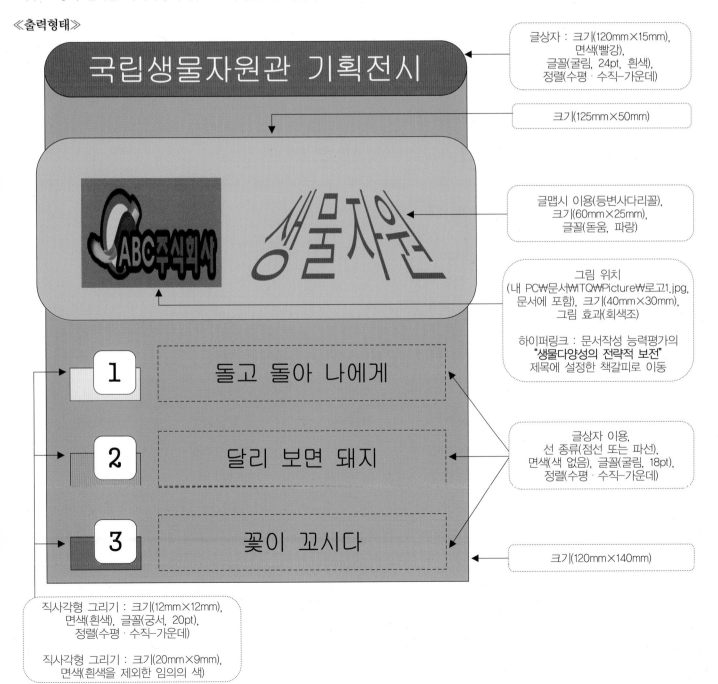

글꼴 : 돋움, 18pt, 진하게, 가운데 정렬
책갈피 이름 : 생물자원
덧말 넣기

머리말 기능
굴림, 10pt, 오른쪽 정렬　→　생물산업의 원천

생물자원은 우리의 힘
생물다양성의 전략적 보전

문단 첫 글자 장식 기능
글꼴 : 궁서, 면색 : 노랑

그림 위치(내 PC₩문서₩ITQ₩Picture₩그림4.jpg, 문서에 포함)
자르기 기능 이용, 크기(40mm×40mm), 바깥 여백 왼쪽 : 2mm

국립생물자원관은 지속적인 우리나라 자생생물 연구를 통해 1,800종의 생물자원을 발굴하여 50,827종의 국사생물종목록을 구축하였다. 우리 국내외 생물자원을 보전(保全)하고 이들을 지속 가능하고 현명하게 이용하는 데 솔선수범하여 21세기 생물자원의 주권 확립의 중심이 되고자 노력하고 있다.

　우리나라에 서식하는 다양한 자생생물은 생명공동체를 구현하는 핵심 요소인 동시에 21세기를 주도하는 중요한 성장 동력 중의 하나인 생물산업의 원천(源泉) 소재가 되고 있다. 국립생물자원관은 이러한 미래의 소중한 국가적 자산인 자생생물자원의 총체적 관리와 생물 주권 확립의 기반 마련을 통해 국가 경쟁력 제고에 기여하고자 2007년 3월 설립되었다. 지난 7년간 국립생물자원관은 국가 생물자원의 발굴, 확보, 소장 및 연구를 체계적으로 수행하여 우리나라 생물자원의 인프라를 구축하고 UN①에 의해 생물다양성 보전 선도 기관으로 지정되는 등 많은 성과를 거두었다. 앞으로도 전시 교육관의 다양한 전시물과 교육 프로그램을 통해 생물자원의 중요성과 지속적인 보전의 필요성을 널리 알리는 살아 있는 교육의 장이 될 수 있도록 노력할 것이다.

각주

★ 자원관의 주요 기능　◀

글꼴 : 굴림, 18pt, 흰색
음영색 : 빨강

① 생물자원 주권 확립
　(ㄱ) 한반도 고유 자생생물 표본 및 기타 생물재료 확보, 소장
　(ㄴ) 국가차원의 생물자원 발굴 및 기반연구 수행
② 생물자원 유용성 분석 및 이용 연구
　(ㄱ) 생물자원의 특성 및 유용성 정보 확보
　(ㄴ) 국가 생물자원 이용기반 구축 및 활성화 지원

문단 번호 기능 사용
　1수준 : 20pt, 오른쪽 정렬,
　2수준 : 30pt, 오른쪽 정렬
줄 간격 : 180%

표 전체 글꼴 : 돋움, 10pt, 가운데 정렬
셀 배경(그러데이션) : 유형(왼쪽 대각선),
　　　　　　　　　시작색(흰색), 끝색(노랑)

★ *야생 동식물 관리 현황*　◀

글꼴 : 굴림, 18pt, 기울임, 강조점

구분	한국명	과명	한국명	과명
멸종 위기 야생 동식물 1급	대륙사슴	사슴과	광릉요강꽃	난초과
	노랑부리저어새	저어새과	두드럭조개	석패과
	얼룩새코미꾸리	미꾸리과	상제나비	흰나비과
멸종 위기 야생 동식물 2급	무산쇠족제비	족제비과	가시오갈피나무	두릅나무과
	자색수지맨드라미	곤봉바다맨드라미과	장수삿갓조개	구멍삿갓조개과

각주 구분선 : 5cm

글꼴 : 궁서, 24pt, 진하게
장평 95%, 오른쪽 정렬　→　**국립생물자원관**

　① 제2차 세계 대전 이후 국제 협력을 달성하기 위하여 창설된 국제 협력 기구

쪽 번호 매기기
7로 시작　→　vii

제 11 회 실전모의고사 한컴오피스

과목	코드	문제유형	시험시간	수험번호	성명
아래한글	1111	A	60분		

수험자 유의사항

■ 수험자는 문제지를 받는 즉시 문제지와 <u>수험표상의 시험과목(프로그램)이 동일한지 반드시 확인</u>하여야 합니다.

■ 파일명은 본인의 "수험번호-성명"으로 입력하여 답안폴더(내 PC₩문서₩ITQ)에 하나의 파일로 저장해야 하며, 답안문서 파일명이 "수험번호-성명"과 일치하지 않거나, 답안파일을 전송하지 않아 미제출로 처리될 경우 실격 처리합니다(예 : 12345678-홍길동.hwp).

■ 답안 작성을 마치면 파일을 저장하고, '답안 전송' 버튼을 선택하여 감독위원 PC로 답안을 전송하십시오. 수험생 정보와 저장한 파일명이 다를 경우 전송되지 않으므로 주의하시기 바랍니다.

■ 답안 작성 중에도 <u>주기적으로 저장하고, '답안 전송'</u>하여야 문제 발생을 줄일 수 있습니다. 작업한 내용을 저장하지 않고 전송할 경우 이전에 저장된 내용이 전송되오니 이점 유의하시기 바랍니다.

■ 답안문서는 지정된 경로 외의 다른 보조기억장치에 저장하는 경우, 지정된 시험 시간 외에 작성된 파일을 활용할 경우, 기타 통신수단(이메일, 메신저, 네트워크 등)을 이용하여 타인에게 전달 또는 외부 반출하는 경우는 부정 처리합니다.

■ 시험 중 부주의 또는 고의로 시스템을 파손한 경우는 수험자가 변상해야 하며, 〈수험자 유의사항〉에 기재된 방법대로 이행하지 않아 생기는 불이익은 수험생 당사자의 책임임을 알려 드립니다.

■ 문제의 조건은 한컴오피스 NEO(2016) 버전으로 설정되어 있으니 유의하시기 바랍니다.

■ 시험을 완료한 수험자는 답안파일이 전송되었는지 확인한 후 감독위원의 지시에 따라 문제지를 제출하고 퇴실합니다.

답안 작성요령

■ 온라인 답안 작성 절차
  수험자 등록 ⇒ 시험 시작 ⇒ 답안파일 저장 ⇒ 답안 전송 ⇒ 시험 종료

■ 공통 부문
  ● 글꼴에 대한 기본설정은 함초롬바탕, 10포인트, 검정, 줄간격 160%, 양쪽정렬로 합니다.
  ● 색상은 조건의 색을 적용하고 색의 구분이 안 될 경우에는 RGB 값을 적용하십시오.
    (빨강 255,0,0 / 파랑 0,0,255 / 노랑 255,255,0).
  ● 각 문항에 주어진 《조건》에 따라 작성하고 언급하지 않은 조건은 《출력형태》와 같이 작성합니다.
  ● 용지여백은 왼쪽·오른쪽 11㎜, 위쪽·아래쪽·머리말·꼬리말 10㎜, 제본 0㎜로 합니다.
  ● 그림 삽입 문제의 경우 「내 PC₩문서₩ITQ₩Picture」 폴더에서 지정된 파일을 선택하여 삽입하십시오.
  ● 삽입한 그림은 반드시 문서에 포함하여 저장해야 합니다(미포함 시 감점 처리).
  ● 각 항목은 지정된 페이지에 출력형태와 같이 정확히 작성하시기 바라며, 그렇지 않을 경우에 해당 항목은 0점 처리됩니다.
    ※ 페이지구분 : 1페이지 – 기능평가 I (문제번호 표시 : 1. 2.),
                   2페이지 – 기능평가 II (문제번호 표시 : 3. 4.),
                   3페이지 – 문서작성 능력평가

■ 기능평가
  ● 문제와 《조건》은 입력하지 않으며 문제번호와 답(《출력형태》)만 작성합니다.
  ● 4번 문제는 묶기를 했을 경우 0점 처리됩니다.

■ 문서작성 능력평가
  ● A4 용지(210㎜×297㎜) 1매 크기, 세로 서식 문서로 작성합니다.
  ● ☐ 표시는 문서작성에 대한 지시사항이므로 작성하지 않습니다.

kpc The Insight KPC
한국생산성본부

기능평가 I (150점)

1. 다음의 ≪조건≫에 따라 스타일 기능을 적용하여 ≪출력형태≫와 같이 작성하시오. (50점)

≪조건≫ (1) 스타일 이름 – taegeukgi
  (2) 문단 모양 – 첫 줄 들여쓰기 : 10pt, 문단 아래 간격 : 10pt
  (3) 글자 모양 – 글꼴 : 한글(돋움)/영문(굴림), 크기 : 10pt, 장평 : 95%, 자간 : –5%

≪출력형태≫

One thing that cannot be overlooked in understanding Koreans is the national flag, Taegeukgi, which has always been flown at the most turbulent times in the country's history.

예로부터 우리 선조들이 생활 속에서 즐겨 사용하던 태극 문양은 동양사상의 근본적인 내용인 음양의 조화를 상징하며 태극기는 우주와 더불어 끝없이 창조와 번영을 희구하는 한민족의 이상을 담고 있다.

2. 다음의 ≪조건≫에 따라 ≪출력형태≫와 같이 표와 차트를 작성하시오. (100점)

≪표 조건≫ (1) 표 전체(표, 캡션) – 궁서, 10pt
  (2) 정렬 – 문자 : 가운데 정렬, 숫자 : 오른쪽 정렬
  (3) 셀 배경(면색) : 노랑
  (4) 한글의 계산 기능을 이용하여 빈칸에 합계를 구하고, 캡션 기능 사용할 것
  (5) 선 모양은 ≪출력형태≫와 동일하게 처리할 것

≪출력형태≫

국경일 태극기 게양 현황(단위 : %)

구분	2015년	2016년	2017년	2018년	합계
경기도	83.7	84.6	64.9	67.9	
경상도	82.9	85.7	72.9	71.8	
충청도	83.3	75.2	80.6	72.5	
전라도	74.9	70.5	69.7	74.1	

≪차트 조건≫ (1) 차트 데이터는 표 내용에서 연도별 경기도, 경상도, 충청도의 값만 이용할 것
  (2) 종류 – 〈묶은 세로 막대형〉으로 작업할 것
  (3) 제목 – 굴림, 진하게, 12pt, 배경 – 선 모양(한 줄로), 그림자(2pt)
  (4) 제목 이외의 전체 글꼴 – 굴림, 보통, 10pt
  (5) 축제목과 범례는 ≪출력형태≫와 동일하게 처리할 것

≪출력형태≫

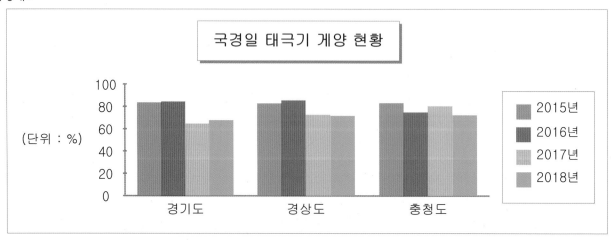

3. 다음 (1), (2)의 수식을 수식 편집기로 각각 입력하시오. (40점)

≪출력형태≫

(1) $\lim\limits_{n\to\infty} P_n = 1 - \dfrac{9^3}{10^3} = \dfrac{271}{1000}$

(2) $\dfrac{a^3}{T^2} = \dfrac{G}{4\pi^2}(M+m)$

4. 다음의 ≪조건≫에 따라 ≪출력형태≫와 같이 문서를 작성하시오. (110점)

≪조건≫

(1) 그리기 도구를 이용하여 작성하고, 모든 도형(글맵시, 지정된 그림 포함)을 ≪출력형태≫와 같이 작성하시오.

(2) 도형의 면색은 지시사항이 없으면 색 없음을 제외하고 서로 다르게 임의로 지정하시오.

≪출력형태≫

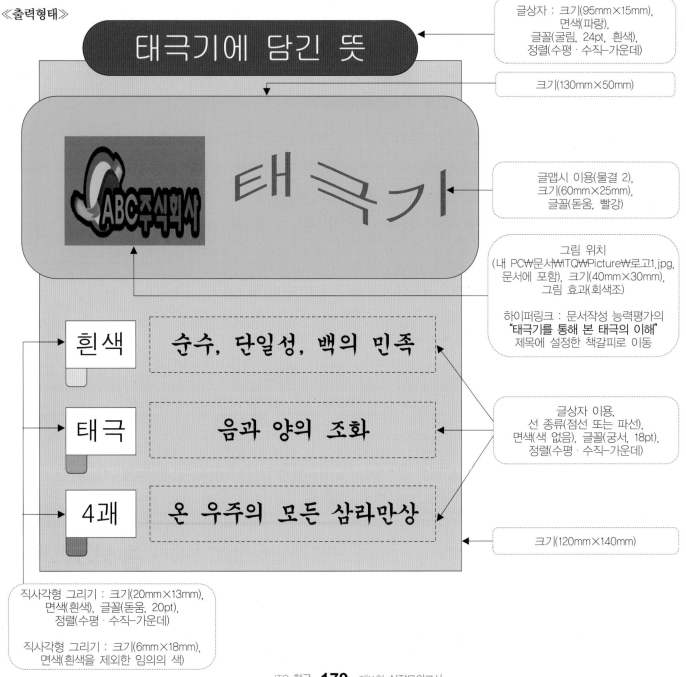

글상자 : 크기(95mm×15mm), 면색(파랑), 글꼴(굴림, 24pt, 흰색), 정렬(수평 · 수직-가운데)

크기(130mm×50mm)

글맵시 이용(물결 2), 크기(60mm×25mm), 글꼴(돋움, 빨강)

그림 위치 (내 PC₩문서₩ITQ₩Picture₩로고1.jpg, 문서에 포함), 크기(40mm×30mm), 그림 효과(회색조)

하이퍼링크 : 문서작성 능력평가의 **"태극기를 통해 본 태극의 이해"** 제목에 설정한 책갈피로 이동

글상자 이용, 선 종류(점선 또는 파선), 면색(색 없음), 글꼴(궁서, 18pt), 정렬(수평 · 수직-가운데)

크기(120mm×140mm)

직사각형 그리기 : 크기(20mm×13mm), 면색(흰색), 글꼴(돋움, 20pt), 정렬(수평 · 수직-가운데)

직사각형 그리기 : 크기(6mm×18mm), 면색(흰색을 제외한 임의의 색)

글꼴 : 돋움, 18pt, 진하게, 가운데 정렬
책갈피 이름 : 태극기
덧말 넣기

머리말 기능
굴림, 10pt, 오른쪽 정렬 ▶ 국가의 상징

우리나라 국기
태극기를 통해 본 태극의 이해

문단 첫 글자 장식 기능
글꼴 : 궁서, 면색 : 노랑

각주

그림 위치(내 PC₩문서₩ITQ₩Picture₩그림4.jpg, 문서에 포함)
자르기 기능 이용, 크기(40mm×35mm), 바깥 여백 왼쪽 : 2mm

근대 국가가 발전하면서 세계 각국은 국기를 제정(制定)하여 사용하기 시작하였다. 우리나라의 국기 제정은 1882년(고종 19년) 5월 22일 조미수호통상조약 조인식이 직접적인 계기(契機)가 되었다. 이후 1882년 9월 수신사①로 일본으로 가던 박영효가 배 안에서 태극 문양과 그 둘레에 건곤감리 4괘를 그려 넣은 '태극4괘 도안'의 기를 만들어 그 달 25일부터 사용하였고, 이듬해인 1883년 3월 6일에 왕명으로 이것이 국기로 제정 및 공포되었다. 그러나 공포할 당시 구체적인 국기제작 방법을 명시하지 않은 탓에 이후 다양한 형태의 국기가 사용되었다.

태극기는 흰 바탕의 한가운데에 적색은 양, 청색은 음의 태극을 두고, 괘는 사방의 대각선상에 검은빛으로 기면을 향하여 건을 왼편 위, 곤을 오른편 아래, 감을 오른편 위, 이를 왼편 아래에 둔다. 기봉은 무궁화 봉오리로 하되 하반부에 꽃받침을 뚜렷이 표시하고 전체를 금색으로 한다. 태극기의 색은 태극기 표준색도에 근접하도록 표현하며 견본은 자연광 아래에서 확인한다. 처음 제작된 태극기는 도형의 통일성이 없어 사괘와 태극양의의 위치가 혼용되다가 1948년 대한민국 정부 수립을 계기로 도안과 규격이 통일되었다.

♥ 국기의 게양방법

글꼴 : 돋움, 18pt, 흰색
음영색 : 파랑

I. 게양국기의 높이
   A. 경축일 또는 평일 : 깃봉과 깃면의 사이를 떼지 않고 게양
   B. 조의를 표하는 날 : 깃봉과 깃면의 사이를 세로만큼 내려 조기로 게양
II. 국기를 전국적으로 게양하는 날
   A. 5대 국경일 및 국군의 날, 조의를 표하는 날 등
   B. 국기를 연중 게양하는 곳 : 국가, 지방자치단체 및 공공기관의 청사 등

문단 번호 기능 사용
1수준 : 20pt, 오른쪽 정렬,
2수준 : 30pt, 오른쪽 정렬
줄 간격 : 180%

표 전체 글꼴 : 굴림, 10pt, 가운데 정렬
셀 배경(그러데이션) : 유형(수평),
시작색(흰색), 끝색(노랑)

♥ 태극기에 담긴 의미

글꼴 : 돋움, 18pt, 밑줄, 강조점

구분	내용
흰색 바탕	밝음과 순수, 전통적으로 평화를 사랑하는 민족성 상징
태극 문양	음과 양의 조화 상징
	우주 만물이 상호작용에 의해 생성 및 발전하는 자연의 진리 형상화
4괘(건곤감리)	음과 양이 서로 변화 및 발전하는 모습을 효(획)의 조합으로 구체화
	건은 우주 만물 중에서 하늘을, 곤은 땅을, 감은 물을, 이는 불을 상징

글꼴 : 궁서, 24pt, 진하게
장평 95%, 오른쪽 정렬 ▶ 국가기록원

각주 구분선 : 5cm

① 강화도 조약 이후 조선정부가 일본에 파견한 외교사절

쪽 번호 매기기
6으로 시작 ▶ vi

제 12 회 실전모의고사 한컴오피스

과목	코드	문제유형	시험시간	수험번호	성명
아래한글	1111	B	60분		

수험자 유의사항

- 수험자는 문제지를 받는 즉시 문제지와 <u>수험표상의 시험과목(프로그램)이 동일한지 반드시 확인</u>하여야 합니다.
- 파일명은 본인의 "수험번호–성명"으로 입력하여 답안폴더(내 PC\문서\ITQ)에 하나의 파일로 저장해야 하며, 답안문서 파일명이 "수험번호–성명"과 일치하지 않거나, 답안파일을 전송하지 않아 미제출로 처리될 경우 실격 처리합니다(예 : 12345678–홍길동.hwp).
- 답안 작성을 마치면 파일을 저장하고, '답안 전송' 버튼을 선택하여 감독위원 PC로 답안을 전송하십시오. 수험생 정보와 저장한 파일명이 다를 경우 전송되지 않으므로 주의하시기 바랍니다.
- 답안 작성 중에도 <u>주기적으로 저장하고, '답안 전송'</u>하여야 문제 발생을 줄일 수 있습니다. 작업한 내용을 저장하지 않고 전송할 경우 이전에 저장된 내용이 전송되오니 이점 유의하시기 바랍니다.
- 답안문서는 지정된 경로 외의 다른 보조기억장치에 저장하는 경우, 지정된 시험 시간 외에 작성된 파일을 활용할 경우, 기타 통신수단(이메일, 메신저, 네트워크 등)을 이용하여 타인에게 전달 또는 외부 반출하는 경우는 부정 처리합니다.
- 시험 중 부주의 또는 고의로 시스템을 파손한 경우는 수험자가 변상해야 하며, 〈수험자 유의사항〉에 기재된 방법대로 이행하지 않아 생기는 불이익은 수험생 당사자의 책임임을 알려 드립니다.
- 문제의 조건은 한컴오피스 NEO(2016) 버전으로 설정되어 있으니 유의하시기 바랍니다.
- 시험을 완료한 수험자는 답안파일이 전송되었는지 확인한 후 감독위원의 지시에 따라 문제지를 제출하고 퇴실합니다.

답안 작성요령

- **온라인 답안 작성 절차**

  수험자 등록 ⇒ 시험 시작 ⇒ 답안파일 저장 ⇒ 답안 전송 ⇒ 시험 종료

- **공통 부문**
  - 글꼴에 대한 기본설정은 함초롬바탕, 10포인트, 검정, 줄간격 160%, 양쪽정렬로 합니다.
  - 색상은 조건의 색을 적용하고 색의 구분이 안 될 경우에는 RGB 값을 적용하십시오. (빨강 255,0,0 / 파랑 0,0,255 / 노랑 255,255,0).
  - 각 문항에 주어진 《조건》에 따라 작성하고 언급하지 않은 조건은 《출력형태》와 같이 작성합니다.
  - 용지여백은 왼쪽·오른쪽 11mm, 위쪽·아래쪽·머리말·꼬리말 10mm, 제본 0mm로 합니다.
  - 그림 삽입 문제의 경우 「내 PC\문서\ITQ\Picture」 폴더에서 지정된 파일을 선택하여 삽입하십시오.
  - 삽입한 그림은 반드시 문서에 포함하여 저장해야 합니다(미포함 시 감점 처리).
  - 각 항목은 지정된 페이지에 출력형태와 같이 정확히 작성하시기 바라며, 그렇지 않을 경우에 해당 항목은 0점 처리됩니다.
    - ※ 페이지구분 : 1페이지 – 기능평가 I (문제번호 표시 : 1. 2.),
      - 2페이지 – 기능평가 II (문제번호 표시 : 3. 4.),
      - 3페이지 – 문서작성 능력평가

- **기능평가**
  - 문제와 《조건》은 입력하지 않으며 문제번호와 답(《출력형태》)만 작성합니다.
  - 4번 문제는 묶기를 했을 경우 0점 처리됩니다.

- **문서작성 능력평가**
  - A4 용지(210mm×297mm) 1매 크기, 세로 서식 문서로 작성합니다.
  - ☐ 표시는 문서작성에 대한 지시사항이므로 작성하지 않습니다.

1. 다음의 ≪조건≫에 따라 스타일 기능을 적용하여 ≪출력형태≫와 같이 작성하시오. (50점)

≪조건≫   (1) 스타일 이름 – skiing
          (2) 문단 모양 – 왼쪽 여백 : 15pt, 문단 아래 간격 : 10pt
          (3) 글자 모양 – 글꼴 : 한글(돋움)/영문(궁서), 크기 : 10pt, 장평 : 95%, 자간 : 5%

≪출력형태≫

New ski and binding designs, coupled with the introduction of ski lifts and snow cars to carry skiers up mountains, enabled the development of alpine skis.

스키는 길고 평평한 활면에 신발을 붙인 도구를 신고 눈 위를 활주하는 스포츠로 스웨덴의 중부 호팅 지방에서 발견된 4,500년 전의 스키가 가장 오래된 것으로 알려져 있다.

2. 다음의 ≪조건≫에 따라 ≪출력형태≫와 같이 표와 차트를 작성하시오. (100점)

≪표 조건≫   (1) 표 전체(표, 캡션) – 돋움, 10pt
            (2) 정렬 – 문자 : 가운데 정렬, 숫자 : 오른쪽 정렬
            (3) 셀 배경(면색) : 노랑
            (4) 한글의 계산 기능을 이용하여 빈칸에 평균(소수점 두 자리)을 구하고, 캡션 기능 사용할 것
            (5) 선 모양은 ≪출력형태≫와 동일하게 처리할 것

≪출력형태≫

크로스컨트리 K-Point(단위 : 점)

구분	회장배	학생종별	전국체전	종별	평균
김그린	137.5	112.1	120.5	112.3	
박승현	135.4	131.8	154.4	114.7	
김민재	185.4	164.2	190.1	206.9	
박민아	162.7	157.2	153.4	168.4	✕

≪차트 조건≫   (1) 차트 데이터는 표 내용에서 구분별 김그린, 박승현, 김민재의 값만 이용할 것
             (2) 종류 – 〈묶은 가로 막대형〉으로 작업할 것
             (3) 제목 – 굴림, 진하게, 12pt, 배경 – 선 모양(한 줄로), 그림자(2pt)
             (4) 제목 이외의 전체 글꼴 – 굴림, 보통, 10pt
             (5) 축제목과 범례는 ≪출력형태≫와 동일하게 처리할 것

≪출력형태≫

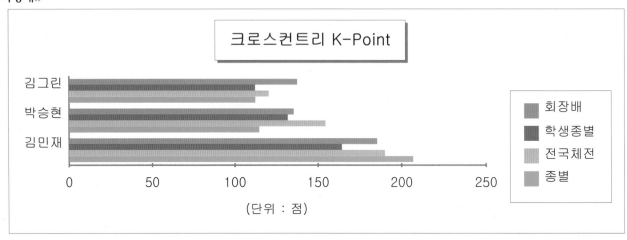

3. 다음 (1), (2)의 수식을 수식 편집기로 각각 입력하시오. (40점)

≪출력형태≫

(1) $\displaystyle\sum_{k=1}^{n} k^2 = \frac{1}{6}n(n+1)(2n+1)$

(2) $F_n = \dfrac{a(r^n-1)}{r-1} = \dfrac{a(1+r^n)}{1-r}(r \neq 1)$

4. 다음의 ≪조건≫에 따라 ≪출력형태≫와 같이 문서를 작성하시오. (110점)

≪조건≫

(1) 그리기 도구를 이용하여 작성하고, 모든 도형(글맵시, 지정된 그림 포함)을 ≪출력형태≫와 같이 작성하시오.

(2) 도형의 면색은 지시사항이 없으면 색 없음을 제외하고 서로 다르게 임의로 지정하시오.

≪출력형태≫

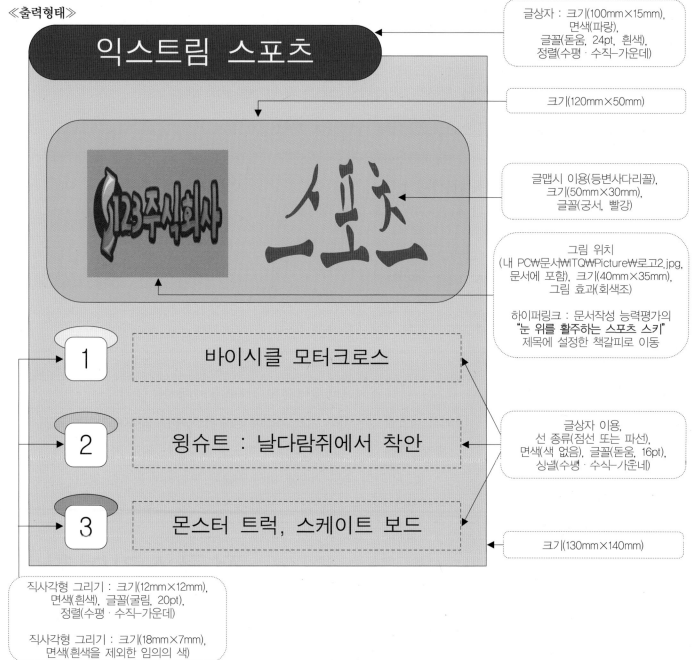

글상자 : 크기(100mm×15mm), 면색(파랑), 글꼴(돋움, 24pt, 흰색), 정렬(수평·수직-가운데)

크기(120mm×50mm)

글맵시 이용(등변사다리꼴), 크기(50mm×30mm), 글꼴(궁서, 빨강)

그림 위치
(내 PC₩문서₩ITQ₩Picture₩로고2.jpg, 문서에 포함), 크기(40mm×35mm), 그림 효과(회색조)

하이퍼링크 : 문서작성 능력평가의 "눈 위를 활주하는 스포츠 스키" 제목에 설정한 책갈피로 이동

글상자 이용, 선 종류(점선 또는 파선), 면색(색 없음), 글꼴(돋움, 16pt), 싱녈(수뱅·수식-가운네)

크기(130mm×140mm)

직사각형 그리기 : 크기(12mm×12mm), 면색(흰색), 글꼴(굴림, 20pt), 정렬(수평·수직-가운데)

직사각형 그리기 : 크기(18mm×7mm), 면색(흰색을 제외한 임의의 색)

바이시클 모터크로스

윙슈트 : 날다람쥐에서 착안

몬스터 트럭, 스케이트 보드

글꼴 : 궁서, 18pt, 진하게, 가운데 정렬
책갈피 이름 : 스포츠
덧말 넣기

머리말 기능
굴림, 10pt, 오른쪽 정렬 → 겨울 레포츠

이동수단에서 스포츠로
눈 위를 활주하는 스포츠 스키

문단 첫 글자 장식 기능
글꼴 : 돋움, 면색 : 노랑

그림 위치(내 PC₩문서₩ITQ₩Picture₩그림4.jpg, 문서에 포함)
자르기 기능 이용, 크기(40mm×40mm), 바깥 여백 왼쪽 : 2mm

스키는 오랜 옛날부터 이동수단으로서의 목적으로 이를 이용하여 사냥을 하고 전쟁을 수행하여 제2의 발이라고 칭해지며 자연스럽게 개발되었다. 스키의 유래는 기원전 3000년경으로 추측(推測)되며, 발생지는 러시아 동북부 알다이와 바이칼호 지방으로 알려져 있다. 우리나라 역시 정확한 기록은 없지만 2000-3000년 전부터 스키를 타 왔던 것으로 짐작(斟酌)된다. 함경도에서 발굴된 석기시대 유물에서 고대에 사용된 것으로 보이는 썰매가 나온 사례도 있다. 일제 강점기에는 제1회 조선스키대회가 열렸고, 1946년에는 조선스키협회가 창립되었다. 그리고 1948년 정부 수립과 함께 그 명칭이 대한스키협회로 바뀌어 오늘에 이르고 있다.

　스키는 완만한 구릉 지대인 북유럽에서는 거리 경기 위주의 노르딕 스키가 발달했고, 산세가 험한 알프스 지역에서는 경사면을 빠르게 활강하는 알파인 스키가 발달했다. 노르딕 스키에는 크로스컨트리와 스키 점프, 그리고 두 가지를 합한 노르딕 복합 종목이 있다. 알파인 스키에는 경사면을 활주해 내려오는 활강과 회전 종목이 있다. 최근에는 고난도 묘기를 선보이는 익스트림게임Ⓐ 형태의 프리스타일 스키가 큰 인기를 끌고 있다.

각주

※ 스키 플레이트

글꼴 : 굴림, 18pt, 흰색
음영색 : 파랑

① 스키 플레이트

　(ㄱ) 초심자는 스키가 짧을수록 안정성이 높다.

　(ㄴ) 상급자는 자신의 신장보다 20센티미터 정도 짧은 스키를 선택

② 플레이트 보관법

　(ㄱ) 스키를 맞물리지 않게 분리한다.

　(ㄴ) 두 개의 스키를 벽에 일직선으로 세워둔다.

문단 번호 기능 사용
1수준 : 20pt, 오른쪽 정렬,
2수준 : 30pt, 오른쪽 정렬
줄 간격 : 180%

표 전체 글꼴 : 돋움, 10pt, 가운데 정렬
셀 배경(그러데이션) : 유형(수평),
시작색(흰색), 끝색(노랑)

※ 스키 경기의 종류

글꼴 : 굴림, 18pt, 밑줄, 강조점

구분		내용
노르딕	크로스컨트리	스키 장비를 갖추고 장거리를 이동하는 경기
	스키 점프	2회의 점프를 실시하여 점프 거리에 점수와 자세를 합하여 가리는 경기
알파인	활강경기	출발선부터 골인 선까지 최대의 속도로 활주하는 속도 계통의 경기
	슈퍼대회전경기	활강경기의 속도 기술에 회전 기술을 복합하여 겨루는 경기
프리스타일	에어리얼	점프 경기장에서 곡예 점프, 착지 동작 등으로 승부를 가리는 경기

글꼴 : 돋움, 24pt, 진하게
장평 110%, 오른쪽 정렬

→전국스키연합회

각주 구분선 : 5cm

Ⓐ 갖가지 고난도 묘기를 행하는 모험 레포츠로서 극한스포츠라고도 칭함

쪽 번호 매기기
5로 시작 → ⑤

제 13 회 실전모의고사 한컴오피스

과목	코드	문제유형	시험시간	수험번호	성명
아래한글	1111	C	60분		

수험자 유의사항

- 수험자는 문제지를 받는 즉시 문제지와 <u>수험표상의 시험과목(프로그램)이 동일한지 반드시 확인</u>하여야 합니다.
- 파일명은 본인의 "수험번호-성명"으로 입력하여 답안폴더(내 PC\문서\ITQ)에 하나의 파일로 저장해야 하며, 답안문서 파일명이 "수험번호-성명"과 일치하지 않거나, 답안파일을 전송하지 않아 미제출로 처리될 경우 실격 처리합니다(예 : 12345678-홍길동.hwp).
- 답안 작성을 마치면 파일을 저장하고, '답안 전송' 버튼을 선택하여 감독위원 PC로 답안을 전송하십시오. 수험생 정보와 저장한 파일명이 다를 경우 전송되지 않으므로 주의하시기 바랍니다.
- 답안 작성 중에도 <u>주기적으로 저장하고, '답안 전송'</u>하여야 문제 발생을 줄일 수 있습니다. 작업한 내용을 저장하지 않고 전송할 경우 이전에 저장된 내용이 전송되오니 이점 유의하시기 바랍니다.
- 답안문서는 지정된 경로 외의 다른 보조기억장치에 저장하는 경우, 지정된 시험 시간 외에 작성된 파일을 활용할 경우, 기타 통신수단(이메일, 메신저, 네트워크 등)을 이용하여 타인에게 전달 또는 외부 반출하는 경우는 부정 처리합니다.
- 시험 중 부주의 또는 고의로 시스템을 파손한 경우는 수험자가 변상해야 하며, 〈수험자 유의사항〉에 기재된 방법대로 이행하지 않아 생기는 불이익은 수험생 당사자의 책임임을 알려 드립니다.
- 문제의 조건은 한컴오피스 NEO(2016) 버전으로 설정되어 있으니 유의하시기 바랍니다.
- 시험을 완료한 수험자는 답안파일이 전송되었는지 확인한 후 감독위원의 지시에 따라 문제지를 제출하고 퇴실합니다.

답안 작성요령

- **온라인 답안 작성 절차**
  수험자 등록 ⇒ 시험 시작 ⇒ 답안파일 저장 ⇒ 답안 전송 ⇒ 시험 종료
- **공통 부문**
  - 글꼴에 대한 기본설정은 함초롬바탕, 10포인트, 검정, 줄간격 160%, 양쪽정렬로 합니다.
  - 색상은 조건의 색을 적용하고 색의 구분이 안 될 경우에는 RGB 값을 적용하십시오.
    (빨강 255,0,0 / 파랑 0,0,255 / 노랑 255,255,0).
  - 각 문항에 주어진 《조건》에 따라 작성하고 언급하지 않은 조건은 《출력형태》와 같이 작성합니다.
  - 용지여백은 왼쪽·오른쪽 11mm, 위쪽·아래쪽·머리말·꼬리말 10mm, 제본 0mm로 합니다.
  - 그림 삽입 문제의 경우 「내 PC\문서\ITQ\Picture」 폴더에서 지정된 파일을 선택하여 삽입하십시오.
  - 삽입한 그림은 반드시 문서에 포함하여 저장해야 합니다(미포함 시 감점 처리).
  - 각 항목은 지정된 페이지에 출력형태와 같이 정확히 작성하시기 바라며, 그렇지 않을 경우에 해당 항목은 0점 처리됩니다.
    ※ 페이지구분 : 1페이지 - 기능평가 I (문제번호 표시 : 1. 2.),
    　　　　　　　2페이지 - 기능평가 II (문세번호 표시 : 3. 4.),
    　　　　　　　3페이지 - 문서작성 능력평가
- **기능평가**
  - 문제와 《조건》은 입력하지 않으며 문세번호와 답(《출력형태》)만 작성합니다.
  - 4번 문제는 묶기를 했을 경우 0점 처리됩니다.
- **문서작성 능력평가**
  - A4 용지(210mm×297mm) 1매 크기, 세로 서식 문서로 작성합니다.
  - ☐ 표시는 문서작성에 대한 지시사항이므로 작성하지 않습니다.

1. 다음의 ≪조건≫에 따라 스타일 기능을 적용하여 ≪출력형태≫와 같이 작성하시오. (50점)

≪조건≫ (1) 스타일 이름 – cio
(2) 문단 모양 – 왼쪽 여백 : 15pt, 문단 아래 간격 : 10pt
(3) 글자 모양 – 글꼴 : 한글(굴림)/영문(돋움), 크기 : 10pt, 장평 : 95%, 자간 : 5%

≪출력형태≫

As information technology and systems have become more important, the CIO has come to be viewed in many organizations as a key contributor.

최고정보관리책임자란 기업 활동에서 기업 전략으로서의 정보 시스템을 어떻게 활용할 것인가를 입안, 실행하는 정보 자원 관리의 책임을 지는 사람을 말한다.

2. 다음의 ≪조건≫에 따라 ≪출력형태≫와 같이 표와 차트를 작성하시오. (100점)

≪표 조건≫ (1) 표 전체(표, 캡션) – 굴림, 10pt
(2) 정렬 – 문자 : 가운데 정렬, 숫자 : 오른쪽 정렬
(3) 셀 배경(면색) : 노랑
(4) 한글의 계산 기능을 이용하여 빈칸에 평균(소수점 두 자리)을 구하고, 캡션 기능 사용할 것
(5) 선 모양은 ≪출력형태≫와 동일하게 처리할 것

≪출력형태≫

최고정보관리책임자 채용 현황(단위 : %)

구분	2014년	2015년	2016년	2017년	평균
정보기술	37.2	28.6	57.4	69.6	
정보통신	46.8	59.3	70.8	75.1	
금융기관	32.1	45.3	40.6	76.3	
제조업	22.6	35.3	46.2	49.7	

≪차트 조건≫ (1) 차트 데이터는 표 내용에서 연도별 정보기술, 정보통신, 금융기관의 값만 이용할 것
(2) 종류 – 〈묶은 세로 막대형〉으로 작업할 것
(3) 제목 – 돋움, 진하게, 12pt, 배경 – 선 모양(한 줄로), 그림자(2pt)
(4) 제목 이외의 전체 글꼴 – 돋움, 보통, 10pt
(5) 축제목과 범례는 ≪출력형태≫와 동일하게 처리할 것

≪출력형태≫

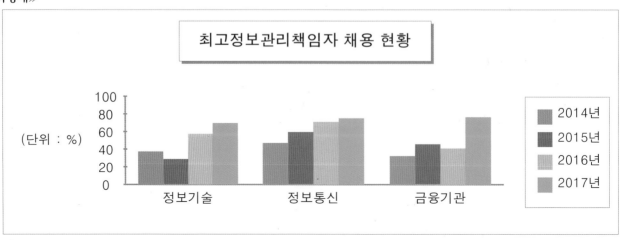

3. 다음 (1), (2)의 수식을 수식 편집기로 각각 입력하시오. (40점)

≪출력형태≫

(1) $\int_a^b xf(x)dx = \frac{1}{b-a}\int_a^b xdx = \frac{a+b}{2}$
        (2) $\overline{AB} = \sqrt{(x_2-x_1)^2 + (y_2-y_1)^2}$

4. 다음의 ≪조건≫에 따라 ≪출력형태≫와 같이 문서를 작성하시오. (110점)

≪조건≫

(1) 그리기 도구를 이용하여 작성하고, 모든 도형(글맵시, 지정된 그림 포함)을 ≪출력형태≫와 같이 작성하시오.
(2) 도형의 면색은 지시사항이 없으면 색 없음을 제외하고 서로 다르게 임의로 지정하시오.

≪출력형태≫

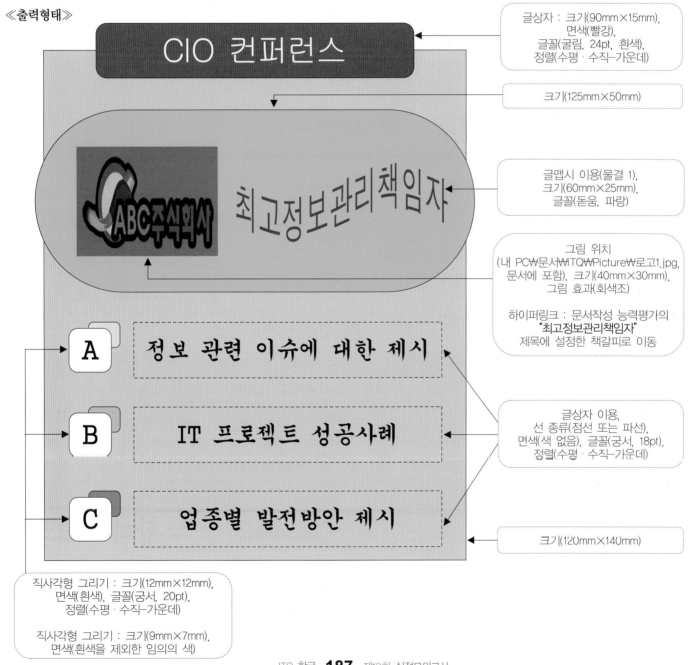

글상자 : 크기(90mm×15mm),
면색(빨강),
글꼴(굴림, 24pt, 흰색),
정렬(수평·수직-가운데)

크기(125mm×50mm)

글맵시 이용(물결 1),
크기(60mm×25mm),
글꼴(돋움, 파랑)

그림 위치
(내 PC\문서\ITQ\Picture\로고1.jpg,
문서에 포함), 크기(40mm×30mm),
그림 효과(회색조)

하이퍼링크 : 문서작성 능력평가의
"최고정보관리책임자"
제목에 설정한 책갈피로 이동

글상자 이용,
선 종류(점선 또는 파선),
면색(색 없음), 글꼴(궁서, 18pt),
정렬(수평·수직-가운데)

크기(120mm×140mm)

직사각형 그리기 : 크기(12mm×12mm),
면색(흰색), 글꼴(궁서, 20pt),
정렬(수평·수직-가운데)

직사각형 그리기 : 크기(9mm×7mm),
면색(흰색을 제외한 임의의 색)

글꼴 : 돋움, 18pt, 진하게, 가운데 정렬
책갈피 이름 : 정보관리
덧말 넣기

머리말 기능
굴림, 10pt, 오른쪽 정렬 → CIO 아카데미

정보기술과 정보시스템 관리
최고정보관리책임자

문단 첫 글자 장식 기능
글꼴 : 궁서, 면색 : 노랑

그림 위치(내 PC₩문서₩ITQ₩Picture₩그림4.jpg, 문서에 포함)
자르기 기능 이용, 크기(40mm×40mm), 바깥 여백 왼쪽 : 2mm

최근 경영환경의 급속한 변화는 최고정보관리책임자(CIO, chief information officer)로 하여금 정보 통신기술의 전략적 활용을 통한 기업의 경영혁신을 선도하고 새로운 비즈니스 가치를 창출해야 하는 다양한 역할을 요구하고 있다. CIO는 기업의 경영 목표를 이루기 위해 정보기술을 감독하고 정보전략을 세우는 것을 주 임무로 한다. 따라서 기업 경영에 대한 통찰력이 있어야 하며 정보기술을 기업 구석구석까지 전략적으로 사용할 수 있는 능력을 갖춰야 한다. e비즈니스Ⓐ의 보급과 전산화의 영향으로 기업 내의 정보 및 정보시스템 관리 능력이 기업의 주요 경쟁력으로 꼽히면서 중요성이 강조되고 있는 직책(職責)이다.

각주

CIO는 이렇게 한 기업의 정보기술과 컴퓨터 시스템 부문을 책임지는 사람에게 부여되는 명칭이다. 기업의 인터넷과 월드와이드웹 등을 장기 선략(戰略)과 중기 비즈니스 계획에 통합하기 위한 사업을 지휘하는 경우도 많다. 따라서 최고정보관리책임자는 정보기술과 이의 활용에 관한 기술적 지식 및 경험도 필요하며, 사업 운영에 대한 지식과 전략적 안목이 있어야 한다.

♠ CIO 아카데미 개요

글꼴 : 굴림, 18pt, 흰색
음영색 : 빨강

가) 교육일정 및 시간
   a) 교육일정 : 2019년 1월 16일(수) - 4월 17일(수)
   b) 강의시간 : 주 1회(수요일/18:30-21:30)
나) 모집 대상
   a) 일반 기업 및 공공기관 : CIO 및 예비 CIO
   b) IT/SI 및 정보통신업체 : 전략 및 기획 담당 부장급 및 임원

문단 번호 기능 사용
1수준 : 20pt, 오른쪽 정렬,
2수준 : 30pt, 오른쪽 정렬
줄 간격 : 180%

표 전체 글꼴 : 굴림, 10pt, 가운데 정렬
셀 배경(그러데이션) : 유형(왼쪽 대각선),
시작색(흰색), 끝색(노랑)

♠ *C͜I͜O͜ 아카데미 커리큘럼*

글꼴 : 굴림, 18pt, 기울임, 강조점

일자	구분	주요 내용	장소
1월 16일	IT 기술 트렌드	4차 산업혁명시대, 디지털 신기술과 미래 전략	국제관
1월 23일		블록체인 기술과 산업별 적용 사례	전략실
1월 30일		빅데이터 활용 이슈와 성공 사례	기획실
2월 13일	정보관리 정보보호 소양 교육	국내 개인정보보호규정 대응 현황 및 국제적 전망	회의실

글꼴 : 궁서, 24pt, 진하게
장평 90%, 오른쪽 정렬 → **한국CIO포럼**

각주 구분선 : 5cm

Ⓐ 인터넷을 기업 경영에 도입하여 기존 기업의 경영 활동 영역을 가상공간으로 이전시킨 것

쪽 번호 매기기
2로 시작 → ii

제14회 실전모의고사 한컴오피스

과목	코드	문제유형	시험시간	수험번호	성명
아래한글	1111	D	60분		

수험자 유의사항

- 수험자는 문제지를 받는 즉시 문제지와 **수험표상의 시험과목(프로그램)이 동일한지 반드시 확인**하여야 합니다.
- 파일명은 본인의 "수험번호-성명"으로 입력하여 답안폴더(내 PC\문서\ITQ)에 하나의 파일로 저장해야 하며, 답안문서 파일명이 "수험번호-성명"과 일치하지 않거나, 답안파일을 전송하지 않아 미제출로 처리될 경우 실격 처리합니다(예 : 12345678-홍길동.hwp).
- 답안 작성을 마치면 파일을 저장하고, '답안 전송' 버튼을 선택하여 감독위원 PC로 답안을 전송하십시오. 수험생 정보와 저장한 파일명이 다를 경우 전송되지 않으므로 주의하시기 바랍니다.
- 답안 작성 중에도 **주기적으로 저장하고, '답안 전송'**하여야 문제 발생을 줄일 수 있습니다. 작업한 내용을 저장하지 않고 전송할 경우 이전에 저장된 내용이 전송되오니 이점 유의하시기 바랍니다.
- 답안문서는 지정된 경로 외의 다른 보조기억장치에 저장하는 경우, 지정된 시험 시간 외에 작성된 파일을 활용할 경우, 기타 통신수단(이메일, 메신저, 네트워크 등)을 이용하여 타인에게 전달 또는 외부 반출하는 경우는 부정 처리합니다.
- 시험 중 부주의 또는 고의로 시스템을 파손한 경우는 수험자가 변상해야 하며, 〈수험자 유의사항〉에 기재된 방법대로 이행하지 않아 생기는 불이익은 수험생 당사자의 책임임을 알려 드립니다.
- 문제의 조건은 한컴오피스 NEO(2016) 버전으로 설정되어 있으니 유의하시기 바랍니다.
- 시험을 완료한 수험자는 답안파일이 전송되었는지 확인한 후 감독위원의 지시에 따라 문제지를 제출하고 퇴실합니다.

답안 작성요령

- **온라인 답안 작성 절차**

  수험자 등록 ⇒ 시험 시작 ⇒ 답안파일 저장 ⇒ 답안 전송 ⇒ 시험 종료

- **공통 부문**
  - 글꼴에 대한 기본설정은 함초롬바탕, 10포인트, 검정, 줄간격 160%, 양쪽정렬로 합니다.
  - 색상은 조건의 색을 적용하고 색의 구분이 안 될 경우에는 RGB 값을 적용하십시오.
    (빨강 255,0,0 / 파랑 0,0,255 / 노랑 255,255,0).
  - 각 문항에 주어진 《조건》에 따라 작성하고 언급하지 않은 조건은 《출력형태》와 같이 작성합니다.
  - 용지여백은 왼쪽·오른쪽 11㎜, 위쪽·아래쪽·머리말·꼬리말 10㎜, 제본 0㎜로 합니다.
  - 그림 삽입 문제의 경우 「내 PC\문서\ITQ\Picture」 폴더에서 지정된 파일을 선택하여 삽입하십시오.
  - 삽입한 그림은 반드시 문서에 포함하여 저장해야 합니다(미포함 시 감점 처리).
  - 각 항목은 지정된 페이지에 출력형태와 같이 정확히 작성하시기 바라며, 그렇지 않을 경우에 해당 항목은 0점 처리됩니다.
    ※ 페이지구분 : 1페이지 - 기능평가 I (문제번호 표시 : 1. 2.),
    　　　　　　　　2페이지 - 기능평가 II (문제번호 표시 : 3. 4.),
    　　　　　　　　3페이지 - 문서작성 능력평가

- **기능평가**
  - 문제와 《조건》은 입력하지 않으며 문제번호와 답(《출력형태》)만 작성합니다.
  - 4번 문제는 묶기를 했을 경우 0점 처리됩니다.

- **문서작성 능력평가**
  - A4 용지(210㎜×297㎜) 1매 크기, 세로 서식 문서로 작성합니다.
  - ▢ 표시는 문서작성에 대한 지시사항이므로 작성하지 않습니다.

1. 다음의 《조건》에 따라 스타일 기능을 적용하여 《출력형태》와 같이 작성하시오. (50점)

《조건》 (1) 스타일 이름 – library
(2) 문단 모양 – 왼쪽 여백 : 15pt, 문단 아래 간격 : 10pt
(3) 글자 모양 – 글꼴 : 한글(궁서)/영문(굴림), 크기 : 10pt, 장평 : 95%, 자간 : 5%

《출력형태》

The collection of resources is done through submission of documents, and through the purchase, donation, and international exchanges of publications.

독서는 단순한 문자 판독이 아니라, 글쓴이와 읽는 이와의 간접적 만남이며 그 만남은 책이라는 작품을 매개로 하여 이루어지는 것이기 때문에 의사소통 행위라고 할 수 있다.

2. 다음의 《조건》에 따라 《출력형태》와 같이 표와 차트를 작성하시오. (100점)

《표 조건》 (1) 표 전체(표, 캡션) – 굴림, 10pt
(2) 정렬 – 문자 : 가운데 정렬, 숫자 : 오른쪽 정렬
(3) 셀 배경(면색) : 노랑
(4) 한글의 계산 기능을 이용하여 빈칸에 평균(소수점 두 자리)을 구하고, 캡션 기능 사용할 것
(5) 선 모양은 《출력형태》와 동일하게 처리할 것

《출력형태》

공공 도서관 이용률 현황(단위 : %)

구분	2015년	2016년	2017년	2018년	평균
20대 이하	46.3	49.1	42.9	50.3	
30대	35.8	32.4	37.7	38.5	
40대	29.4	36.6	32.6	31.7	
50대 이상	18.6	16.5	21.4	17.8	✕

《차트 조건》 (1) 차트 데이터는 표 내용에서 연도별 20대 이하, 30대, 40대의 값만 이용할 것
(2) 종류 – 〈묶은 세로 막대형〉으로 작업할 것
(3) 제목 – 궁서, 진하게, 12pt, 배경 – 선 모양(한 줄로), 그림자(2pt)
(4) 제목 이외의 전체 글꼴 – 궁서, 보통, 10pt
(5) 축제목과 범례는 《출력형태》와 동일하게 처리할 것

《출력형태》

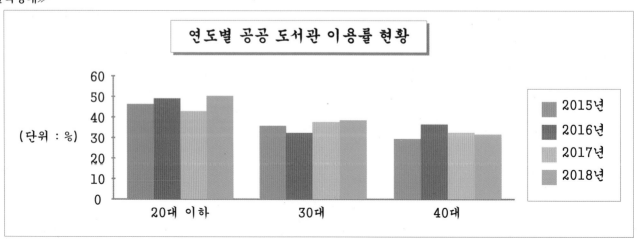

3. 다음 (1), (2)의 수식을 수식 편집기로 각각 입력하시오. (40점)

≪출력형태≫

(1) $\dfrac{F}{h_2}=I_2 k_1 \dfrac{I_1}{d}=2\times10^{-7}\dfrac{I_1 I_2}{d}$

(2) $\lambda=\dfrac{h}{mh}=\dfrac{h}{\sqrt{2meV}}$

4. 다음의 ≪조건≫에 따라 ≪출력형태≫와 같이 문서를 작성하시오. (110점)

≪조건≫
(1) 그리기 도구를 이용하여 작성하고, 모든 도형(글맵시, 지정된 그림 포함)을 ≪출력형태≫와 같이 작성하시오.
(2) 도형의 면색은 지시사항이 없으면 색 없음을 제외하고 서로 다르게 임의로 지정하시오.

≪출력형태≫

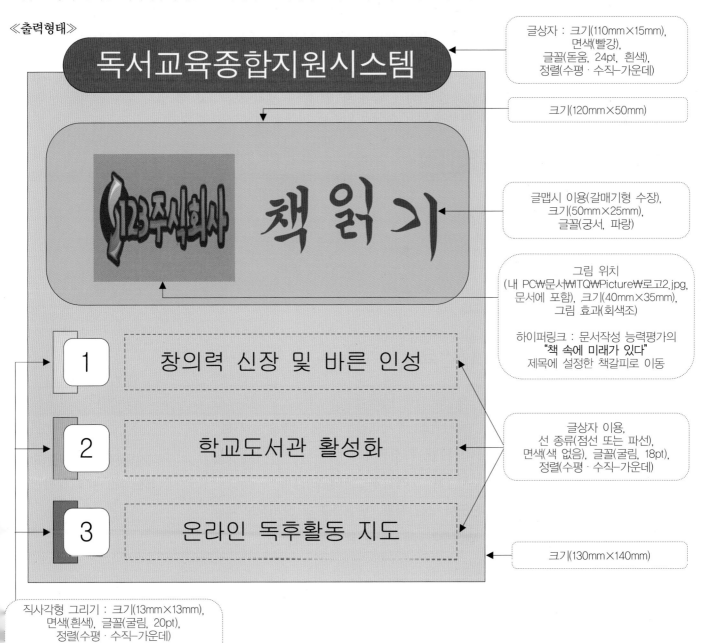

글상자 : 크기(110mm×15mm), 면색(빨강), 글꼴(돋움, 24pt, 흰색), 정렬(수평·수직-가운데)

크기(120mm×50mm)

글맵시 이용(갈매기형 수장), 크기(50mm×25mm), 글꼴(궁서, 파랑)

그림 위치 (내 PC\문서\ITQ\Picture\로고2.jpg, 문서에 포함), 크기(40mm×35mm), 그림 효과(회색조)

하이퍼링크 : 문서작성 능력평가의 **"책 속에 미래가 있다"** 제목에 설정한 책갈피로 이동

글상자 이용, 선 종류(점선 또는 파선), 면색(색 없음), 글꼴(굴림, 18pt), 정렬(수평·수직-가운데)

크기(130mm×140mm)

직사각형 그리기 : 크기(13mm×13mm), 면색(흰색), 글꼴(굴림, 20pt), 정렬(수평·수직-가운데)

직사각형 그리기 : 크기(7mm×17mm), 면색(흰색을 제외한 임의의 색)

글꼴 : 궁서, 18pt, 진하게, 가운데 정렬
책갈피 이름 : 독서
덧말 넣기

머리말 기능
굴림, 10pt, 오른쪽 정렬 → 풍부한 글 읽기

책읽기 습관
책 속에 미래가 있다

문단 첫 글자 장식 기능
글꼴 : 돋움, 면색 : 노랑

그림 위치(내 PC₩문서₩ITQ₩Picture₩그림4.jpg, 문서에 포함)
자르기 기능 이용, 크기(40mm×35mm), 바깥 여백 왼쪽 : 2mm

사람은 무의식적으로 여러 정보(情報)를 접하면서 본인이 마음에 들어 하는 것은 택하고 그렇지 않은 것은 버리는 취사선택을 한다. 어릴 때부터 바른 정서와 바람직한 행동을 하기 위해서는 교육적인 책을 통해서 좋은 정보를 접할 수 있도록 하는 것이 중요하다. 특히 현대 사회처럼 급변하는 변화의 물결 속에서 숨 가쁘게 돌아가는 시대에는 더욱 그렇다. 이러한 변화(變化)는 발전과 성장이라는 긍정적 성과의 원동력이기는 하나 그 이면에는 무한 경쟁과 물질 만능주의로 인한 인간성 상실의 위기 속에서 희망을 잃어버린 사람들이 늘어나고 있다는 부정적 측면 또한 외면할 수 없는 현실이다.

잃어버린 희망을 되찾고 올바른 가치관을 재정립하여 건전한 상식이 통용되는 사회를 이루기 위해서는 각 개인이 주체적 존재로서 삶의 주인이 되어야 한다. 책은 사고력 및 창조성 등 개인의 능력 계발과 적극성 및 추진력 등 바람직한 성격 형성에도 지대한 영향을 미쳐 전인교육의 바탕을 이루는 필수 요소라 할 수 있다. 풍요 속 빈곤의 시대를 살아가는 고독한 현대인들의 생활에 촉촉한 단비가 되어 줄 양서ⓐ를 널리 보급하고 책 읽기 운동을 적극 전개하여 풍요로운 삶을 실현하고 문화 변혁을 이루어 인간 중심의 따뜻한 미래를 앞당겨야 할 것이다.

각주

글꼴 : 굴림, 18pt, 흰색
음영색 : 빨강

♠ **책 읽는 학교 사업 개요**

① 청소년과 어머니
  (ㄱ) 청소년을 위한 방문 독서 지도
  (ㄴ) 어머니 독서봉사대 게시판 운영
② 기관 행사
  (ㄱ) 주말 독서학교 운영
  (ㄴ) 고전 읽기 백일장 대회 개최

문단 번호 기능 사용
1수준 : 20pt, 오른쪽 정렬,
2수준 : 30pt, 오른쪽 정렬
줄 간격 : 180%

표 전체 글꼴 : 돋움, 10pt, 가운데 정렬
셀 배경(그러데이션) : 유형(수평),
시작색(흰색), 끝색(노랑)

♠ *독서교육종합지원시스템* 글꼴 : 굴림, 18pt, 기울임, 강조점

구분	내용	비고
독후활동	감상문쓰기, 독서퀴즈, 주제어글쓰기 등 독후활동 지원	디지털자료실지원센터 (표준화된 학교 도서관 정보시스템)
독후활동	독서캠프, 독서토론방, 독서동아리 등 독서 커뮤니티 운영	디지털자료실지원센터 (표준화된 학교 도서관 정보시스템)
도서정보	도서검색, 우리학교 도서정보 검색	디지털자료실지원센터 (표준화된 학교 도서관 정보시스템)
도서정보	우리학교 추천도서, 신간자료, 우수자료 등 도서정보 제공	디지털자료실지원센터 (표준화된 학교 도서관 정보시스템)
독후활동지도	별점주기, 독후활동 추천하기 등	디지털자료실지원센터 (표준화된 학교 도서관 정보시스템)

각주 구분선 : 5cm

글꼴 : 돋움, 24pt, 진하게
장평 110%, 오른쪽 정렬

디지털자료실지원센터

ⓐ 내용이 건전하거나 교훈적이어서 생활에 지침이 될 만한 좋은 책

쪽 번호 매기기
7로 시작 → 사

제 15 회 실전모의고사 〔한컴오피스〕

과목	코드	문제유형	시험시간	수험번호	성명
아래한글	1111	E	60분		

수험자 유의사항

- 수험자는 문제지를 받는 즉시 문제지와 **수험표상의 시험과목(프로그램)이 동일한지 반드시 확인**하여야 합니다.
- 파일명은 본인의 "수험번호-성명"으로 입력하여 답안폴더(내 PC\문서\ITQ)에 하나의 파일로 저장해야 하며, 답안문서 파일명이 "수험번호-성명"과 일치하지 않거나, 답안파일을 전송하지 않아 미제출로 처리될 경우 실격 처리합니다(예 : 12345678-홍길동.hwp).
- 답안 작성을 마치면 파일을 저장하고, '답안 전송' 버튼을 선택하여 감독위원 PC로 답안을 전송하십시오. 수험생 정보와 저장한 파일명이 다를 경우 전송되지 않으므로 주의하시기 바랍니다.
- 답안 작성 중에도 **주기적으로 저장하고, '답안 전송'**하여야 문제 발생을 줄일 수 있습니다. 작업한 내용을 저장하지 않고 전송할 경우 이전에 저장된 내용이 전송되오니 이점 유의하시기 바랍니다.
- 답안문서는 지정된 경로 외의 다른 보조기억장치에 저장하는 경우, 지정된 시험 시간 외에 작성된 파일을 활용할 경우, 기타 통신수단(이메일, 메신저, 네트워크 등)을 이용하여 타인에게 전달 또는 외부 반출하는 경우는 부정 처리합니다.
- 시험 중 부주의 또는 고의로 시스템을 파손한 경우는 수험자가 변상해야 하며, 〈수험자 유의사항〉에 기재된 방법대로 이행하지 않아 생기는 불이익은 수험생 당사자의 책임임을 알려 드립니다.
- 문제의 조건은 한컴오피스 NEO(2016) 버전으로 설정되어 있으니 유의하시기 바랍니다.
- 시험을 완료한 수험자는 답안파일이 전송되었는지 확인한 후 감독위원의 지시에 따라 문제지를 제출하고 퇴실합니다.

답안 작성요령

■ 온라인 답안 작성 절차
수험자 등록 ⇒ 시험 시작 ⇒ 답안파일 저장 ⇒ 답안 전송 ⇒ 시험 종료

■ 공통 부문
- 글꼴에 대한 기본설정은 함초롬바탕, 10포인트, 검정, 줄간격 160%, 양쪽정렬로 합니다.
- 색상은 조건의 색을 적용하고 색의 구분이 안 될 경우에는 RGB 값을 적용하십시오.
  (빨강 255,0,0 / 파랑 0,0,255 / 노랑 255,255,0).
- 각 문항에 주어진 ≪조건≫에 따라 작성하고 언급하지 않은 조건은 ≪출력형태≫와 같이 작성합니다.
- 용지여백은 왼쪽·오른쪽 11mm, 위쪽·아래쪽·머리말·꼬리말 10mm, 제본 0mm로 합니다.
- 그림 삽입 문제의 경우 "내 PC\문서\ITQ\Picture" 폴더에서 지정된 파일을 선택하여 삽입하십시오.
- 삽입한 그림은 반드시 문서에 포함하여 저장해야 합니다(미포함 시 감점 처리).
- 각 항목은 지정된 페이지에 출력형태와 같이 정확히 작성하시기 바라며, 그렇지 않을 경우에 해당 항목은 0점 처리됩니다.
  ※ 페이지구분 : 1페이지 – 기능평가 I (문제번호 표시 : 1. 2.),
  　　　　　　　　 2페이지 – 기능평가 II (문제번호 표시 : 3. 4.),
  　　　　　　　　 3페이지 – 문서작성 능력평가

■ 기능평가
- 문제와 ≪조건≫은 입력하지 않으며 문제번호와 답(≪출력형태≫)만 작성합니다.
- 4번 문제는 묶기를 했을 경우 0점 처리됩니다.

■ 문서작성 능력평가
- A4 용지(210mm×297mm) 1매 크기, 세로 서식 문서로 작성합니다.
- 　　　 표시는 문서작성에 대한 지시사항이므로 작성하지 않습니다.

The Insight KPC
kpc 한국생산성본부

ITQ 한글 **193** 제15회 실전모의고사

1. 다음의 ≪조건≫에 따라 스타일 기능을 적용하여 ≪출력형태≫와 같이 작성하시오. (50점)

≪조건≫　(1) 스타일 이름 – web
　　　　　(2) 문단 모양 – 첫 줄 들여쓰기 : 10pt, 문단 아래 간격 : 10pt
　　　　　(3) 글자 모양 – 글꼴 : 한글(굴림)/영문(궁서), 크기 : 10pt, 장평 : 110%, 자간 : -5%

≪출력형태≫

　Web designers and developers will first establish a professional relationship with clients to develop a deep understanding of the requirements for their website.

　국제기능올림픽의 웹 기술 종목 과제는 웹 사이트 계획 및 설계, 테스트, 유지 관리, 타사 플랫폼 통합 및 소셜 미디어 플랫폼을 통합하는 것이다. 이는 현대 플랫폼의 중심에 점점 더 웹을 배치하는 핵심 기술이다.

2. 다음의 ≪조건≫에 따라 ≪출력형태≫와 같이 표와 차트를 작성하시오. (100점)

≪표 조건≫　(1) 표 전체(표, 캡션) – 굴림, 10pt
　　　　　　(2) 정렬 – 문자 : 가운데 정렬, 숫자 : 오른쪽 정렬
　　　　　　(3) 셀 배경(면색) : 노랑
　　　　　　(4) 한글의 계산 기능을 이용하여 빈칸에 합계를 구하고, 캡션 기능 사용할 것
　　　　　　(5) 선 모양은 ≪출력형태≫와 동일하게 처리할 것

≪출력형태≫

전국기능경기대회 시도별 입상 점수(단위 : 점)

시도	경북	경기	서울	전남	합계
금메달	480	640	320	160	
은메달	800	500	450	350	
동메달	200	260	320	160	
4위	56	48	16	16	

≪차트 조건≫　(1) 차트 데이터는 표 내용에서 시도별 금메달, 은메달, 동메달의 값만 이용할 것
　　　　　　　(2) 종류 – 〈묶은 가로 막대형〉으로 작업할 것
　　　　　　　(3) 제목 – 궁서, 진하게, 12pt, 배경 – 선 모양(한 줄로), 그림자(2pt)
　　　　　　　(4) 제목 이외의 전체 글꼴 – 궁서, 보통, 10pt
　　　　　　　(5) 축제목과 범례는 ≪출력형태≫와 동일하게 처리할 것

≪출력형태≫

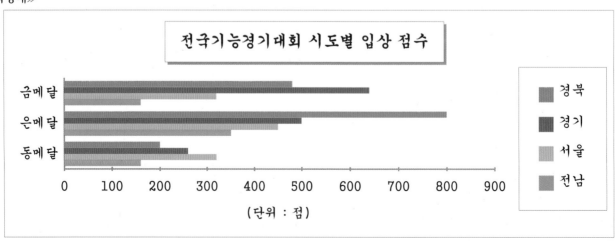

3. 다음 (1), (2)의 수식을 수식 편집기로 각각 입력하시오. (40점)

≪출력형태≫

(1) $U_a - U_b = \dfrac{GmM}{a} - \dfrac{GmM}{b} = \dfrac{GmM}{2R}$

(2) $\vec{F} = -\dfrac{4\pi^2 m}{T^2} + \dfrac{m}{T^3}$

4. 다음의 ≪조건≫에 따라 ≪출력형태≫와 같이 문서를 작성하시오. (110점)

≪조건≫

(1) 그리기 도구를 이용하여 작성하고, 모든 도형(글맵시, 지정된 그림 포함)을 ≪출력형태≫와 같이 작성하시오.

(2) 도형의 면색은 지시사항이 없으면 색 없음을 제외하고 서로 다르게 임의로 지정하시오.

≪출력형태≫

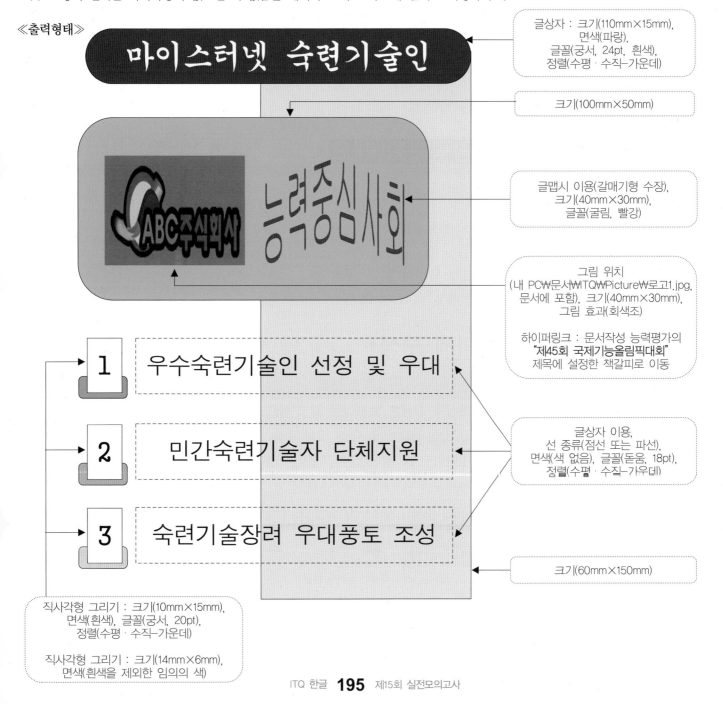

글상자 : 크기(110mm×15mm),
면색(파랑),
글꼴(궁서, 24pt, 흰색),
정렬(수평 · 수직-가운데)

크기(100mm×50mm)

글맵시 이용(갈매기형 수장),
크기(40mm×30mm),
글꼴(굴림, 빨강)

그림 위치
(내 PC₩문서₩ITQ₩Picture₩로고1.jpg,
문서에 포함), 크기(40mm×30mm),
그림 효과(회색조)

하이퍼링크 : 문서작성 능력평가의
"제45회 국제기능올림픽대회"
제목에 설정한 책갈피로 이동

글상자 이용,
선 종류(점선 또는 파선),
면색(색 없음), 글꼴(돋움, 18pt),
정렬(수평 · 수직-가운데)

크기(60mm×150mm)

직사각형 그리기 : 크기(10mm×15mm),
면색(흰색), 글꼴(궁서, 20pt),
정렬(수평 · 수직-가운데)

직사각형 그리기 : 크기(14mm×6mm),
면색(흰색을 제외한 임의의 색)

1 우수숙련기술인 선정 및 우대

2 민간숙련기술자 단체지원

3 숙련기술장려 우대풍토 조성

글꼴 : 굴림, 18pt, 진하게, 가운데 정렬
책갈피 이름 : 기능
덧말 넣기

머리말 기능
돋움, 10pt, 오른쪽 정렬 → 기능경기대회

실력이 존중받는 사회
제45회 국제기능올림픽대회

문단 첫 글자 장식 기능
글꼴 : 궁서, 면색 : 노랑

각주

그림 위치(내 PC₩문서₩ITQ₩Picture₩그림4.jpg, 문서에 포함)
자르기 기능 이용, 크기(40mm×40mm), 바깥 여백 왼쪽 : 2mm

국 제기능올림픽대회Ⓐ 한국위원회의 발족은 경제발전과 숙련기술인력양성이라는 과제를 짊어진 시대적 요구에 의한 것이다. 국제기능올림픽대회의 개최 목적은 회원국 청소년간의 기능교류로 기능수준을 향상하고 기능개발을 촉진하며 직업훈련제도 및 방법 등의 정보교환에 있다.

아랍에미레이트 아부다비에서 열린 지난 제44회 대회에는 57개국 1,242명이 참가(參加)하였으며 모바일로보틱스, 목공 외 47개 직종과 2개의 시범 직종으로 총 51개 직종에서 대회가 이뤄졌으며 우리나라는 42개 직종에 46명이 참가하였다. 우리나라는 실내장식, 목공, 철골구조물, 통신망분배기술, 모바일로보틱스, 웹디자인, 기계설계, 냉동기술 8개 부문에서 금메달을 땄다. 금메달 수로는 중국(15개), 스위스(11개)에 뒤졌지만 공식지표(5개)로 산정(算定)한 종합환산점수로 종합 2위에 올라 준우승을 차지했다. 우리나라는 1977년 첫 우승 이후 19번을 우승하였으며, 이번 제44회 대회에서는 모바일로보틱스 직종에서 황주혁, 황민혁 선수가 팀을 이뤄 2009년 캐나다 대회 이후 직종 5연패를 이뤘다. 또한 목공에서는 2011년 영국 대회 이후 4연패를 일궈냈다.

◆ 제45회 국제기능올림픽대회 개요

글꼴 : 돋움, 18pt, 흰색
음영색 : 파랑

　가. 개최국 및 대회기간
　　1) 개최국 : 러시아(카잔)
　　2) 기간 : 2019년 08월 29일(목) - 09월 03일(화)
　나. 참가직종 및 참가국
　　1) 참가직종 : 폴리메카닉스 외 41개 직종 예정
　　2) 참가국 : 56개국 1,178명 참가 예정

문단 번호 기능 사용
1수준 : 20pt, 오른쪽 정렬,
2수준 : 30pt, 오른쪽 정렬
줄 간격 : 180%

표 전체 글꼴 : 굴림, 10pt, 가운데 정렬
셀 배경(그러데이션) : 유형(수평),
시작색(흰색), 끝색(노랑)

◆ 웹디자인 및 개발 과제 구성

글꼴 : 돋움, 18pt, 밑줄, 강조점

과제명	주요 내용	주관적 배점 비율
웹 사이트 디자인	포토샵을 활용한 웹사이트 및 구성요소 디자인	50%
웹 사이트 레이아웃	최신 HTML 및 CSS 코딩 기술 활용	각 20%
클라이언트 사이드	자바 스크립트 등 클라이언트 사이드 코딩 기술 사용	
서버 사이드	MySql 등의 데이터베이스를 설계 및 구축	
IBM호환 최신기종(RAM 16G 이상), 사운드카드, 스피커 또는 헤드셋 등이 포함된 PC		

글꼴 : 궁서, 24pt, 진하게
장평 105%, 오른쪽 정렬 → **숙련기술인포털**

각주 구분선 : 5cm

Ⓐ 2년에 한 번씩 개최, 19세-22세의 청소년, 청년이 참가함

쪽 번호 매기기
6으로 시작 → ⑥

PART 03

Information Technology Qualification

최신기출유형

제01회 최신기출유형 (한컴오피스)

과목	코드	문제유형	시험시간	수험번호	성명
아래한글	1111	A	60분		

수험자 유의사항

- 수험자는 문제지를 받는 즉시 문제지와 **수험표상의 시험과목(프로그램)이 동일한지 반드시 확인**하여야 합니다.
- 파일명은 본인의 "수험번호—성명"으로 입력하여 답안폴더(내 PC\문서\ITQ)에 하나의 파일로 저장해야 하며, 답안문서 파일명이 "수험번호—성명"과 일치하지 않거나, 답안파일을 전송하지 않아 미제출로 처리될 경우 실격 처리합니다(예 : 12345678—홍길동.hwp).
- 답안 작성을 마치면 파일을 저장하고, '답안 전송' 버튼을 선택하여 감독위원 PC로 답안을 전송하십시오. 수험생 정보와 저장한 파일명이 다를 경우 전송되지 않으므로 주의하시기 바랍니다.
- 답안 작성 중에도 **주기적으로 저장하고, '답안 전송'**하여야 문제 발생을 줄일 수 있습니다. 작업한 내용을 저장하지 않고 전송할 경우 이전에 저장된 내용이 전송되오니 이점 유의하시기 바랍니다.
- 답안문서는 지정된 경로 외의 다른 보조기억장치에 저장하는 경우, 지정된 시험 시간 외에 작성된 파일을 활용할 경우, 기타 통신수단(이메일, 메신저, 네트워크 등)을 이용하여 타인에게 전달 또는 외부 반출하는 경우는 부정 처리합니다.
- 시험 중 부주의 또는 고의로 시스템을 파손한 경우는 수험자가 변상해야 하며, 〈수험자 유의사항〉에 기재된 방법대로 이행하지 않아 생기는 불이익은 수험생 당사자의 책임임을 알려 드립니다.
- 문제의 조건은 한컴오피스 NEO(2016) 버전으로 설정되어 있으니 유의하시기 바랍니다.
- 시험을 완료한 수험자는 답안파일이 전송되었는지 확인한 후 감독위원의 지시에 따라 문제지를 제출하고 퇴실합니다.

답안 작성요령

- **온라인 답안 작성 절차**
  수험자 등록 ⇒ 시험 시작 ⇒ 답안파일 저장 ⇒ 답안 전송 ⇒ 시험 종료

- **공통 부문**
  - 글꼴에 대한 기본설정은 함초롬바탕, 10포인트, 검정, 줄간격 160%, 양쪽정렬로 합니다.
  - 색상은 조건의 색을 적용하고 색의 구분이 안 될 경우에는 RGB 값을 적용하십시오.
    (빨강 255,0,0 / 파랑 0,0,255 / 노랑 255,255,0).
  - 각 문항에 주어진 《조건》에 따라 작성하고 언급하지 않은 조건은 《출력형태》와 같이 작성합니다.
  - 용지여백은 왼쪽 · 오른쪽 11㎜, 위쪽 · 아래쪽 · 머리말 · 꼬리말 10㎜, 제본 0㎜로 합니다.
  - 그림 삽입 문제의 경우 「내 PC\문서\ITQ\Picture」 폴더에서 지정된 파일을 선택하여 삽입하십시오.
  - 삽입한 그림은 반드시 문서에 포함하여 저장해야 합니다(미포함 시 감점 처리).
  - 각 항목은 지정된 페이지에 출력형태와 같이 정확히 작성하시기 바라며, 그렇지 않을 경우에 해당 항목은 0점 처리됩니다.
    ※ 페이지구분 : 1페이지 – 기능평가 I (문제번호 표시 : 1. 2.),
    2페이지 – 기능평가 II (문제번호 표시 : 3. 4.),
    3페이지 – 문서작성 능력평가

- **기능평가**
  - 문제와 《조건》은 입력하지 않으며 문제번호와 답(《출력형태》)만 작성합니다.
  - 4번 문제는 묶기를 했을 경우 0점 처리됩니다.

- **문서작성 능력평가**
  - A4 용지(210㎜×297㎜) 1매 크기, 세로 서식 문서로 작성합니다.
  - ☐ 표시는 문서작성에 대한 지시사항이므로 작성하지 않습니다.

1. 다음의 ≪조건≫에 따라 스타일 기능을 적용하여 ≪출력형태≫와 같이 작성하시오. (50점)

≪조건≫ (1) 스타일 이름 - evacuation
(2) 문단 모양 - 왼쪽 여백 : 15pt, 문단 아래 간격 : 10pt
(3) 글자 모양 - 글꼴 : 한글(돋움)/영문(궁서), 크기 : 10pt, 장평 : 95%, 자간 : 5%

≪출력형태≫

In the event of a fire, anyone becomes embarrassed and sometimes their judgment is less than usual, so they become choked by smoke, causing damage to their precious lives.

불특정 다수를 수용하거나 출입하는 사업장에서 가장 중요한 것은 화재 시 대피 유도인데 큰 소리로 외치는 대신 침착한 행동으로 대피를 유도해야 한다.

2. 다음의 ≪조건≫에 따라 ≪출력형태≫와 같이 표와 차트를 작성하시오. (100점)

≪표 조건≫ (1) 표 전체(표, 캡션) - 돋움, 10pt
(2) 정렬 - 문자 : 가운데 정렬, 숫자 : 오른쪽 정렬
(3) 셀 배경(면색) : 노랑
(4) 한글의 계산 기능을 이용하여 빈칸에 합계를 구하고, 캡션 기능 사용할 것
(5) 선 모양은 ≪출력형태≫와 동일하게 처리할 것

≪출력형태≫

주요시설 화재발생 현황(단위 : 건)

구분	2015년	2016년	2017년	2018년	합계
교육시설	312	328	355	340	
운송시설	117	116	80	116	
의료/복지시설	329	375	386	416	
주거시설	11,584	11,541	11,765	12,001	

≪차트 조건≫ (1) 차트 데이터는 표 내용에서 연도별 교육시설, 운송시설, 의료/복지시설의 값만 이용할 것
(2) 종류 - 〈묶은 가로 막대형〉으로 작업할 것
(3) 제목 - 굴림, 진하게, 12pt, 배경 - 선 모양(한 줄로), 그림자(2pt)
(4) 제목 이외의 전체 글꼴 - 굴림, 보통, 10pt
(5) 축제목과 범례는 ≪출력형태≫와 동일하게 처리할 것

≪출력형태≫

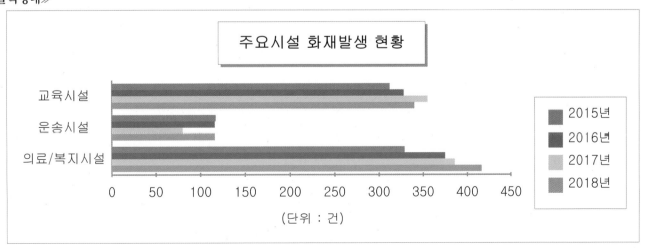

주요시설 화재발생 현황

(단위 : 건)

3. 다음 (1), (2)의 수식을 수식 편집기로 각각 입력하시오. (40점)

≪출력형태≫

(1) $\dfrac{PV}{T} = \dfrac{1 \times 22.4}{273} \fallingdotseq 0.082$

(2) $\displaystyle\int_a^b xf(x)dx = \dfrac{1}{b-a}\int_a^b xdx = \dfrac{a+b}{2}$

4. 다음의 ≪조건≫에 따라 ≪출력형태≫와 같이 문서를 작성하시오. (110점)

≪조건≫

(1) 그리기 도구를 이용하여 작성하고, 모든 도형(글맵시, 지정된 그림 포함)을 ≪출력형태≫와 같이 작성하시오.

(2) 도형의 면색은 지시사항이 없으면 색 없음을 제외하고 서로 다르게 임의로 지정하시오.

≪출력형태≫

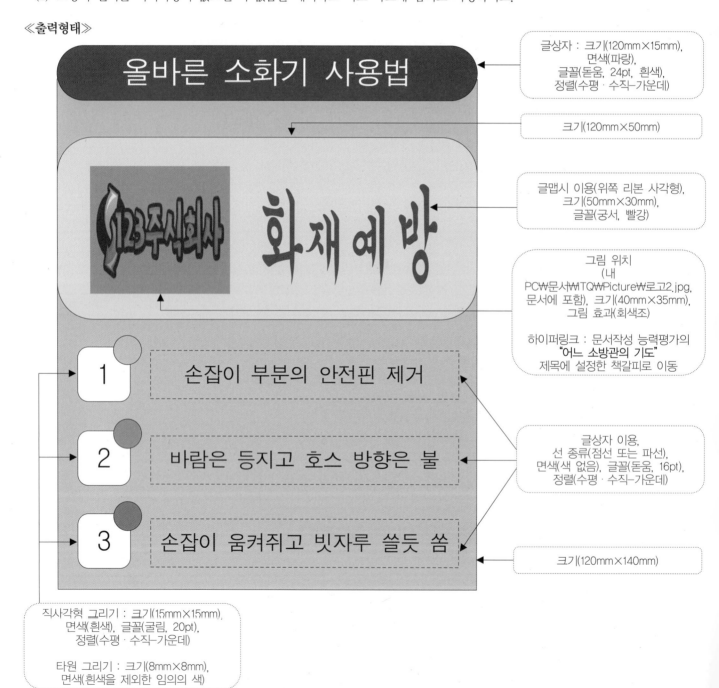

글꼴 : 궁서, 18pt, 진하게, 가운데 정렬
책갈피 이름 : 화재
덧말 넣기

머리말 기능
굴림, 10pt, 오른쪽 정렬 ▶ 소방안전 지킴이

뜨거운 사명
어느 소방관의 기도

문단 첫 글자 장식 기능
글꼴 : 돋움, 면색 : 노랑

각주

그림 위치(내 PC₩문서₩ITQ₩Picture₩그림4.jpg, 문서에 포함)
자르기 기능 이용, 크기(40mm×35mm), 바깥 여백 왼쪽 : 2mm

소 방관이 지은 기도문이 있다. 이 시ⓐ는 화재 진압 도중 어린아이를 구하지 못한 죄
책감과 간절함으로 작성된 거라 한다. '제가 부름을 받을 때는 신이시여 아무리 강
력한 화염 속에서도 한 생명을 구할 수 있는 힘을 저에게 주소서 너무 늦기 전에 어린아이
를 감싸 안을 수 있게 하시고 공포에 떠는 노인을 구하게 하소서 저에게는 언제나 안전을
기할 수 있게 하시어 가냘픈 외침까지도 들을 수 있게 하시고 신속하고 효율적으로 화재를
진압하게 하소서 그리고 신의 뜻에 따라 저의 목숨을 잃게 되면 신의 은총으로 저와 아내
와 가족을 돌보아 주소서 (후략)' 이 시는 전 세계 소방관들의 신조처럼 알려져 있다.
　대한민국 소방관, 국민 대부분이 가장 신뢰(信賴)하지만 처우는 최하위 약자인 직업, 모두가 도망쳐 나올 때 위험으
로 뛰어드는 사람들이다. 소방관이 다치거나 순직할 때 국가의 작은 영웅(英雄)이라고 조명하는 것은 잠시뿐, 사람들
도 세상도 그들을 너무 빨리 잊는다. 하지만 소방관들은 숨도 제대로 못 쉬는 화염 속으로 언제 무너질지 모르는 건
물 속으로 오늘도 생명을 구하러 뛰어 들어간다. 이처럼 우리 주변에서 공공을 위해 묵묵히 자신의 일에 종사하는 분
들이 존중 받고 대접 받는 사회가 빨리 되길 간절히 바란다.

★ **전기, 가스 화재 예방요령** ◀ 글꼴 : 굴림, 18pt, 흰색
음영색 : 파랑

1) 전기 화재 예방요령
　① 한 콘센트에 여러 개 플러그를 꽂는 문어발식 사용금지
　② 사용한 전기 기구는 반드시 플러그를 뽑고 외출
2) 가스 화재 예방요령
　① 사용 전 가스가 누출되지는 않았는지 냄새로 확인
　② 사용 후 연소기 코크와 중간 밸브 잠금 확인

문단 번호 기능 사용
1수준 : 20pt, 오른쪽 정렬,
2수준 : 30pt, 오른쪽 정렬
줄 간격 : 180%

표 전체 글꼴 : 돋움, 10pt, 가운데 정렬
셀 배경(그러데이션) : 유형(수평),
시작색(흰색), 끝색(노랑)

★ 긴급신고 관련기관 연락처 ◀ 글꼴 : 굴림, 18pt, 밑줄, 강조점

접수내용	관련기관	전화번호	접수내용	관련기관	전화번호
화재, 구조, 구급신고	119안전신고센터	119	사이버 테러	한국인터넷진흥원	118
범죄신고	경찰청	112	해양 긴급 신고	행정안전부	122
간첩신고	국가정보원	111	마약, 범죄종합신고	검찰청	1301
	경찰청	113	병영생활 고충상담	국방헬프콜	1303

글꼴 : 돋움, 24pt, 진하게
장평 110%, 오른쪽 정렬 ▶ # 국가화재정보센터

각주 구분선 : 5cm

ⓐ 1958년 미국의 '스모키 린'이라는 소방관이 쓴 기도문

쪽 번호 매기기
4로 시작 ▶ ④

제02회 최신기출유형 한컴오피스

과목	코드	문제유형	시험시간	수험번호	성명
아래한글	1111	B	60분		

수험자 유의사항

- 수험자는 문제지를 받는 즉시 문제지와 **수험표상의 시험과목(프로그램)이 동일한지 반드시 확인**하여야 합니다.
- 파일명은 본인의 "수험번호–성명"으로 입력하여 답안폴더(내 PC\문서\ITQ)에 하나의 파일로 저장해야 하며, 답안문서 파일명이 "수험번호–성명"과 일치하지 않거나, 답안파일을 전송하지 않아 미제출로 처리될 경우 실격 처리합니다(예 : 12345678–홍길동.hwp).
- 답안 작성을 마치면 파일을 저장하고, '답안 전송' 버튼을 선택하여 감독위원 PC로 답안을 전송하십시오. 수험생 정보와 저장한 파일명이 다를 경우 전송되지 않으므로 주의하시기 바랍니다.
- 답안 작성 중에도 **주기적으로 저장하고, '답안 전송'**하여야 문제 발생을 줄일 수 있습니다. 작업한 내용을 저장하지 않고 전송할 경우 이전에 저장된 내용이 전송되오니 이점 유의하시기 바랍니다.
- 답안문서는 지정된 경로 외의 다른 보조기억장치에 저장하는 경우, 지정된 시험 시간 외에 작성된 파일을 활용할 경우, 기타 통신수단(이메일, 메신저, 네트워크 등)을 이용하여 타인에게 전달 또는 외부 반출하는 경우는 부정 처리합니다.
- 시험 중 부주의 또는 고의로 시스템을 파손한 경우는 수험자가 변상해야 하며, 〈수험자 유의사항〉에 기재된 방법대로 이행하지 않아 생기는 불이익은 수험생 당사자의 책임임을 알려 드립니다.
- 문제의 조건은 한컴오피스 NEO(2016) 버전으로 설정되어 있으니 유의하시기 바랍니다.
- 시험을 완료한 수험자는 답안파일이 전송되었는지 확인한 후 감독위원의 지시에 따라 문제지를 제출하고 퇴실합니다.

답안 작성요령

- **온라인 답안 작성 절차**

  수험자 등록 ⇒ 시험 시작 ⇒ 답안파일 저장 ⇒ 답안 전송 ⇒ 시험 종료

- **공통 부문**
  - 글꼴에 대한 기본설정은 함초롬바탕, 10포인트, 검정, 줄간격 160%, 양쪽정렬로 합니다.
  - 색상은 조건의 색을 적용하고 색의 구분이 안 될 경우에는 RGB 값을 적용하십시오.
    (빨강 255,0,0 / 파랑 0,0,255 / 노랑 255,255,0).
  - 각 문항에 주어진 ≪조건≫에 따라 작성하고 언급하지 않은 조건은 ≪출력형태≫와 같이 작성합니다.
  - 용지여백은 왼쪽·오른쪽 11㎜, 위쪽·아래쪽·머리말·꼬리말 10㎜, 제본 0㎜로 합니다.
  - 그림 삽입 문제의 경우 "내 PC\문서\ITQ\Picture" 폴더에서 지정된 파일을 선택하여 삽입하십시오.
  - 삽입한 그림은 반드시 문서에 포함하여 저장해야 합니다(미포함 시 감점 처리).
  - 각 항목은 지정된 페이지에 출력형태와 같이 정확히 작성하시기 바라며, 그렇지 않을 경우에 해당 항목은 0점 처리됩니다.
    ※ 페이지구분 : 1페이지 – 기능평가Ⅰ (문제번호 표시 : 1. 2.),
    　　　　　　　 2페이지 – 기능평가Ⅱ (문제번호 표시 : 3. 4.),
    　　　　　　　 3페이지 – 문서작성 능력평가

- **기능평가**
  - 문제와 ≪조건≫은 입력하지 않으며 문제번호와 답(≪출력형태≫)만 작성합니다.
  - 4번 문제는 묶기를 했을 경우 0점 처리됩니다.

- **문서작성 능력평가**
  - A4 용지(210㎜×297㎜) 1매 크기, 세로 서식 문서로 작성합니다.
  - ☐ 표시는 문서작성에 대한 지시사항이므로 작성하지 않습니다.

1. 다음의 ≪조건≫에 따라 스타일 기능을 적용하여 ≪출력형태≫와 같이 작성하시오. (50점)

≪조건≫ (1) 스타일 이름 – gcf
　　　　　(2) 문단 모양 – 첫 줄 들여쓰기 : 10pt, 문단 아래 간격 : 10pt
　　　　　(3) 글자 모양 – 글꼴 : 한글(돋움)/영문(굴림), 크기 : 10pt, 장평 : 95%, 자간 : -5%

≪출력형태≫

　　GCF was established to limit or reduce greenhouse gas emissions in developing countries, and to help vulnerable societies adapt to the unavoidable impacts of climate change.

　　녹색기후기금은 개도국의 기후변화 대응 사업에 필요한 재원을 지원하기 위한 국제기구로 우리나라는 녹색기후기금을 인천 송도에 잘 정착하여 발전해 나갈 수 있도록 하기 위하여 적극적으로 지원하고 있다.

2. 다음의 ≪조건≫에 따라 ≪출력형태≫와 같이 표와 차트를 작성하시오. (100점)

≪표 조건≫ (1) 표 전체(표, 캡션) – 궁서, 10pt
　　　　　　(2) 정렬 – 문자 : 가운데 정렬, 숫자 : 오른쪽 정렬
　　　　　　(3) 셀 배경(면색) : 노랑
　　　　　　(4) 한글의 계산 기능을 이용하여 빈칸에 합계를 구하고, 캡션 기능 사용할 것
　　　　　　(5) 선 모양은 ≪출력형태≫와 동일하게 처리할 것

≪출력형태≫

에너지 유형별 온실가스 배출량 목표치(단위 : 톤)

구분	2014년	2015년	2016년	2017년	2018년
전기	3,100	3,700	3,200	3,600	3,900
지역난방	2,500	2,300	2,000	2,000	2,500
운송	1,800	2,100	2,500	1,900	2,600
합계					

≪차트 조건≫ (1) 차트 데이터는 표 내용에서 구분별 2014년, 2015년, 2016년, 2017년의 값만 이용할 것
　　　　　　　(2) 종류 – 〈묶은 세로 막대형〉으로 작업할 것
　　　　　　　(3) 제목 – 굴림, 진하게, 12pt, 배경 – 선 모양(한 줄로), 그림자(2pt)
　　　　　　　(4) 제목 이외의 전체 글꼴 – 굴림, 보통, 10pt
　　　　　　　(5) 축제목과 범례는 ≪출력형태≫와 동일하게 처리할 것

≪출력형태≫

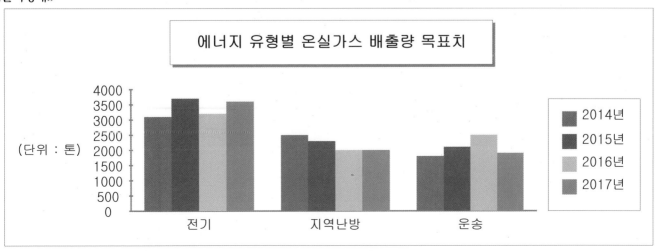

3. 다음 (1), (2)의 수식을 수식 편집기로 각각 입력하시오. (40점)

≪출력형태≫

(1) $\dfrac{k_x}{2h} \times (-2mk_x) = -\dfrac{m(k_x)^2}{h}$

(2) $a_n = n^2 \dfrac{h^2}{4\pi^2 Kme^2}$

4. 다음의 ≪조건≫에 따라 ≪출력형태≫와 같이 문서를 작성하시오. (110점)

≪조건≫

(1) 그리기 도구를 이용하여 작성하고, 모든 도형(글맵시, 지정된 그림 포함)을 ≪출력형태≫와 같이 작성하시오.

(2) 도형의 면색은 지시사항이 없으면 색 없음을 제외하고 서로 다르게 임의로 지정하시오.

≪출력형태≫

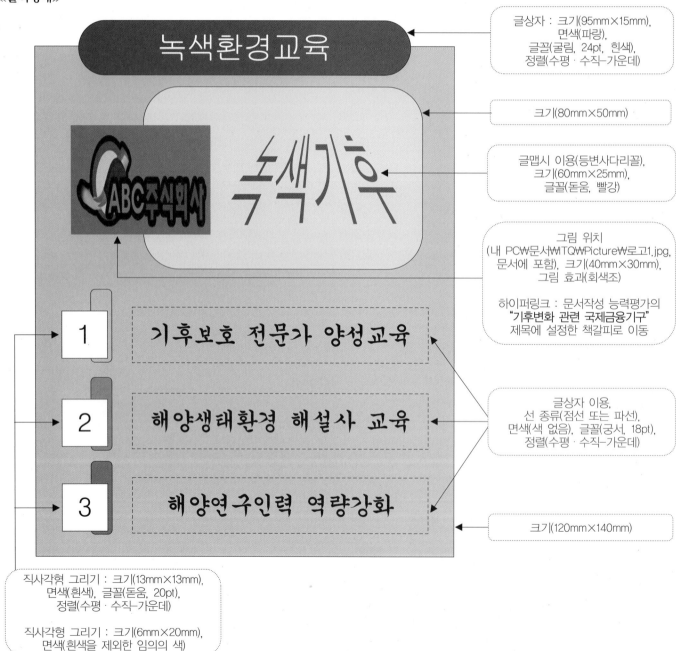

글꼴 : 돋움, 18pt, 진하게, 가운데 정렬
책갈피 이름 : 녹색기후
덧말 넣기

머리말 기능
굴림, 10pt, 오른쪽 정렬 → 녹색기후기금

GCF
기후변화 관련 국제금융기구

문단 첫 글자 장식 기능
글꼴 : 궁서, 면색 : 노랑

각주

그림 위치(내 PC₩문서₩ITQ₩Picture₩그림4.jpg, 문서에 포함)
자르기 기능 이용, 크기(40mm×40mm), 바깥 여백 왼쪽 : 2mm

녹색기후기금Ⓐ은 저탄소 배출과 기후 복원력 향상(向上)을 위한 투자 재원을 동원함으로써 기후변화에 대응하는 인류의 집학적인 행동을 확대하는 것을 궁극적인 목적으로 설정하였으며 동 목적 달성을 위한 투자 자원을 동원(動員)하는 것을 목표로 하고 있습니다. 기존의 지구환경기금이나 적응기금은 기후변화, 생물다양성, 사막화 방지 분야와 일부 특정 분야만 지원하는 한계성을 지니고 있었습니다. 이에 따라 2010년 12월 멕시코 칸쿤에서 열린 UN기후변화협약 제16차 당사국 총회에서 선진국은 개도국의 기후변화 대응을 지원하기 위한 녹색기후기금을 설립하기로 합의하고 2011년 12월 남아공 더반에서 기금 설계방안을 채택하게 됩니다.

2013년 공식출범한 녹색기후기금은 기후변화 장기재원 중 많은 부분의 예산 조달과 집행을 담당할 것이며, 장기재원은 공공재원 및 민간재원 등을 통해 2020년까지 매년 1,000억 달러 규모로 조성됩니다. 이로 인하여 매년 3,800억 원의 경제적 효과와 수백 명의 고용 창출 효과, 안보 및 국가의 브랜드 상승효과 등 많은 성과가 예상되며 향후 한국 기업 및 기관의 GCF 활용 기회 또한 증대될 것으로 예상됩니다.

■ GCF 민간투자 컨퍼런스

글꼴 : 돋움, 18pt, 흰색
음영색 : 파랑

1) 일시 및 장소
   가) 개최 일시 : 2019년 11월 11일(월) - 11월 13일(수)
   나) 개최 장소 : 인천 그랜드 하얏트 호텔
2) 주요 내용 및 언어
   가) 주요 내용 : 민간 부문의 기후변화대응사업 투자 촉진 방안 논의
   나) 공식 언어 : 영어(영한 동시통역)

문단 번호 기능 사용
1수준 : 20pt, 오른쪽 정렬,
2수준 : 30pt, 오른쪽 정렬
줄 간격 : 180%

표 전체 글꼴 : 굴림, 10pt, 가운데 정렬
셀 배경(그러데이션) : 유형(수평),
시작색(흰색), 끝색(노랑)

■ 위원회 및 자문그룹의 역할

글꼴 : 돋움, 18pt, 밑줄, 강조점

구분		역할
위원회	투자위원회	GCF 투자체계 구성 및 검토
	리스크관리위원회	기금 실행 관련 리스크 관리를 위한 관리체계 구성 및 리스크 요소 검증
	윤리감사위원회	기금 실행 관련 윤리 이슈 관리 및 내부 감사 문제 검토
패널 및 자문그룹	인증 패널	인증기구에 대한 2단계 인증 절차 수행
	민간부문 자문그룹	민간부문의 GCF 참여에 관해 자문 제공

글꼴 : 궁서, 24pt, 진하게
장평 95%, 오른쪽 정렬 → **녹색기후기금**

각주 구분선 : 5cm

Ⓐ GCF(Green Climate Fund) 사무국으로 인천 송도가 결정됨

쪽 번호 매기기
5로 시작 → ⑤

제 03 회 최신기출유형 한컴오피스

과목	코드	문제유형	시험시간	수험번호	성명
아래한글	1111	C	60분		

수험자 유의사항

- 수험자는 문제지를 받는 즉시 문제지와 <u>수험표상의 시험과목(프로그램)이 동일한지 반드시 확인</u>하여야 합니다.
- 파일명은 본인의 "수험번호–성명"으로 입력하여 답안폴더(내 PC₩문서₩ITQ)에 하나의 파일로 저장해야 하며, 답안문서 파일명이 "수험번호–성명"과 일치하지 않거나, 답안파일을 전송하지 않아 미제출로 처리될 경우 실격 처리합니다(예 : 12345678–홍길동.hwp).
- 답안 작성을 마치면 파일을 저장하고, '답안 전송' 버튼을 선택하여 감독위원 PC로 답안을 전송하십시오. 수험생 정보와 저장한 파일명이 다를 경우 전송되지 않으므로 주의하시기 바랍니다.
- 답안 작성 중에도 <u>주기적으로 저장하고, '답안 전송'</u>하여야 문제 발생을 줄일 수 있습니다. 작업한 내용을 저장하지 않고 전송할 경우 이전에 저장된 내용이 전송되오니 이점 유의하시기 바랍니다.
- 답안문서는 지정된 경로 외의 다른 보조기억장치에 저장하는 경우, 지정된 시험 시간 외에 작성된 파일을 활용할 경우, 기타 통신수단(이메일, 메신저, 네트워크 등)을 이용하여 타인에게 전달 또는 외부 반출하는 경우는 부정 처리합니다.
- 시험 중 부주의 또는 고의로 시스템을 파손한 경우는 수험자가 변상해야 하며, 〈수험자 유의사항〉에 기재된 방법대로 이행하지 않아 생기는 불이익은 수험생 당사자의 책임임을 알려 드립니다.
- 문제의 조건은 한컴오피스 NEO(2016) 버전으로 설정되어 있으니 유의하시기 바랍니다.
- 시험을 완료한 수험자는 답안파일이 전송되었는지 확인한 후 감독위원의 지시에 따라 문제지를 제출하고 퇴실합니다.

답안 작성요령

- **온라인 답안 작성 절차**
  수험자 등록 ⇒ 시험 시작 ⇒ 답안파일 저장 ⇒ 답안 전송 ⇒ 시험 종료

- **공통 부문**
  - 글꼴에 대한 기본설정은 함초롬바탕, 10포인트, 검정, 줄간격 160%, 양쪽정렬로 합니다.
  - 색상은 조건의 색을 적용하고 색의 구분이 안 될 경우에는 RGB 값을 적용하십시오.
    (빨강 255,0,0 / 파랑 0,0,255 / 노랑 255,255,0).
  - 각 문항에 주어진 ≪조건≫에 따라 작성하고 언급하지 않은 조건은 ≪출력형태≫와 같이 작성합니다.
  - 용지여백은 왼쪽·오른쪽 11mm, 위쪽·아래쪽·머리말·꼬리말 10mm, 제본 0mm로 합니다.
  - 그림 삽입 문제의 경우 「내 PC₩문서₩ITQ₩Picture」 폴더에서 지정된 파일을 선택하여 삽입하십시오.
  - 삽입한 그림은 반드시 문서에 포함하여 저장해야 합니다(미포함 시 감점 처리).
  - 각 항목은 지정된 페이지에 출력형태와 같이 정확히 작성하시기 바라며, 그렇지 않을 경우에 해당 항목은 0점 처리됩니다.
    ※ 페이지구분 : 1페이지 – 기능평가 I (문제번호 표시 : 1. 2.),
    　　　　　　　 2페이지 – 기능평가 II (문제번호 표시 : 3. 4.),
    　　　　　　　 3페이지 – 문서작성 능력평가

- **기능평가**
  - 문제와 ≪조건≫은 입력하지 않으며 문제번호와 답(≪출력형태≫)만 작성합니다.
  - 4번 문제는 묶기를 했을 경우 0점 처리됩니다.

- **문서작성 능력평가**
  - A4 용지(210mm×297mm) 1매 크기, 세로 식식 문서로 작성합니다.
  - ☐ 표시는 문서작성에 대한 지시사항이므로 작성하지 않습니다.

1. 다음의 ≪조건≫에 따라 스타일 기능을 적용하여 ≪출력형태≫와 같이 작성하시오. (50점)

≪조건≫　(1) 스타일 이름 – naqs
　　　　(2) 문단 모양 – 왼쪽 여백 : 15pt, 문단 아래 간격 : 10pt
　　　　(3) 글자 모양 – 글꼴 : 한글(굴림)/영문(돋움), 크기 : 10pt, 장평 : 95%, 자간 : 5%

≪출력형태≫

NAQS, a specialized agency in agricultural quality management, did its best to provide safe and good agricultural products to consumers.

농산물우수관리인증제도는 안전하고 위생적인 농산물의 생산 이력 관리 체계를 구축하여 유통 및 가공과 판매에 이르기까지 일관된 관리가 가능하다.

2. 다음의 ≪조건≫에 따라 ≪출력형태≫와 같이 표와 차트를 작성하시오. (100점)

≪표 조건≫　(1) 표 전체(표, 캡션) – 굴림, 10pt
　　　　　(2) 정렬 – 문자 : 가운데 정렬, 숫자 : 오른쪽 정렬
　　　　　(3) 셀 배경(면색) : 노랑
　　　　　(4) 한글의 계산 기능을 이용하여 빈칸에 평균(소수점 두 자리)을 구하고, 캡션 기능 사용할 것
　　　　　(5) 선 모양은 ≪출력형태≫와 동일하게 처리할 것

≪출력형태≫

친환경 농산물 인증 면적 및 출하량(단위 : ha, 톤)

구분	강원	경기	경남	경북	평균
유기 농산물 면적	1,357	1,760	1,679	1,092	
무농약 농산물 면적	2,704	4,280	3,473	3,504	
유기 농산물 출하량	7,605	10,631	9,269	7,860	
무농약 농산물 출하량	15,505	72,862	32,141	62,154	

≪차트 조건≫　(1) 차트 데이터는 표 내용에서 지역별 유기 농산물 면적, 무농약 농산물 면적, 유기 농산물 출하량의 값만 이용할 것
　　　　　(2) 종류 – 〈묶은 세로 막대형〉으로 작업할 것
　　　　　(3) 제목 – 돋움, 진하게, 12pt, 배경 – 선 모양(한 줄로), 그림자(2pt)
　　　　　(4) 제목 이외의 전체 글꼴 – 돋움, 보통, 10pt
　　　　　(5) 축제목과 범례는 ≪출력형태≫와 동일하게 처리할 것

≪출력형태≫

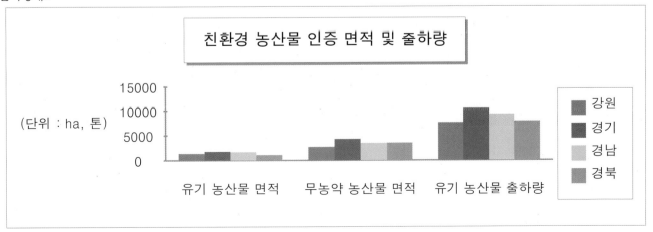

3. 다음 (1), (2)의 수식을 수식 편집기로 각각 입력하시오. (40점)

≪출력형태≫

(1) $Q = \lim_{\triangle t \to 0} \frac{\triangle s}{\triangle t} = \frac{d^2 s}{dt^2}$

(2) $G = 2 \int_{\frac{a}{2}}^{a} \frac{b \sqrt{a^2 - x^2}}{a} dx$

4. 다음의 ≪조건≫에 따라 ≪출력형태≫와 같이 문서를 작성하시오. (110점)

≪조건≫

(1) 그리기 도구를 이용하여 작성하고, 모든 도형(글맵시, 지정된 그림 포함)을 ≪출력형태≫와 같이 작성하시오.

(2) 도형의 면색은 지시사항이 없으면 색 없음을 제외하고 서로 다르게 임의로 지정하시오.

≪출력형태≫

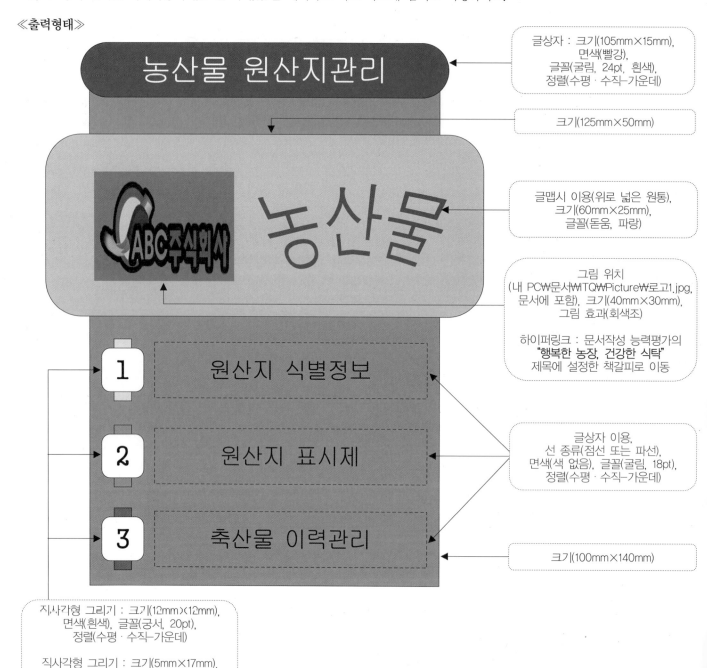

글꼴 : 돋움, 18pt, 진하게, 가운데 정렬
책갈피 이름 : 농산물
덧말 넣기

머리말 기능
굴림, 10pt, 오른쪽 정렬 ▶ 농산물 관리 체계

국립농산물품질관리원
행복한 농장, 건강한 식탁

문단 첫 글자 장식 기능
글꼴 : 궁서, 면색 : 노랑

그림 위치(내 PC₩문서₩ITQ₩Picture₩그림4.jpg, 문서에 포함)
자르기 기능 이용, 크기(40mm×40mm), 바깥 여백 왼쪽 : 2mm

지속 가능한 농식품 산업기반 조성과 안전(安全)하고 위생적인 농산물에 대한 소비자의 관심과 요구가 점차 높아지면서 이를 충족시키기 위해 국립농산물품질관리원은 여러 제도를 실시하고 있다. 농식품 안전성 조사, 친환경/우수농산물 인증제, 원산지 표시, 농산물 검사, 농업경영체 등록 사업 등의 업무를 수행하고 있는 본 기관은 생생한 현장의 목소리를 반영하여 소비자와 농업인에게 세계 일류의 농식품 안전과 품질 관리 기관으로 자리매김할 수 있도록 노력하고 있다.

관리원의 주요 업무를 살펴보면 농식품인증제도, 안정성 및 원산지 관리, 품질 검사, 농업인확인서 발급 등이 있다. 농산물우수관리 인증은 이들 가운데 하나로 농산물의 안전성을 확보하고 농업 환경을 보존(保存)하기 위해 농산물의 생산, 수확 후 관리 및 유통의 각 단계에서 재배 포장 및 농업용수 등의 환경과 농산물에 잔류할 수 있는 농약, 중금속 등의 위해 요소를 적절하게 관리하여 소비자로 하여금 그 관리 사항을 알 수 있게 하는 제도이다. 생산 단계에서부터 시작되는 농산물 안전 관리 체계로서 농산물우수관리인증①과 생산 이력 관리 체계를 구축하여 유통 및 가공과 판매에 이르기까지 일관된 관리가 가능하다.

각주

♥ **농산물품질관리사** ◀ 글꼴 : 굴림, 18pt, 흰색
음영색 : 빨강

1) 도입배경

　가) 농산물의 시장경쟁 심화, 고품질 안전 농산물 수요 증가

　나) 농산물의 판매 및 유통과정에서 부가가치를 적극 창출

2) 역할

　가) 농산물의 품질관리, 상품개발, 판촉 및 바이어 관리

　나) 농산물의 등급 판정, 규격출하 지도

문단 번호 기능 사용
1수준 : 20pt, 오른쪽 정렬,
2수준 : 30pt, 오른쪽 정렬
줄 간격 : 180%

표 전체 글꼴 : 돋움, 10pt, 가운데 정렬
셀 배경(그러데이션) : 유형(왼쪽 대각선),
시작색(흰색), 끝색(노랑)

♥ *관리원의 주요 업무* ◀ 글꼴 : 굴림, 18pt, 기울임, 강조점

구분	주요 업무
농식품인증제도	친환경농산물인증제도, 농산물우수관리인증제도, 농산물이력추적관리제도
	가공식품산업표준KS인증제도, 전통식품품질인증제도, 유기가공식품인증제도
	우수식품인증기관지정제도, 지리적표시제도, 술품질인증제도
원산지 관리	농식품 원산지 표시, 음식점 원산지 표시, 쇠고기이력제, GMO 표시 관리
	LMO 수입 승인 및 안전 관리, 인삼류 사후 관리
품질 검사	농산물 검사, 양곡표시제, 표준 규격화

각주 구분선 : 5cm

글꼴 : 궁서, 24pt, 진하게
장평 95%, 오른쪽 정렬 ▶ **국립농산물품질관리원**

① 우수 농산물에 대한 체계적 관리와 안정성 인증을 위해 시행되는 제도

쪽 번호 매기기
2로 시작 ▶ ii

제**04**회 최신기출유형 한컴오피스

과목	코드	문제유형	시험시간	수험번호	성명
아래한글	1111	D	60분		

수험자 유의사항

- 수험자는 문제지를 받는 즉시 문제지와 **수험표상의 시험과목(프로그램)이 동일한지 반드시 확인**하여야 합니다.
- 파일명은 본인의 "수험번호-성명"으로 입력하여 답안폴더(내 PC\문서\ITQ)에 하나의 파일로 저장해야 하며, 답안문서 파일명이 "수험번호-성명"과 일치하지 않거나, 답안파일을 전송하지 않아 미제출로 처리될 경우 실격 처리합니다(예 : 12345678-홍길동.hwp).
- 답안 작성을 마치면 파일을 저장하고, '답안 전송' 버튼을 선택하여 감독위원 PC로 답안을 전송하십시오. 수험생 정보와 저장한 파일명이 다를 경우 전송되지 않으므로 주의하시기 바랍니다.
- 답안 작성 중에도 **주기적으로 저장하고, '답안 전송'**하여야 문제 발생을 줄일 수 있습니다. 작업한 내용을 저장하지 않고 전송할 경우 이전에 저장된 내용이 전송되오니 이점 유의하시기 바랍니다.
- 답안문서는 지정된 경로 외의 다른 보조기억장치에 저장하는 경우, 지정된 시험 시간 외에 작성된 파일을 활용할 경우, 기타 통신수단(이메일, 메신저, 네트워크 등)을 이용하여 타인에게 전달 또는 외부 반출하는 경우는 부정 처리합니다.
- 시험 중 부주의 또는 고의로 시스템을 파손한 경우는 수험자가 변상해야 하며, 〈수험자 유의사항〉에 기재된 방법대로 이행하지 않아 생기는 불이익은 수험생 당사자의 책임임을 알려 드립니다.
- 문제의 조건은 한컴오피스 NEO(2016) 버전으로 설정되어 있으니 유의하시기 바랍니다.
- 시험을 완료한 수험자는 답안파일이 전송되었는지 확인한 후 감독위원의 지시에 따라 문제지를 제출하고 퇴실합니다.

답안 작성요령

- **온라인 답안 작성 절차**
  수험자 등록 ⇒ 시험 시작 ⇒ 답안파일 저장 ⇒ 답안 전송 ⇒ 시험 종료

- **공통 부문**
  - 글꼴에 대한 기본설정은 함초롬바탕, 10포인트, 검정, 줄간격 160%, 양쪽정렬로 합니다.
  - 색상은 조건의 색을 적용하고 색의 구분이 안 될 경우에는 RGB 값을 적용하십시오.
    (빨강 255,0,0 / 파랑 0,0,255 / 노랑 255,255,0).
  - 각 문항에 주어진 《조건》에 따라 작성하고 언급하지 않은 조건은 《출력형태》와 같이 작성합니다.
  - 용지여백은 왼쪽·오른쪽 11mm, 위쪽·아래쪽·머리말·꼬리말 10mm, 제본 0mm로 합니다.
  - 그림 삽입 문제의 경우 「내 PC\문서\ITQ\Picture」 폴더에서 지정된 파일을 선택하여 삽입하십시오.
  - 삽입한 그림은 반드시 문서에 포함하여 저장해야 합니다(미포함 시 감점 처리).
  - 각 항목은 지정된 페이지에 출력형태와 같이 정확히 작성하시기 바라며, 그렇지 않을 경우에 해당 항목은 0점 처리됩니다.
    ※ 페이지구분 : 1페이지 - 기능평가 I (문제번호 표시 : 1. 2.),
    　　　　　　　　2페이지 - 기능평가 II (문제번호 표시 : 3. 4.),
    　　　　　　　　3페이지 - 문서작성 능력평가

- **기능평가**
  - 문제와 《조건》은 입력하지 않으며 문제번호와 답(《출력형태》)만 작성합니다.
  - 4번 문제는 묶기를 했을 경우 0점 처리됩니다.

- **문서작성 능력평가**
  - A4 용지(210㎜×297㎜) 1매 크기, 시도 서식 문서로 직성합니다.
  - 　　　 표시는 문서작성에 대한 지시사항이므로 작성하지 않습니다.

1. 다음의 ≪조건≫에 따라 스타일 기능을 적용하여 ≪출력형태≫와 같이 작성하시오. (50점)

≪조건≫ (1) 스타일 이름 – student
       (2) 문단 모양 – 왼쪽 여백 : 15pt, 문단 아래 간격 : 10pt
       (3) 글자 모양 – 글꼴 : 한글(굴림)/영문(돋움), 크기 : 10pt, 장평 : 95%, 자간 : 5%

≪출력형태≫

International students are those students who chose to undertake all or part of their tertiary education in a country other than their own and move to that country for the purpose of studying.

유학생은 고등 교육 기관의 전부 또는 일부를 자국 이외의 국가에서 선택하여 공부 목적으로 해당 국가로 이주한 학생이다.

2. 다음의 ≪조건≫에 따라 ≪출력형태≫와 같이 표와 차트를 작성하시오. (100점)

≪표 조건≫ (1) 표 전체(표, 캡션) – 굴림, 10pt
        (2) 정렬 – 문자 : 가운데 정렬, 숫자 : 오른쪽 정렬
        (3) 셀 배경(면색) : 노랑
        (4) 한글의 계산 기능을 이용하여 빈칸에 평균(소수점 두 자리)을 구하고, 캡션 기능 사용할 것
        (5) 선 모양은 ≪출력형태≫와 동일하게 처리할 것

≪출력형태≫

연도별 유학생 현황(단위 : 명)

연도	2012년	2014년	2016년	2018년	평균
일본	2,871	2,696	2,803	3,953	
베트남	3,057	3,181	7,459	9,367	
미국	4,338	4,366	3,699	3,489	
중국	57,399	50,336	60,136	64,252	✕

≪차트 조건≫ (1) 차트 데이터는 표 내용에서 연도별 일본, 베트남, 미국의 값만 이용할 것
        (2) 종류 – ⟨묶은 세로 막대형⟩으로 작업할 것
        (3) 제목 – 돋움, 진하게, 12pt, 배경 – 선 모양(한 줄로), 그림자(2pt)
        (4) 제목 이외의 전체 글꼴 – 돋움, 보통, 10pt
        (5) 축제목과 범례는 ≪출력형태≫와 동일하게 처리할 것

≪출력형태≫

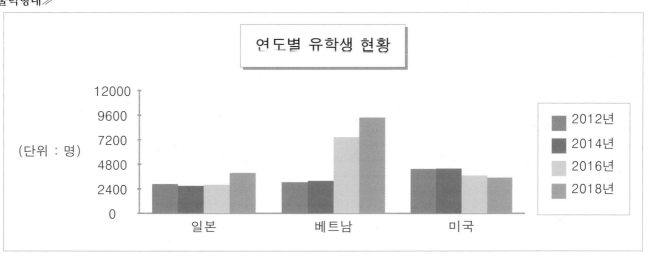

3. 다음 (1), (2)의 수식을 수식 편집기로 각각 입력하시오. (40점)

≪출력형태≫

(1) $V = \dfrac{1}{R}\displaystyle\int_0^q qdq = \dfrac{1}{2}\dfrac{q^2}{R}$

(2) $E = \sqrt{\dfrac{GM}{R}}, \dfrac{R^3}{T^2} = \dfrac{GM}{4\pi^2}$

4. 다음의 ≪조건≫에 따라 ≪출력형태≫와 같이 문서를 작성하시오. (110점)

≪조건≫

(1) 그리기 도구를 이용하여 작성하고, 모든 도형(글맵시, 지정된 그림 포함)을 ≪출력형태≫와 같이 작성하시오.

(2) 도형의 면색은 지시사항이 없으면 색 없음을 제외하고 서로 다르게 임의로 지정하시오.

≪출력형태≫

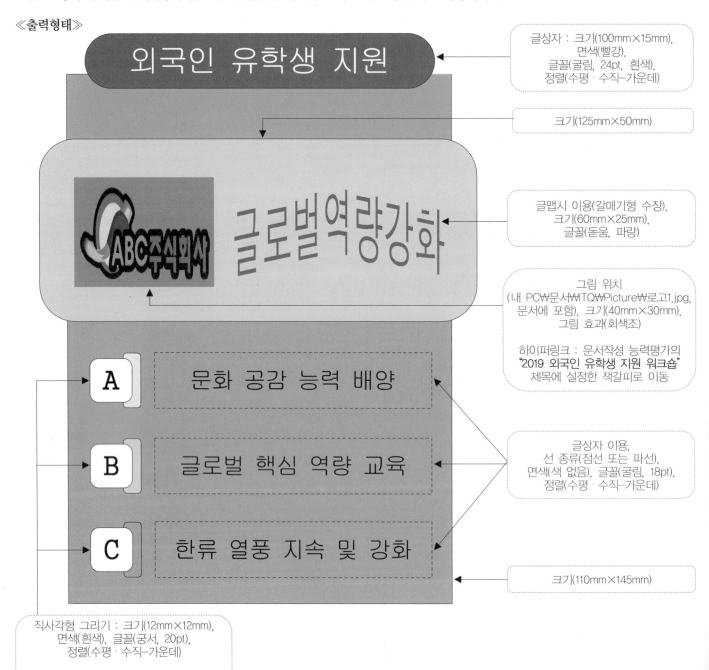

글상자 : 크기(100mm×15mm), 면색(빨강), 글꼴(굴림, 24pt, 흰색), 정렬(수평 · 수직-가운데)

크기(125mm×50mm)

글맵시 이용(갈매기형 수장), 크기(60mm×25mm), 글꼴(돋움, 파랑)

그림 위치 (내 PC₩문서₩ITQ₩Picture₩로고1.jpg, 문서에 포함), 크기(40mm×30mm), 그림 효과(회색조)

하이퍼링크 : 문서작성 능력평가의 "2019 외국인 유학생 지원 워크숍" 제목에 설정한 책갈피로 이동

글상자 이용, 선 종류(점선 또는 파선), 면색(색 없음), 글꼴(굴림, 18pt), 정렬(수평 · 수직-가운데)

크기(110mm×145mm)

직사각형 그리기 : 크기(12mm×12mm), 면색(흰색), 글꼴(궁서, 20pt), 정렬(수평 · 수직-가운데)

직사각형 그리기 : 크기(5mm×15mm), 면색(흰색을 제외한 임의의 색)

글꼴 : 돋움, 18pt, 진하게, 가운데 정렬
책갈피 이름 : 유학
덧말 넣기

머리말 기능
굴림, 10pt, 오른쪽 정렬 → 외국인 유학 지원

지원과 성장
2019 외국인 유학생 지원 워크숍

문단 첫 글자 장식 기능
글꼴 : 궁서, 면색 : 노랑

각주

그림 위치(내 PC\문서\ITQ\Picture\그림4.jpg, 문서에 포함)
자르기 기능 이용, 크기(40mm×35mm), 바깥 여백 왼쪽 : 2mm

교 육부와 국립국제교육원은 저출산 고령화사회①, 학령인구 감소에 대응하고 국내 대학생들의 글로벌 역량을 강화하기 위하여 외국인 유학생 지원 강화 워크숍을 개최하기로 하였다. 특히, 국내에 체류(滯留)하는 외국인 유학생이 14만 명 수준으로 급증함과 동시에 불법 체류 유학생도 1만 명이 초과됨에 따라 체계적인 지원 강화 부문과 더불어 취업 목적, 불법 체류 등 부작용에 대한 정책적 검토를 함께 진행하기로 했다. 그동안 외국인 유학생은 지속적으로 증가하였지만, 외국인 유학생의 한국어 능력 부족으로 대학 수업이 파행 운영되고 있으며 불법 체류와 불법 취업 등 부정적 효과도 심각하게 나타나고 있다.

특히 교육부는 국립국제교육원과 공동 주최를 통해 외국인 유학생이 불법적인 방법으로 체류하지 않고 본래의 목적인 학업(學業)에 전념할 수 있도록 적극적인 지원 방안을 함께 모색하기로 하였다. 이번 워크숍은 외국인 유학생의 현황 고찰, 외국 유학생에 대한 국가별 정책 비교, 외국인 유학생 확대의 긍정 및 부정 효과 분석, 외국인 유학생 지원 강화 방안 등을 주요 주제로 선정하여 다양한 이해관계의 의견을 공유하여 세계시민교육에 대한 가치를 향유하는 뜻 깊은 행사로 진행할 계획이다.

■ 외국인 유학 지원 워크숍 개요

글꼴 : 굴림, 18pt, 흰색
음영색 : 빨강

A. 주제 및 기간
 1. 주제 : 저출산시대 외국인 유학생 지원 및 확대
 2. 기간 : 2019. 10. 17(목) - 10. 20(일)
B. 주최 및 장소
 1. 주최 : 교육부, 국립국제교육원
 2. 장소 : 세종 컨벤션홀

문단 번호 기능 사용
 1수준 : 20pt, 오른쪽 정렬,
 2수준 : 30pt, 오른쪽 정렬
줄 간격 : 180%

표 전체 글꼴 : 돋움, 10pt, 가운데 정렬
셀 배경(그러데이션) : 유형(왼쪽 대각선),
 시작색(흰색), 끝색(노랑)

■ *외국인 유학 지원 워크숍 주제*

글꼴 : 굴림, 18pt, 기울임, 강조점

일자	주제	비고
10월 17일(목)	외국인 유학생 현황	기타 자세한 사항은
10월 18일(금)	외국인 유학생에 대한 국가별 정책 검토	교육부 및
10월 19일(토)	외국인 유학생 확대에 따른 긍정적 효과 분석	국립국제교육원
	외국인 유학생 확대에 따른 부작용 분석	홈페이지를 참고하기
10월 20일(일)	외국인 유학생 지원 및 확대 방안 논의	바랍니다.

글꼴 : 궁서, 24pt, 진하게
장평 95%, 오른쪽 정렬 → **국립국제교육원**

각주 구분선 : 5cm

① 총인구 중에 65세 이상의 인구가 차지하는 비율이 7% 이상인 사회를 말함

쪽 번호 매기기
4로 시작 → iv

제 05 회 최신기출유형 (한컴오피스)

과목	코드	문제유형	시험시간	수험번호	성명
아래한글	1111	E	60분		

수험자 유의사항

■ 수험자는 문제지를 받는 즉시 문제지와 <u>수험표상의 시험과목(프로그램)이 동일한지 반드시 확인</u>하여야 합니다.

■ 파일명은 본인의 "수험번호–성명"으로 입력하여 답안폴더(내 PC\문서\ITQ)에 하나의 파일로 저장해야 하며, 답안문서 파일명이 "수험번호–성명"과 일치하지 않거나, 답안파일을 전송하지 않아 미제출로 처리될 경우 실격 처리합니다(예 : 12345678–홍길동.hwp).

■ 답안 작성을 마치면 파일을 저장하고, '답안 전송' 버튼을 선택하여 감독위원 PC로 답안을 전송하십시오. 수험생 정보와 저장한 파일명이 다를 경우 전송되지 않으므로 주의하시기 바랍니다.

■ 답안 작성 중에도 <u>주기적으로 저장하고, '답안 전송'</u>하여야 문제 발생을 줄일 수 있습니다. 작업한 내용을 저장하지 않고 전송할 경우 이전에 저장된 내용이 전송되오니 이점 유의하시기 바랍니다.

■ 답안문서는 지정된 경로 외의 다른 보조기억장치에 저장하는 경우, 지정된 시험 시간 외에 작성된 파일을 활용할 경우, 기타 통신수단(이메일, 메신저, 네트워크 등)을 이용하여 타인에게 전달 또는 외부 반출하는 경우는 부정 처리합니다.

■ 시험 중 부주의 또는 고의로 시스템을 파손한 경우는 수험자가 변상해야 하며, 〈수험자 유의사항〉에 기재된 방법대로 이행하지 않아 생기는 불이익은 수험생 당사자의 책임임을 알려 드립니다.

■ 문제의 조건은 한컴오피스 NEO(2016) 버전으로 설정되어 있으니 유의하시기 바랍니다.

■ 시험을 완료한 수험자는 답안파일이 전송되었는지 확인한 후 감독위원의 지시에 따라 문제지를 제출하고 퇴실합니다.

답안 작성요령

■ **온라인 답안 작성 절차**

수험자 등록 ⇒ 시험 시작 ⇒ 답안파일 저장 ⇒ 답안 전송 ⇒ 시험 종료

■ **공통 부문**

● 글꼴에 대한 기본설정은 함초롬바탕, 10포인트, 검정, 줄간격 160%, 양쪽정렬로 합니다.
● 색상은 조건의 색을 적용하고 색의 구분이 안 될 경우에는 RGB 값을 적용하십시오.
  (빨강 255,0,0 / 파랑 0,0,255 / 노랑 255,255,0).
● 각 문항에 주어진 《조건》에 따라 작성하고 언급하지 않은 조건은 《출력형태》와 같이 작성합니다.
● 용지여백은 왼쪽·오른쪽 11mm, 위쪽·아래쪽·머리말·꼬리말 10mm, 제본 0mm로 합니다.
● 그림 삽입 문제의 경우 「내 PC\문서\ITQ\Picture」 폴더에서 지정된 파일을 선택하여 삽입하십시오.
● 삽입한 그림은 반드시 문서에 포함하여 저장해야 합니다(미포함 시 감점 처리).
● 각 항목은 지정된 페이지에 출력형태와 같이 정확히 작성하시기 바라며, 그렇지 않을 경우에 해당 항목은 0점 처리됩니다.
  ※ 페이지구분 : 1페이지 – 기능평가 I (문제번호 표시 : 1. 2.),
              2페이지 – 기능평가 II (문제번호 표시 : 3. 4.),
              3페이지 – 문서작성 능력평가

■ **기능평가**

● 문제와 《조건》은 입력하지 않으며 문제번호와 답(《출력형태》)만 작성합니다.
● 4번 문제는 묶기를 했을 경우 0점 처리됩니다.

■ **문서작성 능력평가**

● A4 용지(210mm×297mm) 1매 크기, 세로 서식 문서로 작성합니다.
● ☐ 표시는 문서작성에 대한 지시사항이므로 작성하지 않습니다.

기능평가 I (150점)

1. 다음의 ≪조건≫에 따라 스타일 기능을 적용하여 ≪출력형태≫와 같이 작성하시오. (50점)

≪조건≫   (1) 스타일 이름 - wind
         (2) 문단 모양 - 왼쪽 여백 : 15pt, 문단 아래 간격 : 10pt
         (3) 글자 모양 - 글꼴 : 한글(돋움)/영문(궁서), 크기 : 10pt, 장평 : 95%, 자간 : 5%

≪출력형태≫

Korea Wind Energy Industry Association will always strive to foster the wind industry based on active cooperation of company members.

풍력발전이란 바람에너지를 이용하여 전기를 생산하는 발전방식으로 블레이드가 회전하면서 발생하는 기계에너지를 발전기를 통해 전기에너지로 변환하는 원리이다.

2. 다음의 ≪조건≫에 따라 ≪출력형태≫와 같이 표와 차트를 작성하시오. (100점)

≪표 조건≫   (1) 표 전체(표, 캡션) - 돋움, 10pt
            (2) 정렬 - 문자 : 가운데 정렬, 숫자 : 오른쪽 정렬
            (3) 셀 배경(면색) : 노랑
            (4) 한글의 계산 기능을 이용하여 빈칸에 평균(소수점 두 자리)을 구하고, 캡션 기능 사용할 것
            (5) 선 모양은 ≪출력형태≫와 동일하게 처리할 것

≪출력형태≫

연도별 신재생에너지 보급 현황(단위 : TOE)

구분	2013년	2014년	2015년	2016년	평균
수력	892.2	581.2	453.8	603.2	
풍력	242.4	241.8	283.5	355.3	
수소연료전지	122.4	199.4	230.2	241.6	
태양열	27.8	28.5	28.5	28.5	

≪차트 조건≫   (1) 차트 데이터는 표 내용에서 연도별 수력, 풍력, 수소연료전지의 값만 이용할 것
              (2) 종류 - 〈묶은 가로 막대형〉으로 작업할 것
              (3) 제목 - 굴림, 진하게, 12pt, 배경 - 선 모양(한 줄로), 그림자(2pt)
              (4) 제목 이외의 전체 글꼴 - 굴림, 보통, 10pt
              (5) 축제목과 범례는 ≪출력형태≫와 동일하게 처리할 것

≪출력형태≫

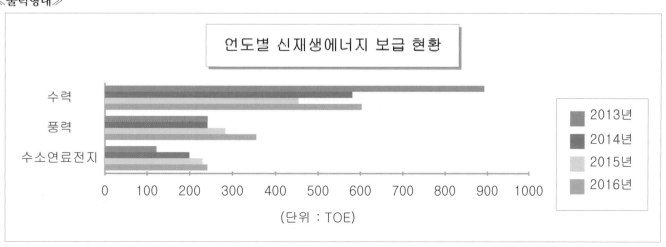

3. 다음 (1), (2)의 수식을 수식 편집기로 각각 입력하시오. (40점)

≪출력형태≫

(1) $G_n = n^2 \dfrac{h^2}{4\pi^2 Kme^2}$

(2) $\lim\limits_{n \to \infty} P_n = 1 - \dfrac{9^3}{10^3} = \dfrac{271}{1000}$

4. 다음의 ≪조건≫에 따라 ≪출력형태≫와 같이 문서를 작성하시오. (110점)

≪조건≫

(1) 그리기 도구를 이용하여 작성하고, 모든 도형(글맵시, 지정된 그림 포함)을 ≪출력형태≫와 같이 작성하시오.

(2) 도형의 면색은 지시사항이 없으면 색 없음을 제외하고 서로 다르게 임의로 지정하시오.

≪출력형태≫

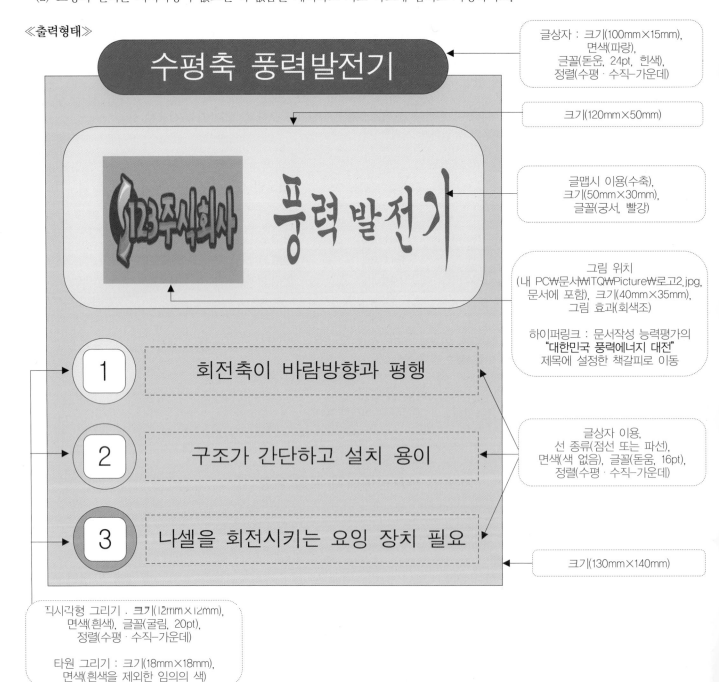

글상자 : 크기(100mm×15mm), 면색(파랑), 글꼴(돋움, 24pt, 흰색), 정렬(수평·수직-가운데)

크기(120mm×50mm)

글맵시 이용(수축), 크기(50mm×30mm), 글꼴(궁서, 빨강)

그림 위치 (내 PC₩문서₩ITQ₩Picture₩로고2.jpg, 문서에 포함), 크기(40mm×35mm), 그림 효과(회색조)

하이퍼링크 : 문서작성 능력평가의 "대한민국 풍력에너지 대전" 제목에 설정한 책갈피로 이동

글상자 이용, 선 종류(점선 또는 파선), 면색(색 없음), 글꼴(돋움, 16pt), 정렬(수평·수직-가운데)

크기(130mm×140mm)

직사각형 그리기 . 크기(12mm×12mm), 면색(흰색), 글꼴(굴림, 20pt), 정렬(수평·수직-가운데)

타원 그리기 : 크기(18mm×18mm), 면색(흰색을 제외한 임의의 색)

수평축 풍력발전기

풍력 발전기

1 회전축이 바람방향과 평행

2 구조가 간단하고 설치 용이

3 나셀을 회전시키는 요잉 장치 필요

글꼴 : 궁서, 18pt, 진하게, 가운데 정렬
책갈피 이름 : 풍력
덧말 넣기

머리말 기능
굴림, 10pt, 오른쪽 정렬 → 풍력에너지

풍력에너지 전문 전시회
대한민국 풍력에너지 대전

문단 첫 글자 장식 기능
글꼴 : 돋움, 면색 : 노랑

그림 위치(내 PC₩문서₩ITQ₩Picture₩그림4.jpg, 문서에 포함)
자르기 기능 이용, 크기(40mm×40mm), 바깥 여백 왼쪽 : 2mm

풍력은 바람으로부터 얻는 에너지이다. 아주 오래전부터 사람들은 항해를 하거나 풍차를 돌리고 물을 퍼 올리는 데 풍력을 이용했으며 최근에는 전기에너지를 생산하는 데 풍력을 이용한다. 풍력발전이란 자연의 바람을 이용하여 풍차를 돌리고, 이것으로 발전기를 돌리는 발전 방식이다. 풍력을 이용해 효율적으로 전기에너지를 얻기 위해서는 초속 5미터 이상의 바람이 지속적으로 불어야 한다. 풍력에너지는 환경오염 물질이 발생하지 않는 깨끗한 에너지이기 때문에 세계 각국에서 그 활용에 큰 관심을 보이고 있다. 최근의 풍력발전기는 풍력에너지의 약 30%를 발전기로 돌려 에너지로 전환시킬 수 있으며 현재 우리나라에서도 강원도의 대관령과 제주도 부근에 풍력발전 설비가 가동되고 있다.

풍력에너지를 이용한 풍력발전 기술은 신재생에너지 분야(分野) 중에서도 경제성과 기술 성숙도 면에서 세계적으로 가장 빠른 성장 속도를 보이는 에너지 산업이다. 이번 전시회는 개막식을 시작으로 풍력 부품 그룹별 집약화 전시행사, 해외 바이어 초청 및 상담 Zone 운영, 풍력 전문가 초청 강연, 부대 행사 등 신재생에너지Ⓐ 문화에 대한 관심 제고와 저변 확대(擴大)를 위한 다양한 참여형 체험 행사로 추진되고 있다.

각주

♥ **행사 개요** ◄
글꼴 : 굴림, 18pt, 흰색
음영색 : 파랑

I. 기간 및 장소
  A. 기간 : 2019. 12. 18(수) - 2019. 12. 20(금)
  B. 장소 : 창원컨벤션센터 전시장
II. 규모 및 주요 프로그램
  A. 규모 : 4개국 88개사 302부스(5,870제곱미터)
  B. 주요 프로그램 : 구매상담회, 학술대회, 지식경제부 정책세미나 등

문단 번호 기능 사용
1수준 : 20pt, 오른쪽 정렬,
2수준 : 30pt, 오른쪽 정렬
줄 간격 : 180%

표 전체 글꼴 : 돋움, 10pt, 가운데 정렬
셀 배경(그러데이션) : 유형(수평),
시작색(흰색), 끝색(노랑)

♥ **해상풍력 구조물 기술개발 연구** ◄
글꼴 : 굴림, 18pt, 밑줄, 강조점

기간	연구과제명	내용
2010-2014	대구경 대수심 해상	수심 30m이하 조건에 적합한 고효율 굴착식 모노파일 시스템 개발
	기초시스템 기술개발	토사지반이 두꺼운 대수심 조건에 적합한 석션버켓기초 시스템 개발
2012-2017	콘크리트 지지구조물 개발	항만과 연계된 콘크리트 해상풍력 지지구조물 개발 및 운영
2011-2020	심해용 부유식 풍력 발전	심해용 부유식 플랫폼 설계, 건조, 설치, 평가, 검증 핵심기술 개발
	플랫폼 기반 기술 개발	가혹한 해양환경 극복형 계류장치 및 소재, 방식 기술 개발

각주 구분선 : 5cm

글꼴 : 돋움, 24pt, 진하게
장평 110%, 오른쪽 정렬 → **한국풍력산업협회**

Ⓐ 기존의 화석연료나 재생 가능한 에너지를 변환시켜 이용하는 에너지

쪽 번호 매기기
2로 시작 → ②

제 06 회 최신기출유형 한컴오피스

과목	코드	문제유형	시험시간	수험번호	성명
아래한글	1111	A	60분		

수험자 유의사항

- 수험자는 문제지를 받는 즉시 문제지와 <u>수험표상의 시험과목(프로그램)이 동일한지 반드시 확인</u>하여야 합니다.
- 파일명은 본인의 "수험번호-성명"으로 입력하여 답안폴더(내 PC₩문서₩ITQ)에 하나의 파일로 저장해야 하며, 답안문서 파일명이 "수험번호-성명"과 일치하지 않거나, 답안파일을 전송하지 않아 미제출로 처리될 경우 실격 처리합니다(예 : 12345678-홍길동.hwp).
- 답안 작성을 마치면 파일을 저장하고, '답안 전송' 버튼을 선택하여 감독위원 PC로 답안을 전송하십시오. 수험생 정보와 저장한 파일명이 다를 경우 전송되지 않으므로 주의하시기 바랍니다.
- 답안 작성 중에도 <u>주기적으로 저장하고, '답안 전송'</u>하여야 문제 발생을 줄일 수 있습니다. 작업한 내용을 저장하지 않고 전송할 경우 이전에 저장된 내용이 전송되오니 이점 유의하시기 바랍니다.
- 답안문서는 지정된 경로 외의 다른 보조기억장치에 저장하는 경우, 지정된 시험 시간 외에 작성된 파일을 활용할 경우, 기타 통신수단(이메일, 메신저, 네트워크 등)을 이용하여 타인에게 전달 또는 외부 반출하는 경우는 부정 처리합니다.
- 시험 중 부주의 또는 고의로 시스템을 파손한 경우는 수험자가 변상해야 하며, 〈수험자 유의사항〉에 기재된 방법대로 이행하지 않아 생기는 불이익은 수험생 당사자의 책임임을 알려 드립니다.
- 문제의 조건은 한컴오피스 NEO(2016) 버전으로 설정되어 있으니 유의하시기 바랍니다.
- 시험을 완료한 수험자는 답안파일이 전송되었는지 확인한 후 감독위원의 지시에 따라 문제지를 제출하고 퇴실합니다.

답안 작성요령

- **온라인 답안 작성 절차**

  수험자 등록 ⇒ 시험 시작 ⇒ 답안파일 저장 ⇒ 답안 전송 ⇒ 시험 종료

- **공통 부문**
  - 글꼴에 대한 기본설정은 함초롬바탕, 10포인트, 검정, 줄간격 160%, 양쪽정렬로 합니다.
  - 색상은 조건의 색을 적용하고 색의 구분이 안 될 경우에는 RGB 값을 적용하십시오.
    (빨강 255,0,0 / 파랑 0,0,255 / 노랑 255,255,0).
  - 각 문항에 주어진 《조건》에 따라 작성하고 언급하지 않은 조건은 《출력형태》와 같이 작성합니다.
  - 용지여백은 왼쪽 · 오른쪽 11mm, 위쪽 · 아래쪽 · 머리말 · 꼬리말 10mm, 제본 0mm로 합니다.
  - 그림 삽입 문제의 경우 「내 PC₩문서₩ITQ₩Picture」 폴더에서 지정된 파일을 선택하여 삽입하십시오.
  - 삽입한 그림은 반드시 문서에 포함하여 저장해야 합니다(미포함 시 감점 처리).
  - 각 항목은 지정된 페이지에 출력형태와 같이 정확히 작성하시기 바라며, 그렇지 않을 경우에 해당 항목은 0점 처리됩니다.
    ※ 페이지구분 : 1페이지 - 기능평가 I (문제번호 표시 : 1. 2.),
    　　　　　　　 2페이지 - 기능평가 II (문제번호 표시 : 3. 4.),
    　　　　　　　 3페이지 - 문서작성 능력평가

- **기능평가**
  - 문제와 《조건》은 입력하지 않으며 문제번호와 답(《출력형태》)만 작성합니다.
  - 4번 문제는 묶기를 했을 경우 0점 처리됩니다.

- **문서작성 능력평가**
  - A4 용지(210mm×297mm) 1매 크기, 세로 서식 문서로 작성합니다.
  - ☐ 표시는 문서작성에 대한 지시사항이므로 작성하지 않습니다.

기능평가 I (150점)

1. 다음의 ≪조건≫에 따라 스타일 기능을 적용하여 ≪출력형태≫와 같이 작성하시오. (50점)

≪조건≫　(1) 스타일 이름 - kosme
　　　　　(2) 문단 모양 - 왼쪽 여백 : 15pt, 문단 아래 간격 : 10pt
　　　　　(3) 글자 모양 - 글꼴 : 한글(돋움)/영문(굴림), 크기 : 10pt, 장평 : 95%, 자간 : 5%

≪출력형태≫

The Korea SMEs and Startups Agency has dedicated its energy to support the stable management and growth of small and medium enterprises.

기업 스스로 단계별 점검을 통해 중소벤처기업진흥공단에서 지원하는 자금 융자 사업의 이용 가능성을 확인하여 적합한 자금을 신청하는 시스템을 정책자금 융자 도우미라고 한다.

2. 다음의 ≪조건≫에 따라 ≪출력형태≫와 같이 표와 차트를 작성하시오. (100점)

≪표 조건≫　(1) 표 전체(표, 캡션) - 굴림, 10pt
　　　　　　(2) 정렬 - 문자 : 가운데 정렬, 숫자 : 오른쪽 정렬
　　　　　　(3) 셀 배경(면색) : 노랑
　　　　　　(4) 한글의 계산 기능을 이용하여 빈칸에 합계를 구하고, 캡션 기능 사용할 것
　　　　　　(5) 선 모양은 ≪출력형태≫와 동일하게 처리할 것

≪출력형태≫

과학 및 기술서비스업 사업체 현황(단위 : 십억 원, 개)

구분	소상공인	소기업	중기업	중소기업	합계
매출액	7,618	34,295	15,184	49,479	
사업비용	6,534	30,712	13,658	44,371	
인건비	2,294	12,551	5,536	18,087	
사업체	58,289	85,997	1,089	87,086	

≪차트 조건≫　(1) 차트 데이터는 표 내용에서 구분별 매출액, 사업비용, 인건비의 값만 이용할 것
　　　　　　　(2) 종류 - 〈묶은 가로 막대형〉으로 작업할 것
　　　　　　　(3) 제목 - 돋움, 진하게, 12pt, 배경 - 선 모양(한 줄로), 그림자(2pt)
　　　　　　　(4) 제목 이외의 전체 글꼴 - 돋움, 보통, 10pt
　　　　　　　(5) 축제목과 범례는 ≪출력형태≫와 동일하게 처리할 것

≪출력형태≫

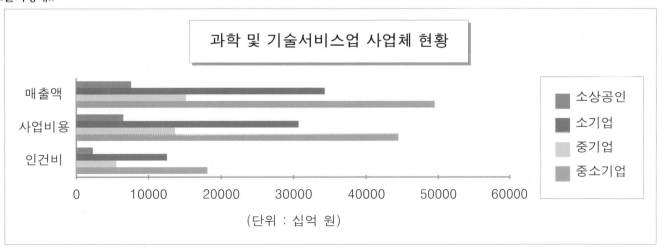

3. 다음 (1), (2)의 수식을 수식 편집기로 각각 입력하시오. (40점)

≪출력형태≫

(1) $AB = \sqrt{(x_2 - x_1)^2 + (y_2 - y_1)^2}$

(2) $E = mc^2 = \dfrac{bc^2}{\sqrt{1 - \dfrac{k^2}{c^2}}}$

4. 다음의 ≪조건≫에 따라 ≪출력형태≫와 같이 문서를 작성하시오. (110점)

≪조건≫

(1) 그리기 도구를 이용하여 작성하고, 모든 도형(글맵시, 지정된 그림 포함)을 ≪출력형태≫와 같이 작성하시오.

(2) 도형의 면색은 지시사항이 없으면 색 없음을 제외하고 서로 다르게 임의로 지정하시오.

≪출력형태≫

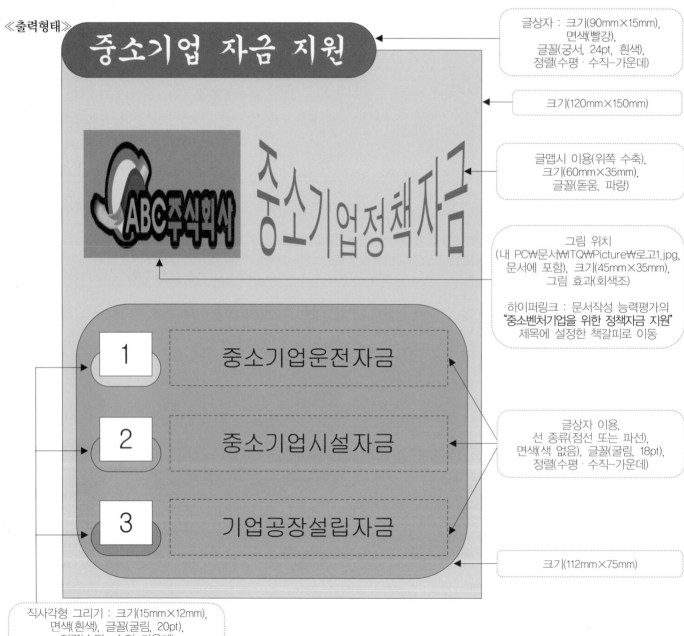

글상자 : 크기(90mm×15mm), 면색(빨강), 글꼴(궁서, 24pt, 흰색), 정렬(수평·수직-가운데)

크기(120mm×150mm)

글맵시 이용(위쪽 수축), 크기(60mm×35mm), 글꼴(돋움, 파랑)

그림 위치 (내 PC₩문서₩ITQ₩Picture₩로고1.jpg, 문서에 포함), 크기(45mm×35mm), 그림 효과(회색조)

하이퍼링크 : 문서작성 능력평가의 "중소벤처기업을 위한 정책자금 지원" 제목에 설정한 책갈피로 이동

글상자 이용, 선 종류(점선 또는 파선), 면색(색 없음), 글꼴(굴림, 18pt), 정렬(수평·수직-가운데)

크기(112mm×75mm)

직사각형 그리기 : 크기(15mm×12mm), 면색(흰색), 글꼴(굴림, 20pt), 정렬(수평·수직-가운데)

직사각형 그리기 : 크기(20mm×10mm), 면색(흰색을 제외한 임의의 색)

글꼴 : 돋움, 18pt, 진하게, 가운데 정렬
책갈피 이름 : 중소기업
덧말 넣기

머리말 기능
굴림, 10pt, 오른쪽 정렬 ▶ 중소기업 지원

정책자금융자
중소벤처기업을 위한 정책자금 지원

문단 첫 글자 장식 기능
글꼴 : 궁서, 면색 : 노랑

각주

그림 위치(내 PC₩문서₩ITQ₩Picture₩그림4.jpg, 문서에 포함)
자르기 기능 이용, 크기(40mm×40mm), 바깥 여백 왼쪽 : 2mm

대한민국 경제의 뿌리 역할을 하고 있는 산업 역군@으로서 그 기반을 이루어 핵심 과제를 수행하게 될 중소기업의 체질을 개선하고 국제 경쟁력을 향상시키고자 정책자금을 지원하는 사업이 추진 중에 있다. 이 지원 사업은 기업 스스로 단계별 점검을 통해 중소벤처기업진흥공단(KOSME)에서 지원하는 자금 융자 사업의 이용 가능성을 확인하고 가장 적합한 자금을 안내 받는 시스템이다.

총 3조 6,700억 원을 지원하는 본 사업의 주요 규모(規模)를 살펴보면, 융자 한도가 중소기업 창업 및 진흥기금의 융자 잔액 기준으로 60억 원까지이며(수도권을 제외한 지방 소재 기업은 70억 원), 매출액의 150% 이내에서 지원된다(최대 100억 원). 대출금리는 공공자금 관리기금의 대출금리에 분기별로 연동하는 변동금리를 적용(適用)한다. 단, 청년 전용 창업자금, 투융자 복합 금융자금, 재해 중소기업은 세부 사업에서 정하는 고정금리를 적용한다. 중소기업진흥공단에 융자를 신청 및 접수한 사업체 가운데 지원 대상이 결정되면 중소기업진흥공단이 직접 대출을 시행하거나 금융회사에서 신용, 담보부(보증서 포함) 대출을 시행한다.

♠ 지원 사업 개요

글꼴 : 굴림, 18pt, 흰색
음영색 : 파랑

i. 시기
  a. 융자 시기 : 월별 구분 접수
  b. 사업별로 접수 기간 차별화 : 자금 소진 시까지
ii. 절차
  a. 신청 및 접수 : 중소기업, 중소벤처기업진흥공단 지역 본부 및 지부
  b. 서류 및 현장 실사 : 보증기관 등

문단 번호 기능 사용
1수준 : 20pt, 오른쪽 정렬,
2수준 : 30pt, 오른쪽 정렬
줄 간격 : 180%

표 전체 글꼴 : 돋움, 10pt, 가운데 정렬
셀 배경(그러데이션) : 유형(가운데에서),
시작색(흰색), 끝색(노랑)

♠ 기업성장 단계별 지원

글꼴 : 굴림, 18pt, 밑줄, 강조점

구분	창업기	성장기	재도약기
지원 방향	창업 및 시장진입 성장단계 디딤돌	성장단계진입 및 지속성장	재무구조개선 정상화/퇴출/재창업
지원 사업	혁신창업지원, 일자리창출촉진, 투융자복합금융(이익공유형)	제조현장 스마트화, 내수기업의 수출기업화, 수출기업의 글로벌기업화	재도약지원 (사업선환, 재장업)
	긴급경영안정자금-일시적 애로 및 재해/일반경영안전지원		

각주 구분선 : 5cm

글꼴 : 궁서, 24pt, 진하게
장평 95%, 오른쪽 정렬 ▶ **중소벤처기업진흥공단**

@ 일정한 부문에서 중요한 역할을 하는 일꾼

쪽 번호 매기기
2로 시작 ▶ ②

제07회 최신기출유형 한컴오피스

과목	코드	문제유형	시험시간	수험번호	성명
아래한글	1111	B	60분		

수험자 유의사항

■ 수험자는 문제지를 받는 즉시 문제지와 <u>수험표상의 시험과목(프로그램)이 동일한지 반드시 확인</u>하여야 합니다.

■ 파일명은 본인의 "수험번호–성명"으로 입력하여 답안폴더(내 PC₩문서₩ITQ)에 하나의 파일로 저장해야 하며, 답안문서 파일명이 "수험번호–성명"과 일치하지 않거나, 답안파일을 전송하지 않아 미제출로 처리될 경우 실격 처리합니다(예 : 12345678–홍길동.hwp).

■ 답안 작성을 마치면 파일을 저장하고, '답안 전송' 버튼을 선택하여 감독위원 PC로 답안을 전송하십시오. 수험생 정보와 저장한 파일명이 다를 경우 전송되지 않으므로 주의하시기 바랍니다.

■ 답안 작성 중에도 <u>주기적으로 저장하고, '답안 전송'</u>하여야 문제 발생을 줄일 수 있습니다. 작업한 내용을 저장하지 않고 전송할 경우 이전에 저장된 내용이 전송되오니 이점 유의하시기 바랍니다.

■ 답안문서는 지정된 경로 외의 다른 보조기억장치에 저장하는 경우, 지정된 시험 시간 외에 작성된 파일을 활용할 경우, 기타 통신수단(이메일, 메신저, 네트워크 등)을 이용하여 타인에게 전달 또는 외부 반출하는 경우는 부정 처리합니다.

■ 시험 중 부주의 또는 고의로 시스템을 파손한 경우는 수험자가 변상해야 하며, 〈수험자 유의사항〉에 기재된 방법대로 이행하지 않아 생기는 불이익은 수험생 당사자의 책임임을 알려 드립니다.

■ 문제의 조건은 한컴오피스 NEO(2016) 버전으로 설정되어 있으니 유의하시기 바랍니다.

■ 시험을 완료한 수험자는 답안파일이 전송되었는지 확인한 후 감독위원의 지시에 따라 문제지를 제출하고 퇴실합니다.

답안 작성요령

■ **온라인 답안 작성 절차**

　수험자 등록 ⇒ 시험 시작 ⇒ 답안파일 저장 ⇒ 답안 전송 ⇒ 시험 종료

■ **공통 부문**

● 글꼴에 대한 기본설정은 함초롬바탕, 10포인트, 검정, 줄간격 160%, 양쪽정렬로 합니다.

● 색상은 조건의 색을 적용하고 색의 구분이 안 될 경우에는 RGB 값을 적용하십시오.
(빨강 255,0,0 / 파랑 0,0,255 / 노랑 255,255,0).

● 각 문항에 주어진 ≪조건≫에 따라 작성하고 언급하지 않은 조건은 ≪출력형태≫와 같이 작성합니다.

● 용지여백은 왼쪽 · 오른쪽 11mm, 위쪽 · 아래쪽 · 머리말 · 꼬리말 10mm, 제본 0mm로 합니다.

● 그림 삽입 문제의 경우 「내 PC₩문서₩ITQ₩Picture」 폴더에서 지정된 파일을 선택하여 삽입하십시오.

● 삽입한 그림은 반드시 문서에 포함하여 저장해야 합니다(미포함 시 감점 처리).

● 각 항목은 지정된 페이지에 출력형태와 같이 정확히 작성하시기 바라며, 그렇지 않을 경우에 해당 항목은 0점 처리됩니다.
※ 페이지구분 : 1페이지 – 기능평가 I (문제번호 표시 : 1. 2.),
　　　　　　　　2페이지 – 기능평가 II (문제번호 표시 : 3. 4.),
　　　　　　　　3페이지 – 문서작성 능력평가

■ **기능평가**

● 문제와 ≪조건≫은 입력하지 않으며 문제번호와 답(≪출력형태≫)만 작성합니다.

● 4번 문제는 묶기를 했을 경우 0점 처리됩니다.

■ **문서작성 능력평가**

● A4 용지(210mm×297mm) 1매 크기, 세로 서식 문서로 작성합니다.

● 　　 표시는 문서작성에 대한 지시사항이므로 작성하지 않습니다.

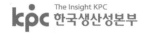

기능평가 I (150점)

1. 다음의 ≪조건≫에 따라 스타일 기능을 적용하여 ≪출력형태≫와 같이 작성하시오. (50점)

≪조건≫　(1) 스타일 이름 – martial
　　　　　(2) 문단 모양 – 첫 줄 들여쓰기 : 15pt, 문단 아래 간격 : 10pt
　　　　　(3) 글자 모양 – 글꼴 : 한글(돋움)/영문(굴림), 크기 : 10pt, 장평 : 105%, 자간 : –5%

≪출력형태≫

　　You can see diligent and happy lives of Chungju citizens large and small festivals. Beginning of Spa Festival and holding Chungju Martial Arts Festival and Ureuk Cultural Festival will on the top rung.

　　한반도의 중심이며 국가 지정 중요무형문화재 제76호인 택견의 본고장 충주에서 세계 무술과 문화의 만남이라는 주제로 다양한 체험과 함께 세계무술축제가 개최됩니다.

2. 다음의 ≪조건≫에 따라 ≪출력형태≫와 같이 표와 차트를 작성하시오. (100점)

≪표 조건≫　(1) 표 전체(표, 캡션) – 궁서, 10pt
　　　　　　(2) 정렬 – 문자 : 가운데 정렬, 숫자 : 오른쪽 정렬
　　　　　　(3) 셀 배경(면색) : 노랑
　　　　　　(4) 한글의 계산 기능을 이용하여 빈칸에 평균(소수점 두 자리)을 구하고, 캡션 기능 사용할 것
　　　　　　(5) 선 모양은 ≪출력형태≫와 동일하게 처리할 것

≪출력형태≫

연도별 무술 수련자 현황(단위 : 천 명)

구분	2014년	2015년	2016년	2017년	평균
택견	124	186	206	225	
해동검도	141	174	194	223	
특공무술	162	185	248	268	
공권유술	154	159	168	198	

≪차트 조건≫　(1) 차트 데이터는 표 내용에서 연도별 택견, 해동검도, 특공무술의 값만 이용할 것
　　　　　　　(2) 종류 – 〈꺾은선형〉으로 작업할 것
　　　　　　　(3) 제목 – 굴림, 진하게, 12pt, 배경 – 선 모양(한 줄로), 그림자(2pt)
　　　　　　　(4) 제목 이외의 전체 글꼴 – 굴림, 보통, 10pt
　　　　　　　(5) 축제목과 범례는 ≪출력형태≫와 동일하게 처리할 것

≪출력형태≫

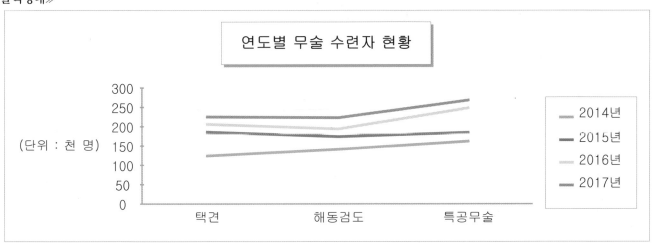

3. 다음 (1), (2)의 수식을 수식 편집기로 각각 입력하시오. (40점)

≪출력형태≫

(1) $\quad h = \sqrt{k^2 - r^2}, M = \dfrac{1}{3}\pi r^2 h$

(2) $\quad \sum\limits_{k=1}^{10}(k^3 + 6k^2 + 4k + 3) = 256$

4. 다음의 ≪조건≫에 따라 ≪출력형태≫와 같이 문서를 작성하시오. (110점)

≪조건≫

(1) 그리기 도구를 이용하여 작성하고, 모든 도형(글맵시, 지정된 그림 포함)을 ≪출력형태≫와 같이 작성하시오.

(2) 도형의 면색은 지시사항이 없으면 색 없음을 제외하고 서로 다르게 임의로 지정하시오.

≪출력형태≫

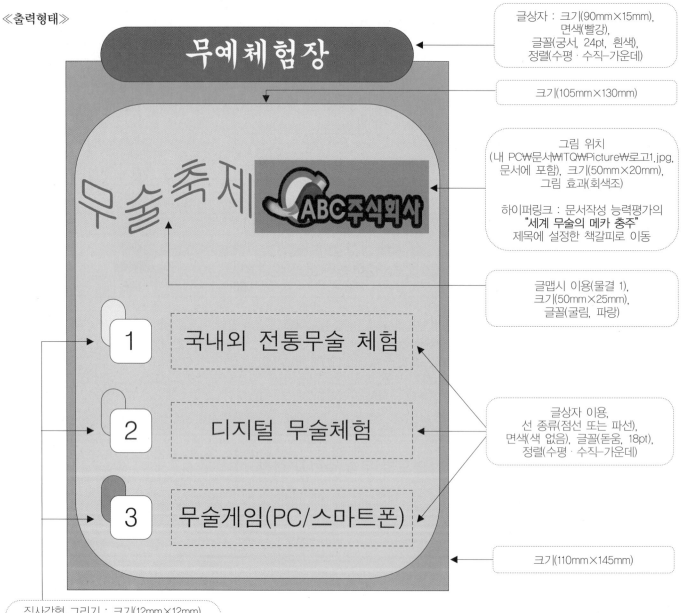

글상자 : 크기(90mm×15mm), 면색(빨강), 글꼴(궁서, 24pt, 흰색), 정렬(수평·수직-가운데)

크기(105mm×130mm)

그림 위치 (내 PC₩문서₩ITQ₩Picture₩로고1.jpg, 문서에 포함), 크기(50mm×20mm), 그림 효과(회색조)

하이퍼링크 : 문서작성 능력평가의 **"세계 무술의 메카 충주"** 제목에 설정한 책갈피로 이동

글맵시 이용(물결 1), 크기(50mm×25mm), 글꼴(굴림, 파랑)

글상자 이용, 선 종류(점선 또는 파선), 면색(색 없음), 글꼴(돋움, 18pt), 정렬(수평·수직-가운데)

크기(110mm×145mm)

직사각형 그리기 : 크기(12mm×12mm), 면색(흰색), 글꼴(돋움, 20pt), 정렬(수평·수직-가운데)

직사각형 그리기 : 크기(7mm×13mm), 면색(흰색을 제외한 임의의 색)

글꼴 : 굴림, 18pt, 진하게, 가운데 정렬
책갈피 이름 : 무술
덧말 넣기

머리말 기능
돋움, 10pt, 오른쪽 정렬 → 무술 한마당

세계무술과 문화
세계 무술의 메카 충주

문단 첫 글자 장식 기능
글꼴 : 궁서, 면색 : 노랑

각주

그림 위치(내 PC\문서\ITQ\Picture\그림5.jpg, 문서에 포함)
자르기 기능 이용, 크기(40mm×40mm), 바깥 여백 왼쪽 : 2mm

문화의 시대로 불리는 21세기는 문화가 곧 국력이자 부가가치가 무한한 관광 자원이다. 찬란했던 중원문화①의 중심지인 충주는 국가 지정 중요무형문화재 제76호인 택견의 본고장으로 1998년부터 충주세계무술축제를 개최하고 있다. 유네스코가 공식 후원하는 본 행사는 국내 무술(武術)은 물론 아시아, 아메리카, 오세아니아, 아프리카, 유럽 등 전 세계 주요 무술을 만날 수 있는 생동감 넘치는 축제의 장이다. 제14회를 맞은 2012년에는 37개국 42개 세계무술연맹 단체를 비롯하여 국내외 유수의 무술 팀이 대거 참여해 풍성한 볼거리와 흥미진진하고 다양한 체험을 선사하면서 충주를 세계 무술의 메카로 확고히 자리매김하게 하였다.

세계무술축제는 충주 지역 관광의 세계화를 통해 지역 경제의 활성화를 도모(圖謀)하고, 외국인 관광객을 집중적으로 유치하여 문화관광 상품으로 발전하는 데 그 목적이 있다. 공식 행사, 문화 행사, 무술 및 경연 행사 등 무대 프로그램과 무술체험복합관, 건강체험관 등 상설 프로그램 그리고 시민 참여 및 경연 행사와 전시 프로그램을 통해 무술을 사랑하는 마니아뿐만 아니라 국내외 많은 관광객을 대상으로 무술의 대중화에 앞장서고자 한다.

♣ 무술축제 개요

글꼴 : 돋움, 18pt, 흰색
음영색 : 파랑

가) 주제 및 장소

　a) 주제 : 세계무술과 문화의 만남

　b) 장소 : 세계무술공원

나) 주최/주관 및 후원

　a) 주최/주관 : 충주시/(재)충주중원문화재단, (사)세계무술연맹

　b) 후원 : 유네스코

문단 번호 기능 사용
1수준 : 20pt, 오른쪽 정렬,
2수준 : 30pt, 오른쪽 정렬
줄 간격 : 180%

표 전체 글꼴 : 돋움, 10pt, 가운데 정렬
셀 배경(그러데이션) : 유형(수평),
시작색(흰색), 끝색(노랑)

♣ *주요 프로그램과 행사내용*

글꼴 : 돋움, 18pt, 기울임, 강조점

구분		내용
무대 프로그램	공식 행사	개막식 및 폐막식(축하 콘서트)
	문화 행사	사물놀이 몰개, 직지팝스 오케스트라, 택견 비보잉 쏠챔, 와우
	무술 및 경연 행사	키즈세계무예마스터쉽, 세계철인무사대회, 국제무예연무대회
상설 프로그램	무술 체험	특공무술 체험, 주짓수 배우기, 전자기록장비 체험
	세계무술퍼레이드	축제장 내 밴드, 공연, 무술팀 합동 행진
시민 참여 및 경연 행사		무술인을 찾아라, 택견 필리핀 아르니스 친선대회

각주 구분선 : 5cm

글꼴 : 궁서, 24pt, 진하게
장평 110%, 오른쪽 정렬 → **충주중원문화재단**

① 충주 지역을 중심으로 형성되었던 정치, 경제, 사회 등 모든 상황을 포괄하는 개념

쪽 번호 매기기
7로 시작 → G

제 08 회 최신기출유형 한컴오피스

과목	코드	문제유형	시험시간	수험번호	성명
아래한글	1111	C	60분		

수험자 유의사항

■ 수험자는 문제지를 받는 즉시 문제지와 <u>수험표상의 시험과목(프로그램)이 동일한지 반드시 확인</u>하여야 합니다.

■ 파일명은 본인의 "수험번호–성명"으로 입력하여 답안폴더(내 PC₩문서₩ITQ)에 하나의 파일로 저장해야 하며, 답안문서 파일명이 "수험번호–성명"과 일치하지 않거나, 답안파일을 전송하지 않아 미제출로 처리될 경우 실격 처리합니다(예 : 12345678–홍길동.hwp).

■ 답안 작성을 마치면 파일을 저장하고, '답안 전송' 버튼을 선택하여 감독위원 PC로 답안을 전송하십시오. 수험생 정보와 저장한 파일명이 다를 경우 전송되지 않으므로 주의하시기 바랍니다.

■ 답안 작성 중에도 <u>주기적으로 저장하고, '답안 전송'</u>하여야 문제 발생을 줄일 수 있습니다. 작업한 내용을 저장하지 않고 전송할 경우 이전에 저장된 내용이 전송되오니 이점 유의하시기 바랍니다.

■ 답안문서는 지정된 경로 외의 다른 보조기억장치에 저장하는 경우, 지정된 시험 시간 외에 작성된 파일을 활용할 경우, 기타 통신수단(이메일, 메신저, 네트워크 등)을 이용하여 타인에게 전달 또는 외부 반출하는 경우는 부정 처리합니다.

■ 시험 중 부주의 또는 고의로 시스템을 파손한 경우는 수험자가 변상해야 하며, 〈수험자 유의사항〉에 기재된 방법대로 이행 하지 않아 생기는 불이익은 수험생 당사자의 책임임을 알려 드립니다.

■ 문제의 조건은 한컴오피스 NEO(2016) 버전으로 설정되어 있으니 유의하시기 바랍니다.

■ 시험을 완료한 수험자는 답안파일이 전송되었는지 확인한 후 감독위원의 지시에 따라 문제지를 제출하고 퇴실합니다.

답안 작성요령

■ 온라인 답안 작성 절차

　수험자 등록 ⇒ 시험 시작 ⇒ 답안파일 저장 ⇒ 답안 전송 ⇒ 시험 종료

■ 공통 부문

● 글꼴에 대한 기본설정은 함초롬바탕, 10포인트, 검정, 줄간격 160%, 양쪽정렬로 합니다.

● 색상은 조건의 색을 적용하고 색의 구분이 안 될 경우에는 RGB 값을 적용하십시오.

　(빨강 255,0,0 / 파랑 0,0,255 / 노랑 255,255,0).

● 각 문항에 주어진 《조건》에 따라 작성하고 언급하지 않은 조건은 《출력형태》와 같이 작성합니다.

● 용지여백은 왼쪽·오른쪽 11㎜, 위쪽·아래쪽·머리말·꼬리말 10㎜, 제본 0㎜로 합니다.

● 그림 삽입 문제의 경우 「내 PC₩문서₩ITQ₩Picture」 폴더에서 지정된 파일을 선택하여 삽입하십시오.

● 삽입한 그림은 반드시 문서에 포함하여 저장해야 합니다(미포함 시 감점 처리).

● 각 항목은 지정된 페이지에 출력형태와 같이 정확히 작성하시기 바라며, 그렇지 않을 경우에 해당 항목은 0점 처리됩니다.

　　※ 페이지구분 : 1페이지 – 기능평가 I (문제번호 표시 : 1. 2.),

　　　　　　　　　2페이지 – 기능평가 II (문제번호 표시 : 3. 4.),

　　　　　　　　　3페이지 – 문서작성 능력평가

■ 기능평가

● 문제와 《조건》은 입력하지 않으며 문제번호와 답(《출력형태》)만 작성합니다.

● 4번 문제는 묶기를 했을 경우 0점 처리됩니다.

■ 문서작성 능력평가

● A4 용지(210㎜×297㎜) 1매 크기, 세로 서식 문서로 작성합니다.

● 　　　 표시는 문서작성에 대한 지시사항이므로 작성하지 않습니다.

기능평가 I (150점)

1. 다음의 ≪조건≫에 따라 스타일 기능을 적용하여 ≪출력형태≫와 같이 작성하시오. (50점)

≪조건≫ (1) 스타일 이름 – mobile
 (2) 문단 모양 – 왼쪽 여백 : 15pt, 문단 아래 간격 : 10pt
 (3) 글자 모양 – 글꼴 : 한글(궁서)/영문(굴림), 크기 : 10pt, 장평 : 105%, 자간 : –5%

≪출력형태≫

5G technologies now we can use worldwide cellular phones and this technology also strike the china mobile market and a user being competent to get access to USA phone as a local phone.

5세대 이동통신은 고품질의 이동통신장비, 복합 디바이스 등을 통해 언제 어디서나 사람, 사물, 정보가 유기적으로 연결되어 맞춤형 실감 서비스를 제공할 수 있는 기술이다.

2. 다음의 ≪조건≫에 따라 ≪출력형태≫와 같이 표와 차트를 작성하시오. (100점)

≪표 조건≫ (1) 표 전체(표, 캡션) – 돋움, 10pt
 (2) 정렬 – 문자 : 가운데 정렬, 숫자 : 오른쪽 정렬
 (3) 셀 배경(면색) : 노랑
 (4) 한글의 계산 기능을 이용하여 빈칸에 합계를 구하고, 캡션 기능 사용할 것
 (5) 선 모양은 ≪출력형태≫와 동일하게 처리할 것

≪출력형태≫

5G 이동통신 세계 시장 매출액 전망(단위 : 백만 달러)

구분	2020년	2021년	2022년	2023년	2024년
통신서비스	3,717	33,925	67,402	210,874	410,858
단말	1,824	16,650	33,102	105,312	207,513
기지국장비	187	1,786	3,717	12,159	24,788
합계					

≪차트 조건≫ (1) 차트 데이터는 표 내용에서 구분별 2020년, 2021년, 2022년, 2023년의 값만 이용할 것
 (2) 종류 – 〈꺾은선형〉으로 작업할 것
 (3) 제목 – 궁서, 진하게, 12pt, 배경 – 선 모양(한 줄로), 그림자(2pt)
 (4) 제목 이외의 전체 글꼴 – 궁서, 보통, 10pt
 (5) 축제목과 범례는 ≪출력형태≫와 동일하게 처리할 것

≪출력형태≫

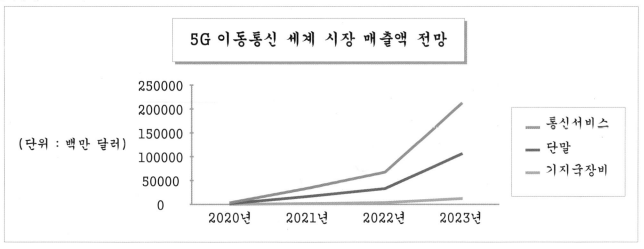

3. 다음 (1), (2)의 수식을 수식 편집기로 각각 입력하시오. (40점)

≪출력형태≫

(1) $R = \dfrac{360h}{2\pi(\phi_A - \phi_B)}$

(2) $\dfrac{a^4}{T^2} - 1 = \dfrac{G}{4\pi^2}(M+m)$

4. 다음의 ≪조건≫에 따라 ≪출력형태≫와 같이 문서를 작성하시오. (110점)

≪조건≫

(1) 그리기 도구를 이용하여 작성하고, 모든 도형(글맵시, 지정된 그림 포함)을 ≪출력형태≫와 같이 작성하시오.

(2) 도형의 면색은 지시사항이 없으면 색 없음을 제외하고 서로 다르게 임의로 지정하시오.

≪출력형태≫

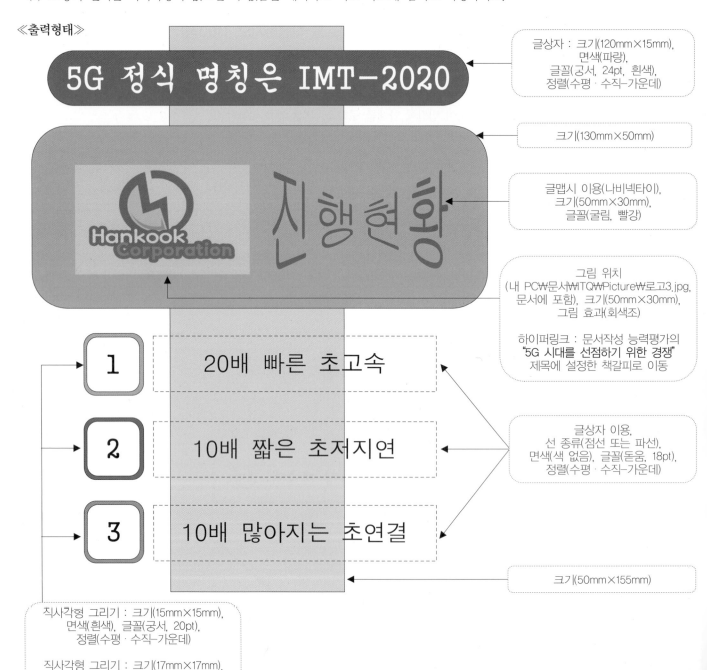

글꼴 : 돋움, 18pt, 진하게, 가운데 정렬
책갈피 이름 : 통신
덧말 넣기

머리말 기능
굴림, 10pt, 오른쪽 정렬 → 산업 인사이트

5세대이동통신
5G 시대를 선점하기 위한 경쟁

문단 첫 글자 장식 기능
글꼴 : 궁서, 면색 : 노랑

각주

그림 위치(내 PC\문서\ITQ\Picture\그림4.jpg, 문서에 포함)
자르기 기능 이용, 크기(40mm×40mm), 바깥 여백 왼쪽 : 2mm

I MT-2020은 고속의 네트워크에 다양한 유무선 네트워크를 연결해 각종 영상서비스와 정보기기를 제어하는 사물인터넷(IoTⓐ) 등 새로운 서비스들을 가능하게 해 준다. 빠른 속도뿐만 아니라 네트워크 전송속도 지연이 거의 없는 첨단 기술이다. 한국은 2018년 평창 동계올림픽에서 세계 최초로 5G 이동통신 시범서비스를 실시(實施)하였으며, 일본은 2020년 개최될 도쿄올림픽에서 5G 이동통신 서비스를 상용화할 계획이다. 중국은 5G 이동통신 기술개발을 국가 주요 과제로 지정하고 이동통신사와 장비업체, 대학 연구소 등 52개 기관을 묶어 연구개발을 촉진(促進)해 2020년대 초 5G 이동통신 서비스를 상용화할 계획이다.

5G 이동통신은 2020년 상용화되어 4G 이동통신 시장을 대체할 전망이며, 5G 시대를 선점하기 위한 경쟁은 이미 시작되었다. 이렇게 5G는 모바일 중심으로 변화하는 ICT산업에서 새로운 패러다임을 주도하고 산업 생태계에 미치는 경제적 파급효과가 클 것으로 예상된다. 세계 주요 이동통신 단말, 장비업체들은 다가오는 5G 시대에 대비하여 KT, SK텔레콤, LG유플러스 등 전 세계 이동통신사업자들과 공동으로 5G 이동통신 기술개발에 박차를 가하고 있다.

■ 5G 기술 개발 및 국가적 지원

글꼴 : 궁서, 18pt, 흰색
음영색 : 파랑

가. 5G 기술 개발

㉠ 노키아 : 5G 비전으로 지연 없는 기가급 경험 형성 제시

㉡ 삼성전자 : 적응 배열 송수신 기술을 고도화

나. 나라별 5G 지원 활동

㉠ 유럽 : 5G 네트워크 연구에 2.4조원 투입 예정

㉡ 한국 : 과학기술정보통신부 중심으로 5G 후보기술 개발

문단 번호 기능 사용
1수준 : 20pt, 오른쪽 정렬,
2수준 : 30pt, 오른쪽 정렬
줄 간격 : 180%

표 전체 글꼴 : 굴림, 10pt, 가운데 정렬
셀 배경(그러데이션) : 유형(수직),
시작색(흰색), 끝색(노랑)

■ 통신 네트워크 장비의 분류

글꼴 : 궁서, 18pt, 밑줄, 강조점

분류	중분류	세분류	설명
광 네트워크장비	교환장비	라우터	서로 다른 네트워크망을 연결하기 위한 장비
	광 모듈	광 트랜시버	광통신 장치에서 전기신호와 광신호를 상호 교환해주는 모듈
이동통신장비	중계기	광 중계기	광케이블을 통해 원하는 음영지역으로 전송하는 장비
		DAS	기지국 신호를 중계해 전파음역지역을 해소시키는 장비
보안 소프트웨어	방화벽 장비		패킷을 선별하여 수용 또는 거부, 수정하는 기능을 수행

글꼴 : 굴림, 24pt, 진하게
장평 120%, 오른쪽 정렬 → 산업정책조사부

각주 구분선 : 5cm

ⓐ 각종 사물에 센서와 통신 기능을 내장하여 인터넷에 연결하는 기술임

쪽 번호 매기기
4로 시작 → Ⅳ

제09회 최신기출유형 한컴오피스

과목	코드	문제유형	시험시간	수험번호	성명
아래한글	1111	D	60분		

수험자 유의사항

■ 수험자는 문제지를 받는 즉시 문제지와 <u>수험표상의 시험과목(프로그램)이 동일한지 반드시 확인</u>하여야 합니다.

■ 파일명은 본인의 "수험번호-성명"으로 입력하여 답안폴더(내 PC\문서\ITQ)에 하나의 파일로 저장해야 하며, 답안문서 파일명이 "수험번호-성명"과 일치하지 않거나, 답안파일을 전송하지 않아 미제출로 처리될 경우 실격 처리합니다(예 : 12345678-홍길동.hwp).

■ 답안 작성을 마치면 파일을 저장하고, '답안 전송' 버튼을 선택하여 감독위원 PC로 답안을 전송하십시오. 수험생 정보와 저장한 파일명이 다를 경우 전송되지 않으므로 주의하시기 바랍니다.

■ 답안 작성 중에도 <u>주기적으로 저장하고, '답안 전송'</u>하여야 문제 발생을 줄일 수 있습니다. 작업한 내용을 저장하지 않고 전송할 경우 이전에 저장된 내용이 전송되오니 이점 유의하시기 바랍니다.

■ 답안문서는 지정된 경로 외의 다른 보조기억장치에 저장하는 경우, 지정된 시험 시간 외에 작성된 파일을 활용할 경우, 기타 통신수단(이메일, 메신저, 네트워크 등)을 이용하여 타인에게 전달 또는 외부 반출하는 경우는 부정 처리합니다.

■ 시험 중 부주의 또는 고의로 시스템을 파손한 경우는 수험자가 변상해야 하며, 〈수험자 유의사항〉에 기재된 방법대로 이행하지 않아 생기는 불이익은 수험생 당사자의 책임임을 알려 드립니다.

■ 문제의 조건은 한컴오피스 NEO(2016) 버전으로 설정되어 있으니 유의하시기 바랍니다.

■ 시험을 완료한 수험자는 답안파일이 전송되었는지 확인한 후 감독위원의 지시에 따라 문제지를 제출하고 퇴실합니다.

답안 작성요령

■ 온라인 답안 작성 절차

수험자 등록 ⇒ 시험 시작 ⇒ 답안파일 저장 ⇒ 답안 전송 ⇒ 시험 종료

■ 공통 부문

● 글꼴에 대한 기본설정은 함초롬바탕, 10포인트, 검정, 줄간격 160%, 양쪽정렬로 합니다.

● 색상은 조건의 색을 적용하고 색의 구분이 안 될 경우에는 RGB 값을 적용하십시오.
(빨강 255,0,0 / 파랑 0,0,255 / 노랑 255,255,0).

● 각 문항에 주어진 ≪조건≫에 따라 작성하고 언급하지 않은 조건은 ≪출력형태≫와 같이 작성합니다.

● 용지여백은 왼쪽·오른쪽 11mm, 위쪽·아래쪽·머리말·꼬리말 10mm, 제본 0mm로 합니다.

● 그림 삽입 문제의 경우 「내 PC\문서\ITQ\Picture」 폴더에서 지정된 파일을 선택하여 삽입하십시오.

● 삽입한 그림은 반드시 문서에 포함하여 저장해야 합니다(미포함 시 감점 처리).

● 각 항목은 지정된 페이지에 출력형태와 같이 정확히 작성하시기 바라며, 그렇지 않을 경우에 해당 항목은 0점 처리됩니다.
※ 페이지구분 : 1페이지 - 기능평가 I (문제번호 표시 : 1. 2.),
2페이지 - 기능평가 II (문제번호 표시 : 3. 4.),
3페이지 - 문서작성 능력평가

■ 기능평가

● 문제와 ≪조건≫은 입력하지 않으며 문제번호와 답(≪출력형태≫)만 작성합니다.

● 4번 문제는 묶기를 했을 경우 0점 처리됩니다.

■ 문서작성 능력평가

● A4 용지(210mm×297mm) 1매 크기, 세로 서식 문서로 작성합니다.

● ▭ 표시는 문서작성에 대한 지시사항이므로 작성하지 않습니다.

1. 다음의 ≪조건≫에 따라 스타일 기능을 적용하여 ≪출력형태≫와 같이 작성하시오. (50점)

≪조건≫　(1) 스타일 이름 – disease
　　　　　(2) 문단 모양 – 왼쪽 여백 : 15pt, 문단 아래 간격 : 10pt
　　　　　(3) 글자 모양 – 글꼴 : 한글(굴림)/영문(궁서), 크기 : 10pt, 장평 : 95%, 자간 : 5%

≪출력형태≫

The Centers for Disease Control and tools protect the public health based on research on the mechanism, prevention and management of infectious and chronic diseases.

질병관리본부는 감염병과 만성병의 기전과 예방, 치료, 관리에 관한 연구와 환경과 유전 요인에 대한 분석연구를 바탕으로 국민 건강을 지킬 과학적 근거와 수단을 마련한다.

2. 다음의 ≪조건≫에 따라 ≪출력형태≫와 같이 표와 차트를 작성하시오. (100점)

≪표 조건≫　(1) 표 전체(표, 캡션) – 돋움, 10pt
　　　　　　(2) 정렬 – 문자 : 가운데 정렬, 숫자 : 오른쪽 정렬
　　　　　　(3) 셀 배경(면색) : 노랑
　　　　　　(4) 한글의 계산 기능을 이용하여 빈칸에 평균(소수점 두 자리)을 구하고, 캡션 기능 사용할 것
　　　　　　(5) 선 모양은 ≪출력형태≫와 동일하게 처리할 것

≪출력형태≫

최근 5년간 분기별 재난 사고발생 현황(단위 : 건)

구분	1사분기	2사분기	3사분기	4사분기	평균
산불	129	492	19	73	
해양	750	836	1,031	1,126	
전기	175	228	377	236	
승강기	16	37	31	13	

≪차트 조건≫　(1) 차트 데이터는 표 내용에서 분기별 산불, 해양, 전기의 값만 이용할 것
　　　　　　　(2) 종류 – 〈묶은 세로 막대형〉으로 작업할 것
　　　　　　　(3) 제목 – 굴림, 진하게, 12pt, 배경 – 선 모양(한 줄로), 그림자(2pt)
　　　　　　　(4) 제목 이외의 전체 글꼴 – 굴림, 보통, 10pt
　　　　　　　(5) 축제목과 범례는 ≪출력형태≫와 동일하게 처리할 것

≪출력형태≫

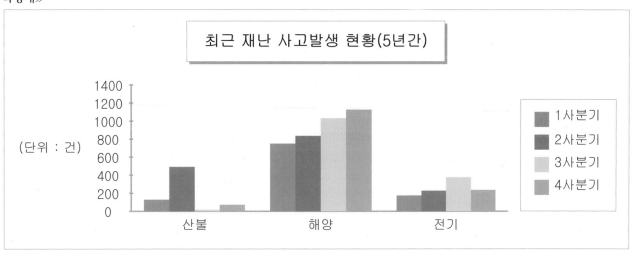

3. 다음 (1), (2)의 수식을 수식 편집기로 각각 입력하시오. (40점)

≪출력형태≫

(1) $h = \sqrt{k^2 - r^2}, M = \dfrac{1}{3}\pi r^2 h$

(2) $\displaystyle\sum_{k=1}^{n}(k^4 + 1) - \sum_{k=3}^{n}(k^4 + 1) = 19$

4. 다음의 ≪조건≫에 따라 ≪출력형태≫와 같이 문서를 작성하시오. (110점)

≪조건≫

(1) 그리기 도구를 이용하여 작성하고, 모든 도형(글맵시, 지정된 그림 포함)을 ≪출력형태≫와 같이 작성하시오.

(2) 도형의 면색은 지시사항이 없으면 색 없음을 제외하고 서로 다르게 임의로 지정하시오.

≪출력형태≫

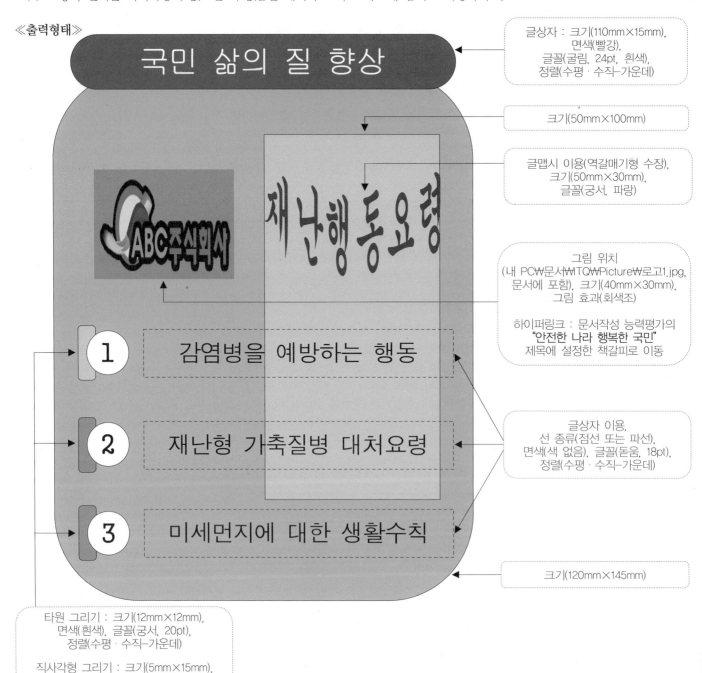

글상자 : 크기(110mm×15mm),
면색(빨강),
글꼴(굴림, 24pt, 흰색),
정렬(수평 · 수직-가운데)

크기(50mm×100mm)

글맵시 이용(역갈매기형 수장),
크기(50mm×30mm),
글꼴(궁서, 파랑)

그림 위치
(내 PC₩문서₩ITQ₩Picture₩로고1.jpg,
문서에 포함), 크기(40mm×30mm),
그림 효과(회색조)

하이퍼링크 : 문서작성 능력평가의
"안전한 나라 행복한 국민"
제목에 설정한 책갈피로 이동

글상자 이용,
선 종류(점선 또는 파선),
면색(색 없음), 글꼴(돋움, 18pt),
정렬(수평 · 수직-가운데)

크기(120mm×145mm)

타원 그리기 : 크기(12mm×12mm),
면색(흰색), 글꼴(궁서, 20pt),
정렬(수평 · 수직-가운데)

직사각형 그리기 : 크기(5mm×15mm),
면색(흰색을 제외한 임의의 색)

글꼴 : 궁서, 18pt, 진하게, 가운데 정렬
책갈피 이름 : 안전
덧말 넣기

머리말 기능
굴림, 10pt, 오른쪽 정렬 → 감염병 예방

감염병분야
안전한 나라 행복한 국민

문단 첫 글자 장식 기능
글꼴 : 돋움, 면색 : 노랑

그림 위치(내 PC₩문서₩ITQ₩Picture₩그림4.jpg, 문서에 포함)
자르기 기능 이용, 크기(40mm×40mm), 바깥 여백 왼쪽 : 2mm

국립보건연구원은 질병을 예방하고 극복하는데 필요한 지식과 기술을 창출하고 보건 정책에 필요한 과학적 근거를 제공하며 보건의료 연구자에게 과제와 연구자원을 지원하여 보건의료 연구를 활성화 시키고 궁극적으로는 국민 건강을 보호하고 증진하는 데 기여하는 국가 연구기관이다. 국립보건연구원은 1945년 9월에 설립된 조선방역연구소를 모태로 시작하여, 1963년 12월에 국립방역연구소, 국립화학연구소, 국립생약시험소를 통합하여 국립보건원으로 발족하였다. 이후 세계적으로 유행한 사스 등에 효과적으로 대응하기 위해 2004년 1월 질병관리본부로 확대 개편되면서 본 연구원은 국가질병연구기관으로서의 중추적(中樞的) 역할을 강화하고 있다.

　감염병 연구개발을 통해 감염병 발생 시 신속한 대응을 위한 수단과 과학적 근거를 마련하기 위하여 주요 감염병 극복을 위한 진단제, 치료제, 백신 개발 연구를 추진하고 있다. 인구 고령화에 따라 만성질환 유병률과 함께 사회, 경제적 부담이 증가 하고 있으며 주요 만성질환Ⓐ에 대응하기 위한 조사연구와 진단, 치료, 예방을 위한 기술개발(技術開發) 연구를 수행하고 있다.

각주

◆ ## 감염병 예방을 위한 행동요령
글꼴 : 굴림, 18pt, 흰색
음영색 : 빨강

　A. 생활안전 행동요령
　　ⓐ 비누 또는 세정제 등을 사용하여 흐르는 물에 30초 이상 손을 씻는다.
　　ⓑ 기침, 재채기를 할 때는 휴지나 옷소매로 입과 코를 가린다.
　B. 증상이 나타날 때 행동요령
　　ⓐ 설사, 발열 및 호흡기 증상 시 문의 후 의료기관을 방문한다.
　　ⓑ 해외 여행객은 귀국 시 발열, 호흡기 증상이 있으면 신고해야 한다.

문단 번호 기능 사용
1수준 : 20pt, 오른쪽 정렬
2수준 : 30pt, 오른쪽 정렬
줄 간격 : 180%

표 전체 글꼴 : 돋움, 10pt, 가운데 정렬
셀 배경(그러데이션) : 유형(수평),
시작색(흰색), 끝색(노랑)

◆ ## *연구기술 역량 확보*
글꼴 : 굴림, 18pt, 기울임, 강조점

구분	기반	추진내용	비고
추진전략	미션기반	질병관리 과학적 근거기반 마련	미해결 감염병 연구개발 지속 추진 확보
	수요기반	공익가치 지향 기초기반 연구	진단, 치료, 백신 등 현장 대응형 연구
	미래대비	미래 질병위험 대응 기술개발	신종 변종 및 원인불명 감염병 대응기술 확보
	연구기반	연구자 준신이 연구개발 지원기반 구축	여구역량 강화를 위한 국내외 협력 강화
기대효과		국가 보건의료 정책 방향 설정 및 협력체계 구축	보건의료 R&D 연구 활성화 기반 마련

글꼴 : 궁서, 24pt, 진하게
장평 110%, 오른쪽 정렬 → # 국민보건연구원

각주 구분선 : 5cm

Ⓐ 보통 6개월 혹은 1년 이상 계속되는 질환을 말하며, 급성질환과 구분함

쪽 번호 매기기
5로 시작 → ⑤

제10회 최신기출유형 (한컴오피스)

과목	코드	문제유형	시험시간	수험번호	성명
아래한글	1111	E	60분		

수험자 유의사항

- 수험자는 문제지를 받는 즉시 문제지와 **수험표상의 시험과목(프로그램)이 동일한지 반드시 확인**하여야 합니다.
- 파일명은 본인의 "수험번호–성명"으로 입력하여 답안폴더(내 PC₩문서₩ITQ)에 하나의 파일로 저장해야 하며, 답안문서 파일명이 "수험번호–성명"과 일치하지 않거나, 답안파일을 전송하지 않아 미제출로 처리될 경우 실격 처리합니다(예 : 12345678–홍길동.hwp).
- 답안 작성을 마치면 파일을 저장하고, '답안 전송' 버튼을 선택하여 감독위원 PC로 답안을 전송하십시오. 수험생 정보와 저장한 파일명이 다를 경우 전송되지 않으므로 주의하시기 바랍니다.
- 답안 작성 중에도 **주기적으로 저장하고, '답안 전송'**하여야 문제 발생을 줄일 수 있습니다. 작업한 내용을 저장하지 않고 전송할 경우 이전에 저장된 내용이 전송되오니 이점 유의하시기 바랍니다.
- 답안문서는 지정된 경로 외의 다른 보조기억장치에 저장하는 경우, 지정된 시험 시간 외에 작성된 파일을 활용할 경우, 기타 통신수단(이메일, 메신저, 네트워크 등)을 이용하여 타인에게 전달 또는 외부 반출하는 경우는 부정 처리합니다.
- 시험 중 부주의 또는 고의로 시스템을 파손한 경우는 수험자가 변상해야 하며, 〈수험자 유의사항〉에 기재된 방법대로 이행하지 않아 생기는 불이익은 수험생 당사자의 책임임을 알려 드립니다.
- 문제의 조건은 한컴오피스 NEO(2016) 버전으로 설정되어 있으니 유의하시기 바랍니다.
- 시험을 완료한 수험자는 답안파일이 전송되었는지 확인한 후 감독위원의 지시에 따라 문제지를 제출하고 퇴실합니다.

답안 작성요령

- **온라인 답안 작성 절차**

  수험자 등록 ⇒ 시험 시작 ⇒ 답안파일 저장 ⇒ 답안 전송 ⇒ 시험 종료

- **공통 부문**
  - 글꼴에 대한 기본설정은 함초롬바탕, 10포인트, 검정, 줄간격 160%, 양쪽정렬로 합니다.
  - 색상은 조건의 색을 적용하고 색의 구분이 안 될 경우에는 RGB 값을 적용하십시오.
    (빨강 255,0,0 / 파랑 0,0,255 / 노랑 255,255,0).
  - 각 문항에 주어진 ≪조건≫에 따라 작성하고 언급하지 않은 조건은 ≪출력형태≫와 같이 작성합니다.
  - 용지여백은 왼쪽·오른쪽 11mm, 위쪽·아래쪽·머리말·꼬리말 10mm, 제본 0mm로 합니다.
  - 그림 삽입 문제의 경우 「내 PC₩문서₩ITQ₩Picture」 폴더에서 지정된 파일을 선택하여 삽입하십시오.
  - 삽입한 그림은 반드시 문서에 포함하여 저장해야 합니다(미포함 시 감점 처리).
  - 각 항목은 지정된 페이지에 출력형태와 같이 정확히 작성하시기 바라며, 그렇지 않을 경우에 해당 항목은 0점 처리됩니다.
    ※ 페이지구분 : 1페이지 – 기능평가 I (문제번호 표시 : 1. 2.),
    　　　　　　　　2페이지 – 기능평가 II (문제번호 표시 : 3. 4.),
    　　　　　　　　3페이지 – 문서작성 능력평가

- **기능평가**
  - 문제와 ≪조건≫은 입력하지 않으며 문제번호와 답(≪출력형태≫)만 작성합니다.
  - 4번 문제는 묶기를 했을 경우 0점 처리됩니다.

- **문서작성 능력평가**
  - A4 용지(210mm×297mm) 1매 크기, 세로 서식 문서로 작성합니다.
  - ☐ 표시는 문서작성에 대한 지시사항이므로 작성하지 않습니다.

The Insight KPC 한국생산성본부

기능평가 I (150점)

1. 다음의 《조건》에 따라 스타일 기능을 적용하여 《출력형태》와 같이 작성하시오. (50점)

《조건》　(1) 스타일 이름 – culture
　　　　 (2) 문단 모양 – 왼쪽 여백 : 15pt, 문단 아래 간격 : 10pt
　　　　 (3) 글자 모양 – 글꼴 : 한글(굴림)/영문(궁서), 크기 : 10pt, 장평 : 95%, 자간 : 5%

《출력형태》

"Culture Day" is the last Wednesday of every month. It was established with a view to providing the public with a variety of cultural experiences.

문화란 인간에게만 있는 생각과 행동 방식 중 사회 구성원들로부터 배우고 전달 받은 모든 것, 즉 의식주, 언어, 풍습, 종교, 학문, 예술, 제도 등을 모두 포함한다.

2. 다음의 《조건》에 따라 《출력형태》와 같이 표와 차트를 작성하시오. (100점)

《표 조건》　(1) 표 전체(표, 캡션) – 돋움, 10pt
　　　　　 (2) 정렬 – 문자 : 가운데 정렬, 숫자 : 오른쪽 정렬
　　　　　 (3) 셀 배경(면색) : 노랑
　　　　　 (4) 한글의 계산 기능을 이용하여 빈칸에 합계를 구하고, 캡션 기능 사용할 것
　　　　　 (5) 선 모양은 《출력형태》와 동일하게 처리할 것

《출력형태》

시도지정문화재 현황(단위 : 건)

구분	충북	충남	전북	전남	합계
시도유형문화재	319	197	239	236	
시도무형문화재	27	53	60	49	
시도민속문화재	138	163	116	193	
시도기념물	20	28	34	42	✕

《차트 조건》　(1) 차트 데이터는 표 내용에서 지역별 시도유형문화재, 시도무형문화재, 시도민속문화재의 값만 이용할 것
　　　　　　 (2) 종류 – 〈묶은 가로 막대형〉으로 작업할 것
　　　　　　 (3) 제목 – 굴림, 진하게, 12pt, 배경 – 선 모양(한 줄로), 그림자(2pt)
　　　　　　 (4) 제목 이외의 전체 글꼴 – 굴림, 보통, 10pt
　　　　　　 (5) 축제목과 범례는 《출력형태》와 동일하게 처리할 것

《출력형태》

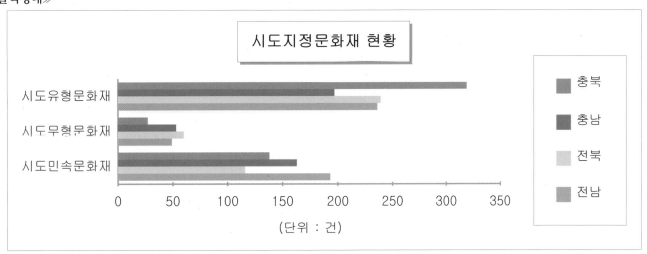

3. 다음 (1), (2)의 수식을 수식 편집기로 각각 입력하시오. (40점)

≪출력형태≫

(1) $h = \sqrt{k^2 - r^2}, M = \frac{1}{3}\pi r^2 h$

(2) $\sum_{k=1}^{n}(k^4 + 1) - \sum_{k=3}^{n}(k^4 + 1) = 19$

4. 다음의 ≪조건≫에 따라 ≪출력형태≫와 같이 문서를 작성하시오. (110점)

≪조건≫

(1) 그리기 도구를 이용하여 작성하고, 모든 도형(글맵시, 지정된 그림 포함)을 ≪출력형태≫와 같이 작성하시오.

(2) 도형의 면색은 지시사항이 없으면 색 없음을 제외하고 서로 다르게 임의로 지정하시오.

≪출력형태≫

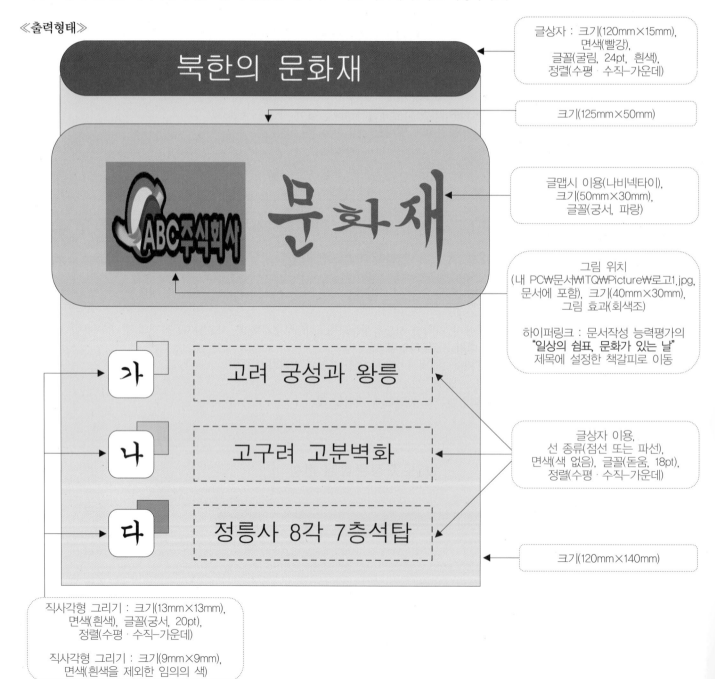

글상자 : 크기(120mm×15mm),
면색(빨강),
글꼴(굴림, 24pt, 흰색),
정렬(수평 · 수직–가운데)

크기(125mm×50mm)

글맵시 이용(나비넥타이),
크기(50mm×30mm),
글꼴(궁서, 파랑)

그림 위치
(내 PC₩문서₩ITQ₩Picture₩로고1.jpg,
문서에 포함), 크기(40mm×30mm),
그림 효과(회색조)

하이퍼링크 : 문서작성 능력평가의
"일상의 쉼표, 문화가 있는 날"
제목에 설정한 책갈피로 이동

글상자 이용,
선 종류(점선 또는 파선),
면색(색 없음), 글꼴(돋움, 18pt),
정렬(수평 · 수직–가운데)

크기(120mm×140mm)

직사각형 그리기 : 크기(13mm×13mm),
면색(흰색), 글꼴(궁서, 20pt),
정렬(수평 · 수직–가운데)

직사각형 그리기 : 크기(9mm×9mm),
면색(흰색을 제외한 임의의 색)

글꼴 : 궁서, 18pt, 진하게, 가운데 정렬
책갈피 이름 : 문화
덧말 넣기

머리말 기능
굴림, 10pt, 오른쪽 정렬 → 문화포털

매달 마지막 수요일
일상의 쉼표, 문화가 있는 날

문단 첫 글자 장식 기능
글꼴 : 돋움, 면색 : 노랑

그림 위치(내 PC₩문서₩ITQ₩Picture₩그림4.jpg, 문서에 포함)
자르기 기능 이용, 크기(40mm×40mm), 바깥 여백 왼쪽 : 2mm

문 화적 가치를 확산시키고 국민의 문화적 권리를 보장하며, 문화의 가치와 위상 제고 및 진흥을 위한 정책 수립과 시행에 관한 대통령 자문을 위해 문화융성위원회가 설립되었다. 본 위원회의 운영 방향은 문화융성 국가전략 및 정책 등에 대한 구체적 자문, 문화융성 국정과제 실현을 위한 범정부적 협력 및 추진 동력 확보, 문화가치의 정립, 문화에 관한 사회적 담론의 형성 및 확산, 현장 중심의 정책 수립(樹立)과 지원을 위한 문화현장과의 소통 강화 등이다.

높아진 한국의 정치, 경제적 위상만큼 국가 브랜드 가치와 이미지도 높아질 필요가 있다. 이러한 상황에서 침체된 경제와 사회에 활력을 불어넣고 행복을 증진할 수 있는 핵심으로 '문화'가 떠오르고 있다. 그 동안 우리의 삶과 생존에서 부차적인 것으로 인식하였던 문화의 가치에 대하여 주목하게 된 것이다. 문화는 아름다움을 추구하는 예술의 영역에만 국한되지 않는 포괄적인 개념이다. 이러한 문화융성을 위한 다양한 정책 중 영화관, 공연장, 미술관 등 전국에 있는 문화시설을 할인 또는 무료로 즐길 수 있는 문화가 있는 날㉮도 매달 마지막 수요일로 지정하여 운영(運營)하고 있다.

각주

글꼴 : 굴림, 18pt, 흰색
음영색 : 빨강

★ 문화가 있는 날 참여 시설

가) 영화관 및 스포츠 시설

　a) 영화관 : 전국 주요 영화관 할인

　b) 프로 경기 : 자녀와 부모가 함께 입장하는 경우 관람료 50% 할인

나) 공연장 및 문화재

　a) 공연장 : 국립극장, 예술의 전당 등 주요 공연장 공연 할인

　b) 문화재 : 경복궁, 창덕궁 등 4대 궁과 종묘, 조선왕릉 무료 개방

문단 번호 기능 사용
1수준 : 20pt, 오른쪽 정렬,
2수준 : 30pt, 오른쪽 정렬
줄 간격 : 180%

표 전체 글꼴 : 돋움, 10pt, 가운데 정렬
셀 배경(그러데이션) : 유형(수평),
시작색(흰색), 끝색(노랑)

글꼴 : 굴림, 18pt, 기울임, 강조점

★ *문화가 있는 날 이용가능 시설*

구분	지역	내용	문화 시설
강연/체험	세종시	규방공예 체험-인견으로 만든 각질제거	문화예술회관
전시	서울특별시	르네 마그리트 특별전	인사센트럴뮤지엄
	대전광역시	국립현대미술관 소장품전(이것에 대하여)	대전시립미술관
음악/무용	부산광역시	문화가 있는 날(매지 이벤트)	스페이스 움
	서울특별시	겸재정선미술관 뮤지엄 콘서트-여성중창단(라클라세)	겸재정미술관

글꼴 : 궁서, 24pt, 진하게
장평 110%, 오른쪽 정렬 → **문화융성위원회**

각주 구분선 : 5cm

㉮ 보다 쉽게 문화생활을 누릴 수 있도록 2014년 1월부터 시행한 제도

쪽 번호 매기기
1로 시작 → 가

# Memo

Memo

Memo